王家を継ぐものたち

現代王室サバイバル物語

ギド・クノップ ⁜ 編著
平井吉夫 ⁜ 訳

王家を継ぐものたち

現代王室サバイバル物語

ギド・クノップ=編著

執筆協力
フリーデリケ・ドライクルフト／アーニャ・グロイリヒ
ウルリケ・グルーネヴァルト／カーチャ・シュップ
マリオ・シュポルン／アネッテ・テヴェス

はじめに

かれらは若く、たいていは金持ち、少なくとも裕福で、世界的に有名である——ヨーロッパの王の子供たち。かれらの肩には古い伝統と、王家の存続を保証するという、時代を超えた責任がのしかかっている。「王権の神秘にはそれ独自の生命がある。われわれはその呪術に日の光を当ててはいけない」と、一八六七年にイギリスの政治評論家ウォルター・バジョットはいましめた。たしかに王朝の私的な秘密は数百年にわたり、おおむね、多かれ少なかれ、慎重に守られてきたし、王宮の壁のむこうの安楽と誤解されがちな生活が、人目にさらされることはめったになかった。

だが時代は変わる。現代の王の子供たちはとっくにわかっている、王家の未来はもっぱら好かれることにかかっていると。かれらの先祖たちは神から授かった王権を行使していればよかった。いまでは君主といえども国民によってのみ存在を認められる。そして政治家や財界人のように、現代の王族はたえまなくＰＲにつとめなければならない。「王室は企業のように運営されなければならず、ブランドのように保全されなければならない」と、つい先ごろデンマークの皇太子妃メアリはその状況を的確に表現した。そのさい大切なのは、たんに体裁を維持するだけでなく、時代と協調することである。とはいえ王の子供たちは、民衆にあまりなれなれしく近づいてはいけない。王子様やお姫様のメルヘンをいくぶんでも維持するには、呪術の残響がつねに共鳴していなければならない。君主制が二十一世紀に生き残りたければ、一貫性と柔軟性、大衆性と神秘性のはざまで、むずかしい曲技を果敢にやりこなさなければならない。

少なくともその点では明日の君主たちにそなえは充分できている。かれらはヨーロッパやアメリカの大学で、たいていは法律、歴史、政治、経済を学び、軍事教育を修め、多くの言語を習得している。先祖たちはおおむね家庭教師や養育係の手にゆだねられたものだが、今日の王の子供たちはできるだけ「ふつうに」成長し、基本的には同世代の子供たちといっしょに公共の学校で勉学し、自分が関心のあることに専念し——そして人生のパートナーも自分で選ぶ。ほんの五十年前にはほとんど考えられなかったことが、いまでは日常的になっている。もう平民出の愛人が隠蔽されることはなく、ちゃんと結婚する。現代の王族はそういう女性との関係を公然と認める。ノルウェーでも、デンマークでも、スペインでも、オランダでも、とっくに貴族出身ではない若い女性が、未来の王妃の座を確保している。

ほかの君主国でも伝統の砦は崩れつつある。イギリスでは王子（王孫）のウィリアムとヘンリーが「平民の」ガールフレンドと浮き名を流している。スウェーデンでは王女のヴィクトリアがフィットネストレーナーに夢中になっている。ダニエル・ウェストリングという名のマッチョ男がプリンセスのかたわらに。愛は人を高貴にする。この庶民の遺伝子との結合は、黄昏の王朝にとって希望の光になるだろうか？　たぶん。王室はこれまで以上に人びとを熱狂させ、魅了しているようにみえる。王の子供たちの結婚式や洗礼式はテレビの一大イベントとなり、数百万の人びとを画面に釘付けにする。

✠ チューリップとタンゴ——オランダのウィレム・アレクサンデルとマキシマ

マキシマはウィレム・アレクサンデルによい影響をあたえた。独身時代の皇太子は首都アムステルダムでのらんちき騒ぎの夜遊び（「プリンス・ピルゼン」）や、しょっちゅう変わる連れの女性のせいで、新聞の大見出しのかっこうの標的になっていた。オランダじゅうが同伴女性の名前の綴りを言えるほど。「アレックスは非常に活発なセックスライフを営んでいる」と、当時リベラルな新聞『テレグラーフ』のコラムニストは書いた。べつの新聞はこの若者を「カーニバル・プリンス」とか「王立露出狂患者」などと罵倒した。「プリンス・ファン・オラニエ」に満足するものはひとりもいなさそうだった。

しかしマキシマと出会ってからのウィレム・アレクサンデルは、愛される能力を獲得しただけでなく、体格さえよくなった。古き良き俚諺《りげん》の証明——女は男をつくる。だが世継ぎの王子が二〇〇一年にエネルギッシュなアルゼンチン女性を婚約者としてオランダ人に紹介したとき、事態は力くらべになった。チューリップの国の少なからぬ国民が、マキシマ・ソレギエタを「ふさわしくない花嫁」と見なした。彼女の父親ホルへ・ソレギエタは一九七六年から一九八三年にかけて、アルゼンチンの軍事独裁政権において農業省の次官をつとめていた。彼はホルへ・ビデラ将軍の経済スタッフの一員だったが、その政権は数千の政敵を拉致し、拷問し、殺害した。「こんな父親がいるのではマキシマはわが国の王妃になれない」と、左派リベラルの国会議員たちは憤慨した。しかしウィレム・アレクサンデルは固い決意のほどを示した。議会が同意を拒否するなら、王国はべつの王位継承者をさがせ、と皇太子は言明した。このオランダ王朝の危機は、一九六六年に当時王女だったベアトリクスが結婚したときのことを想い起こさせた。花婿のクラウス・フォン・アムスベルクはドイツ人で、第二次大戦中は戦車兵としてナチス・ドイツ軍の軍服を着ていた。煙幕弾と「クラウス、出ていけ」の怒号にもかかわらず、ベアトリクスは迷うことなく最愛の男をしっかりつかまえた。ほぼ四十年後に息子がマキシマをはなさなかったように。ふたりがついに二〇〇二年二月二日に結婚したとき、砲煙はすでに静まっていた。花嫁は歓呼につつまれた——あふれる魅力と流暢なオランダ語によって、彼女は新しい臣民の心をまたたくまにつかんだ。だがこれには苦衷もともなった。花嫁の父はひとり娘の結婚式に参列を許されなかった。そのため母親も同じく欠席した。

いまでは騒ぎもすっかりおさまり、オランダ王室はこれまでになく愛されているが、これには未来の王妃マキシマが大いに貢献している。彼女は王朝の存続を保証した——ウィレム・アレクサンデルのあとには娘のカタリナ・アマリアが王位に即く——だけではない。マキシマはきわめて挑発的なステートメントによって君主制の点を稼いでいる。政治家のピム・フォルトゥインと映画監督テオ・ファン・ゴッホにたいする暗殺でオランダが騒然としたとき、マキシマはこんな発言をした。政治家が焦眉の問題に解答を見いだせなければ王に問え、と。また移民排斥の声が国内で高くなったとき、皇太子妃は外国人との融和統合にかんして、オランダは他の移民にも、自分と同じように、気持ちよく暮らせる国であってほしいと願った。「ともかく私はここが家郷だと感じています」。

✠ 真夏のメルヘン——スウェーデンのヴィクトリアと彼女のダニエル

彼女は未来の女王の模範といえる。つねに勤勉、慎み深く、そしてあらゆる事柄について——スキャンダルがない！　後継王女ヴィクトリアがひとたび父親の跡を継げば、スウェーデン人は、自分の役割にたいして完璧に準備のできた君主を戴くことになるだろう。中等教育を優等で卒業すると、ヴィクトリアは大学で芸術、政治、歴史、現代言語をあっというまに修了し、そのあとさまざまな分野で実習した。きびしい軍事訓練にもスウェーデンのお姫様は尻込みしなかった。この間に世継ぎの王女は外交官としての教育も受けている。女王になること――それはヴィクトリアにとって、王冠を戴き、民衆に手を振り、優しい笑顔を絶やさないこと以上の意味がある。この勤勉な後継王女が自分に許している唯一の私的な贅沢は、愛。数年前から模範的な王位継承者はダニエル・ウェストリングと恋愛関係にある――平民のフィットネストレーナーと。この、後継王女の相手として全然ふさわしくなさそうな頑健な男、外国語をほとんど理解できず、宮廷儀礼のイロハも知らない男を紹介されたとき、国王カール・グスタフは娘の選択を喜ぶ気にはとてもなれなかった。とはいえ、当の国王も一九七六年に平民の娘と結婚している。ジルヴィア・ゾンマーラートと。ふたりは一九七二年のミュンヘン・オリンピック大会で知り合い、そのとき美しいハイデルベルク出身のドイツ女性は、たちまちスウェーデン皇太子のハートをとりこにした。それがダニエル・ウェストリングにもうまくいくかどうかは、今後の経過を待つしかない。さしあたっては野球帽とジーンズのスポーティな学生が、金縁眼鏡と背広の優雅な女王の夫君に変身するのを見物しよう。

✠皇太子と女性ジャーナリスト――スペインのフェリペとレティシア

長年、彼はヨーロッパの上級貴族でいちばんもてる独身男だった。スリム、長身、ハンサム、スポーティ。スペインのフェリペ皇太子の現われるところ、レディたちは胸をときめかした。彼の魅力とスポーティな体質は、まちがいなく父親の、ファン・カルロス王の血を引いている。現スペイン国王は、国を四十年にわたる独裁から民主主義へと導き、皇太子の偉大な模範となっている。フェリペは十三歳のときに父親の執務室で、国王がフランコ派のクーデターを挫折させるようすをつぶさに体験した。「王冠とは日々新たに獲得すべきものである」ことを、そのときファン・カルロスは息子に教えた――このメッセージをフェリペは忘れていない。ひとたび息子がブルボン家の王位に即けば、父の意志を引き継いでくれることを、国王は確信してよいだろう。そのことをフェリペは二〇〇五年に、スペイン憲法への熱烈な誓言によって確証した。しばしば過激な分離主義者のテロでゆさぶられる国において、君主は国民を統合するかすがいの役目をはたしている。その任務にフェリペは未来のスペイン国王として立ち向かわなければならない。いまではたびたび皇太子が、健康上の理由で出番が少なくなった父の公務を代行している。その皇太子のかたわらに、二〇〇四年から元テレビジャーナリストのレティシア・オルティスがひかえている。平民出身の女性がやがて王妃になるなんて、スペインではほんの数年前まで考えられないことだった。たしかにスペイン王室はヨーロッパで最も保守的な王室といえる。ファン・カルロス王とソフィア王妃はべつの嫁を望んでいたにちがいない。ヨーロッパの上級貴族の家から——とりわけ離婚経験のない女性を。しかしフェリペはみずから選択に当たった。「彼女がいなければ私は王にならない」と、王子は両親に断言した。

二〇〇四年五月二十二日にマドリッドで結婚式が挙行され——億を超える観衆が世界じゅうのテレビ画面でこの式典をライブで見物した。それ以来、元女性ジャーナリストは身をもって知ることになる。「公人」であることが意味するものを。スペイン国民は彼女の人生に旺盛な関心を寄せた。彼女のいわゆる「不妊症」に、「拒食症」に、難産に、娘レオノールの誕生に。このレオノールが、ひょっとしたらスペイン王位に即くかもしれない。いつか弟ができなければ。二〇〇七年五月に生まれた皇太子夫妻の第二子も、やはり女の子だった。もし第三子が男子なら、その子が王冠を継ぐだろう——スペイン人が憲法を変えなければ。

✠ シンデレラと王子——メッテ・マリットとノルウェーのホーコン

アメリカ合衆国バークレーの学友のあいだでは、彼はたんに「マグヌス」と呼ばれた。自分の出生にかんする質問は避けて通った。ノルウェーのホーコン・マグヌス皇太子殿下はアメリカでの学生生活を楽しんだ——そこではずっと「ふつうに」暮らすことができたから。彼はそれをつねに望んできた。いつもノルウェーの皇太子は自国でのきわだった地位を受けいれることに悩んだ。自分は人間として評価されているのか、それとも王子としてなのか、いつも見分けるのがむずかしかったと、あるインタビューで告白したこともある。両親は、ノルウェー国王ハーラルと王妃ソニア――平民出身――は、子供たちをできるだけふつうに教育することを重視した。ホーコン皇太子は公共の学校に通い、オスロ近郊スカルゲルにあるスカウグムの別荘で過ごすことが多かった。これは彼の祖父のオーラフ五世王が彼の両親に結婚祝いとして贈ったもの。ホーコンと姉のマルタ・ルイーズはできるだけ公衆の目から守られて育った。十八歳の誕生日を迎えるとともに、皇太子はだんだん公務に就くようになる。二〇〇〇年十月にホーコンが平民出のメッテ・マリト・ティエッセム・ホイビとの婚約を発表したとき、ノルウェー王国は大揺れに揺れた。このブロンドのオスロ女性は国論を二分し、王朝の敵対者にたっぷり火種を提供した。破綻した家庭で育った娘、生活保護受給者、住宅不法占拠者、麻薬業界とコンタクトのあるオスロのパーティガール、そして未婚の母――未来の王妃役に配するには、メッテ・マリトはおよそふさわしからぬキャラクターだった。第二次大戦以来つねに九十パーセント以上を維持してきた王朝の支持率が、この婚約発表直後には六十五パーセントに落ちこんだ。しかしホーコン皇太子は「勇気ある決断」を変えず、メッテ・マリトとの愛を貫いた。二〇〇一年八月二十五日、結婚式の花婿のスピーチに感動の涙を流したのは、花嫁だけではなかった。「愛するメッテ・マリト、きみの魂は光り輝いている。きみとの愛ほど深い愛を、私はまったく知らなかった。きみは私のなかに隠れているものを、すべて明るみに出してくれた。私はきみの夫と呼ばれることを誇りに思う。きみを愛している」。シンデレラのメルヘンが実現したようだ——少なくとも、いまのところは。

✠バイキングの宝——デンマークのフレゼリクとメアリ

皇太子妃はプロである——ともかくそう見える。デンマークの王位継承者、フレゼリク王子と結婚した日から、平民出身のオーストラリア女性メアリ・エリザベス・ドナルドソンは王族の威厳を放射し、それはヨーロッパのほんものの貴族もうらやむほどだ。つねに完璧な衣装に身をつつみ、彼女はたちまちデンマーク人のファッション・アイドルになり、すぐさまジャッキー・ケネディと並び称されただけではない。彼女の新しい民は熱狂のあまり、はやくも「デンマークのダイアナ」との呼び声もあがっている。

「王室は企業のように運営されなければならず、ブランドのように保全されなければならない」と、広告会社の元キャリアウーマンは、現代における王朝の役割にかんする考えを表現した。いまやメアリとフレゼリクはヨーロッパ上級貴族界のニュースターであり、ふたりが現われるところ、熱狂の嵐が巻きおこる——完璧に演出された登場によって。

これはイメージづくりのためのきびしい修業の賜物といってよい。このオーストラリア女性が夏のシドニー・オリンピック大会でデンマーク王子と知り合ったとき、メアリは相手がヨーロッパ最古の王朝の王位継承者だとはつゆ知らなかったという。最初のデートの数ヵ月後、彼女は行儀作法を教える教室にさっそく入門した。

こうして、タスマニアの大学教授のむしろ自由奔放な娘から、ヨーロッパの上級貴族への転身がはじまった。二〇〇四年五月十四日、フレゼリクとメアリは結婚した。それは真情あふれるセレモニーだった。マルグレーテ女王の、いつもはむしろクールで自制的な息子が、祭壇で花嫁を待ちながら、涙をこらえきれなかった。そして姑自身も、無数のブロンド女性と浮き名を流した息子の独身時代が、こういうかたちで終わりを迎えたことに大満足だった。おまけに嫁の過去になんの傷もなかったから——スキャンダルも、やっかいな写真も、あばかれた秘密も。

結婚から三年たって、完璧なマスクの裏になにが隠れているのかと問う声も、もちろんあがっている。王政の批判者にとって、フレゼリクとメアリのライフスタイルはとっくに癪《しゃく》の種になっている。ふたりが国から受けとる二百万ユーロの歳費は、ヨーロッパの若い王侯貴族のなかでは最高額である、その生活ぶりは度はずれだし、完璧な服飾への偏愛は納税者に多額の負担を課している、等々。とくにマルグレーテ女王が質素な暮らしぶりで高く評価されているだけに、皇太子夫妻は槍玉にあがりがちになる。

メアリは王の子供たちの新世代の模範になれるだろうか？　人生がかくも激変した若い女はどんな気持ちなのだろうか？　故郷オーストラリアから別れ、家族と愛する父親から別れ、職業と自律した生活から別れて？　幼いころから公衆の脚光を浴び、大きな責任を担わされた若い男は？　ようやく自分の人生において、温もりと安心感をあたえてくれる人間を見いだした男は？　世界の両端で生まれたふたりは、いかにして仲良くやっていけるのだろうか？　デンマークのダイアナに寄せる人びとの期待をメアリは満たすだろうか？　それとも、先例のように、挫折の運命にあるのだろうか？

✠ 王子と反逆者――イギリスのウィリアム

彼はヨーロッパの貴族界でいちばんもてる独身男とされている。もっともウィリアム王子（王孫）が好んでもとめるガールフレンドはむしろ平民女性だが。「プリンス・チャーミング」は享楽的な母親ダイアナにとてもよく似ているが、彼女はイギリスの王冠にたいへんな災厄をもたらした。ウィリアムはもっとうまくやりそうだ。すでにいま、父親のチャールズ皇太子よりもずっとましな未来の国王をウィリアムに期待する声が、少なからず聞こえてくる。またしても肝心なのは、なんとしてもイギリスの君主制を存続させることなのだ。ウィリアムは人道的な社会参加に熱心だが、いっぽうでは狩猟のような殺伐たるレジャーに血道をあげている。

ときおり王子は疑念を口にした。自分がやがて王の仕事に就くかどうかわからないと。彼は自分の人生を、その地位にあって可能なかぎり「ふつう」に営もうと懸命になっている。これは母親のダイアナも重視したことで、そのためなら王室の規範にそむくことも辞さなかった――そして母の死後はイギリスのマスコミとの暗黙の協定によって、子供たちはそっとしておかれた。世間の目にほとんどわずらわされずに、「穏和な王子」は学校時代、大学時代、そして南米での社会奉仕時代を過ごすことができた。ときおりメディアは撮影とインタビューの機会をあたえられ、ひかえめで好感のもてる若者の動向を伝えた。しかしいまや猶予期間は過ぎ去った。

二〇〇六年の初め、ウィリアムは英国サッカー連盟の会長になり、サンドハースト陸軍士官学校での軍事教育を修了した。かつての「反逆王子」は礼儀正しく義務をこころえたイギリス王室の代弁者になった。「なにが大事なのか、いまの彼はわかっている」と、王室通は判定する。そして彼はつぎのこともわかっている。自分が王冠を戴くまでには、長い待機期間がつづきそうだということを――これには父チャールズの先例がある。

この間にウィリアムは長年つきあった平民のガールフレンド、ケイト・ミドルトンと別れた。二十四歳の王子は結婚するには若すぎると感じている。そのとおり――結婚する前にもっといろいろ体験したい。というわけで、祝婚の鐘が鳴るまでには一連の若い女性が二十代の王子のかたわらに現われることだろう。

未来のイギリス国王の道、あまりにはやく母を亡くした内気な若者の道、イギリス王室の希望の担い手の道は、いまのところ順調に進んでいる。だが、つまずきの石も待ちかまえている。

「君主制は富くじである」と、かつてイギリスの王室批判者ポール・フラインはウィリアムの父親チャールズを念頭において指摘した。当たりはずれは時の運。「世襲の特権体制を認める以上、なにが来ようと受けいれるしかない——どんなに間抜けな男が玉座にすわろうと、そいつの女の好みがどんなにとっぴであろうと」と、作家のビル・ブライソンは辛口を効かせた。

こう見てくると、われわれはいまの王の子供たちに基本的には満足してよいだろう。優れた容貌、しつけがよく、自律的——かれらは二十一世紀の王朝のほぼ完璧なイメージを伝えている。「王様の家」でもいまでは「身分によって」のみ結婚するのでなく、そこでも恋愛結婚が貫徹していることは、王室の魅力を大いに高めている。シンデレラの古いメルヘンが、いよいよ現実的になってきた。われわれの世代はもう無理だろうが、少なくともわれわれの子や孫なら——すでにおおかたの王位継承者夫婦が、新たな後継者づくりに励んでいるのだから。「王冠サーカス」——興行はまだまだつづく。

王家を継ぐものたち――目次

NETHERLAND

チューリップとタンゴ

オランダのウィレム・アレクサンデルとマキシマ

バンクーバー五輪でスピードスケートを観戦する
皇太子一家（2010 年 2 月 27 日、カナダ）
（Photo：EPA ＝時事）

誇らかなスペイン人が復活祭のあと、伝統衣装に身を飾り、数千の隊列をなしてセビリアの街路を騎馬で行進し、シェリー酒が川のように流れるとき、アンダルシアの首都は例外的な状況を呈する。フェリア、スペイン最大にして最も華やかな祝祭は、毎年四月に観光客の大群を日光ゆたかな大都会へと引きよせる。オランダの皇太子ウィレム・アレクサンデルもこの大祭を見逃すつもりはなく、一九九九年のフェリアへの招待に応じた。運命は王子に微笑み、そこで彼は未来の伴侶と出会った。マキシマ。このアルゼンチン女性のほうはニューヨークからやってきて、国際色豊かな友人の小グループとともに祭りを楽しんでいた。「もともと私はあそこへ行くつもりはなかったんです。仕事で手いっぱいでしたから」とマキシマは回想する。「でも二日前に急に気が変わって、旅立つことにしました」。

ほんものの王子が、それも未来の王様が招かれていることは、祭り客のあいだに知れわたっていた。オラニエ家のプリンスはいちばんもてる結婚適齢期の独身男とされていた。すでに奔放な歳月を重ねてきた。学生時代のあだ名「プリンス・ピルゼン」は、名誉の称号とはとても言えない。「彼が来ることは知っていました」とマキシマは語る。「でも彼がだれなのかは知らなかった。私はまだ彼の写真を見たことがなかったので。彼は入ってきたとき、ファーストネームしか言いませんでした、アレクサンデルと」。招待主はカメラが手もとになかったので、マキシマに祭りの写真を撮ってくれとたのんだ。この女性銀行員は多彩な才能に恵まれているけれど、宮廷エチケットにはなじみがなかった。すぐさま彼女がのちのち重大な結果をもたらすへまをやらかしたのは、なんの気なしにカメラを持ちあげ、オランダのプリンスに向けたときだった。ウィレム・アレクサンデルはこういう無遠慮さに不快感を示した。王子はプライベートな雰囲気を乱されたと感じ、憤然とした。「私が最初に目にしたのは、大きなカメラをかかえた女だった」とウィレム・アレクサンデルはマキシマとの最初の出会いを回想する。「そのとき私はくつろいだ週末を過ごしたいだけだった」。いずれにしても、この二十代末の美人はそのエラー行為によってオランダの王子の興味を掻きたてた。気まずい雰囲気は長くはつづかず、ふたりは活発な会話にふけりだした。たちまち私の胸に「火花」が散った、とウィレムはのちに語った。マキシマ・ソレギエタのほうは、はじめ私はなんの恋愛感情も抱かなかったと回想する。「それはひと目惚れではなかった」と、歴史家で王室通のレイニルディス・ファン・ディッツフイゼンも証言

> それはちがった王政になるだろう。かれらはまったくちがうやり方をするだろう。それはまだはっきりとは見えないが、かれらはそれをうまくやっていくと私は思っている。
>
> ヤン・ヘーデマン
> 王室記者

約2ヵ月間、私は両親になにも言いませんでした。でも結局そうはいかなくなって、私は両親に話しました。「私はあるオランダ人と知り合いになった。名前はアレクサンデルといって、法律家」。いつかそれも通せなくなりました。私は父に電話して、こう言いました。「彼はオランダの王子なの」。父は彼がベアトリクス女王の末息子だと思いこみました。そこで私は言いました。「ちがうの、長男よ」。すると父はさけびました。「きみは気がくるったのか？」

マキシマ

する。「ふた目惚れでもなく、むしろみつ目惚れだろう」。

のちにマキシマが明かしたように、ウィレム・アレクサンデルは彼女がニューヨークに帰ったあと、三週間にわたって電話の連続爆撃を敢行した。ニューヨークの友人の結婚式にかこつけて、彼はアルゼンチン美人と会う約束をとりつけた。「彼はうちにやってきました」と女性銀行員は告白する。「でも私は彼の顔を忘れていました。彼がベルを鳴らし、私がドアを開けたとき、私はとても神経質になりました」。最初のひそかなランデブーのあと、さらに数週間にわたるニューヨークでのデートがつづいた。「あれは釣りみたいだった」とウィレム・アレクサンデルは南米美人への求愛を描写する。「私がマキシマを釣りあげた瞬間から、彼女はしょっちゅう私と会うためにオランダにやってきた」。いかにして彼は彼女のハートを射とめたのか、それはふたりとも口を閉ざして語らない。

ウィレムは情熱的なアルゼンチン女性を「釣りあげた」あと、母のベアトリクス女王に打ち明けた。「彼女はマキシマといいます」と王子は告げた。「アルゼンチン人で、ニューヨークに住んでいます。ぼくを信頼して、いまはそれ以上聞かないでください」。ベアトリクスはしぶしぶ承知した。

マキシマのほうも家族や友人に、新しい恋人がだれなのか明かすのをはばかった。ウィレムが初めてブエノス・アイレスを訪れたとき、彼女は皇太子をオランダの弁護士アレクサンデルと紹介した。数週間たって初めて、両親に恋人の正体を打ち明けた。ウィレム・アレクサンデルがただの王子でなく、未来の国王であることが、父親を憂慮でいっぱいにした。「きみは気がくるったのか?」とホルヘ・ソレギエタは娘に言った。「きみには独自の人生があり、きみは自立しているんだぞ」。心配した両親がそのあとすぐにニューヨークへおもむいたのは、娘が順調にやっていることを、その目でたしかめるためだった。「私がとても幸せに生きていることを知って」とマキシマは回想する。「両親はもう私たちの関係に反対しなくなりました」。ウィレム・アレクサンデルは義理の両親の反応を、当然のことと見なしている。「自分の娘が私のような男とできたと聞いて、大喜びする親はめったにいない。最初の反応は愕然とするばかりだろうね……」と未来のオランダ国王は冗談めかして言う。その人生はマキシマとの出会いによって予期せぬ転換をみせた。

それはまったく論理的な反応だと思う。自分の娘が私のような男とできたと聞いて、大喜びするような親はめったにいない。最初の反応は愕然とするばかりだろうね。

ウィレム・アレクサンデル

王位継承者

ウィレム・アレクサンデル・クラウス・ゲオルゲ・フェルディナンドは一九六七年四月二十七日、後継王女ベアトリクスとクラウス公の第一子として誕生した。それによってオラニエ・ナッサウ家は百年以上たって久しぶりに男子の王位継承者を得た。世間と隔絶した水の城館ドラーケンステインで、幼い王子はふたりの弟、一九六八年生まれのヨハン・フリソ、一九六九年生まれのコンスタンチーンとともに育った。そのころはまだウィレム・アレクサンデルの祖母、ユリアナ女王が君臨していて、ベアトリクスとクラウスは子供の教育に当てる時間がたっぷりあった。夏を家族は定期的にトスカナ海岸の牧歌的なリゾート地、ポルト・エルコーレの王家の別荘で過ごし、冬はオーストリアのレッヒでスキーを楽しんだ。

ウィレム・アレクサンデルはなんの心配ごともない幼年時代、母親がまだ王女だったころをしきりに懐かしむ。「いちばん屈託のない記憶は、森にかこまれたドラーケンステイン城の時代、すべてから離れて暮らした時代だ。われわれはとても自由に生活していた。いつも護衛官がそばにいることをべつにすれば。しかしこれはいつものことだったし、これからもそうだろう」。幼い王子たちはバールンの公共の学校に通った。両親は、子供たちができるだけふつうに育つよう心がけた。それでもはやくからメディアとのつきあい方を覚えなければならなかった。「オランダのプレス——くそくらえ！」と、子供のウィレム・アレクサンデルが待機する報道陣にむかって、いささか身分にふさわしくない悪態をついたこともある。

一九八〇年にベアトリクスが戴冠すると、メルヘンのような水の城でののどかな生活は終わりになった。家族はハーグ郊外のフイス・テン・ボッシュ城に移転した。それまで国事にたずさわることの少なかったベアトリクスが、全土に君臨することになった。ウィレム・アレクサンデルは国王の第一子として「オラニエ公」の称号を授けられ、王位継承順位の第一位に押しあげられた——思春期に入ったばかりの少年にとっては容易ならざる重荷。

外交官としてのキャリアを結婚によって断念せざるをえなかった父のクラウス公が、それからはほとんど単独で息子の教育にあたった。なんといっても重要なのは、未来の国王にその役割にたいする心がまえをさせること。「父は大きな影響を私におよぼした」とウィレム・アレクサンデルは証言する。「私が十三歳になったとき、われわれはまだドラーケンステイン城で暮らしていた。彼は気くば

夫と私がとくに望んだのは、3人の子供が幸せな家庭生活に恵まれ、それによって調和のとれた、幸福な人間になることでした。

ベアトリクス　1988年

私は非常に良好な、特別な関係を父と持っており、それはいっしょに旅行することで、いっそう強くなった。

ウィレム・アレクサンデル

父はまちがいなく私の成長過程に非常に多大な影響をあたえた。ドラーケンスタイン時代の父は寸暇を惜しんで子供たちのそばにいてくれた。彼はまったくふつうの父親で、われわれとよく遊んでくれた。やがて父は私の性格形成にとって非常に重要な人になった。

ウィレム・アレクサンデル　1999年

りにあふれる父親で、われわれといっしょに遊び、自動車やゴーカートをつくってくれた。のちに父の該博な知識と、ものごとを相対的に見る能力が、私の成長にとってとても重要なものになった。父は卓越した議論のパートナー、信頼できる助言者であり、若者のあふれるばかりの情動を、正しい方向に導いてくれた」。

若者のあふれるばかりの情動を、ウィレム・アレクサンデルはスポーツにふりむけた。王子はスピードスケート選手として異彩をはなち、一九九二年にはニューヨーク・マラソンにも参加した。いまでも彼はスキー、テニス、ジョギング、ヨット、乗馬、ダイビングが大好きだ。

もっとも学校の成績のほうは、スポーツと歩調を合わせられなかった。「はじめは勉強はとても楽だった」とウィレム・アレクサンデルは語る。「そのうちに、私はきちんと勉強しなかったので、宿題をするのがむずかしくなってきた。上の学校に進むと、もう宿題も勉強もまったくできなくなり、私は一時的に問題をかかえたけれども、そのあとはなにもかもうまくいった。私は部屋に閉じこもって長々と暗記するタイプじゃなかった。いつもぎりぎりになってから勉強し、それがいつもうまくいった」。のちに彼はみずから望んでウェールズの大学に入学した。「私は家からはなれたかった」と、王子はこの決断の理由を述べる。一九八五年にイギリスで大学を卒業したあと、彼は、どの国でも若い王子がそうするように、軍事キャリアをスタートさせた。「私はこっそり空軍をのぞいてみたが、職業パイロットになるのは、私にはまったく不可能だった。結局海軍が私にはいちばん興味があった」と、彼はこの選択を説明する。「私はあそこで男になったと思う」。

海軍を除隊すると、ライデン大学でオランダ史を重点にした歴史学、国法、国際法、経済学を受講した。歴史にはあまり熱中できなかったけれど、学生王子はがんばりぬいた。そのかたわら何度か航空券を手にして、休暇には公益事業、たとえば「フライング・ドクス」や「ワイルド・ライフ・サービス」のためにアフリカに飛んだ。しかしそういう公共福祉事業とならんで、その年ごろの若者がたいていかかえている欲求も、彼は充分に満たした。それはベアトリクス女王にとって、三人のいわゆる「生意気ざかり」の息子をかかえた母親にとって、心配ごとの絶えない歳月だった。一九八八年にウィレム・アレクサンデルは自動車を制御しきれず、溝に転落した。軽傷ですんだのが不幸中の幸いだった。

もちろん私は3軍のすべてでなんらかの実習を修めてもよかっただろう。たとえばスペインのフェリペ王子のように。しかし私は完全な訓練を受けることにした——はじめから終わりまで海軍で。

ウィレム・アレクサンデル

ウィレムは人生につまずいた。彼はよい学生ではなかった。外出しては飲み歩き、ふつうのオランダ人のようにふるまって、いっこうに皇太子らしくなかった。

コール・デ・ホルデ
王室記者

そのころ皇太子とその弟たちは、しょっちゅうディスコや酒場に夜どおし入りびたった。ついには毎晩超過勤務をさせられる護衛官から苦情がでるしまつ。皇太子のたび重なる情事にも、どんちゃん騒ぎの酒宴と同様、オランダ人は気を悪くした。いっぽう若き貴公子が勇ましく狩猟に参加しても、国民はいっこうに評価しなかった。抗議状が殺到し、世論調査では住民の四分の三が、王子が猪や鹿を仕止めることに反対した。ベアトリクスが皇太子の逸脱行為をどのように受けとめたか、それは知られていない。ウィレム・アレクサンデル自身は長いあいだ自分の天職にたいして疑念をいだいていた。「それは意志の問題じゃない」と彼は言った。「それは疑うべき問題だ。人はそんな気になれるだろうか、子供のときからずっと集中的に、一定の職務をちゃんとやれるように準備するなんて？　私には疑わしい。私は自分で道を見つけたい、たとえその道が決まっていても」。旅がどこへ行き着くか、はじめから知っていたいとだれが思うだろうか？　「皇太子は当初、自分の役割を受けいれることにたいへん苦労した」と宮廷ジャーナリストのヤン・ヘーデマンは言う。「女王の息子として生まれ、やがて王にならなければならないというのは、容易なことではない。しかし彼はいつしかそれに慣れた」。

在学許可ぎりぎりの六年を費やして、一九九三年、ウィレム・アレクサンデルはなんとか大学を修了した。ほっとした母の女王はご褒美に、カリブ海の元オランダ植民地、キュラソー島での潜水コースに入りたいという王子の願いをかなえてやった。これからどうするつもりかというジャーナリストの問いに、ウィレム・アレクサンデルは簡潔に答えた。「そのうちにわかるさ、いまはひとまず休暇に行く」。

大学を卒業し、なんどか外国に旅行したあと、ウィレム・アレクサンデルは軍事教育を再開した。こんどは空軍で。これが、ほかの人間のように「ふつう」の職業に就けない、待機中の王子の仕事だった。とにかく勲章と肩書きはどっさり授かった。いま彼は王国海軍予備大佐、王国陸軍予備大佐、空軍予備大佐、女王陛下の副官である。空軍で彼は軍用機の飛行試験にみごとに合格した。空を飛ぶのがよほど性に合っているようで、王子は多発式旅客機のパイロット・ライセンスも取得した。あるインタビューで彼は、飛行機が大好きな理由を打ち明けている。「飛行機にたいする私の熱狂を呼び覚ましたのは、祖母といっしょに空を飛んだときだった。私は飛行機に乗るたびに、すばらしい体験を味わっている。下を見おろして、世界がこんなに小さいことを知ると、気分がすっきりする。それは問題を相対化してくれる。上空

飛行はやめられないホビーで、情熱になっている。しかし私はそれを逃避のためにやっている。ときどきちょっと地上からいなくなるのがすばらしいんだ。飛行機で空に駆けあがり、下を見おろすのが。それを私は楽しんでいる。

ウィレム・アレクサンデル

では私ひとりが飛行機の安全に、私自身の、そして乗客の安全に責任を負う。これは百パーセント集中しなければならない仕事だ。もし私がまちがったボタンを押したら、それを収拾できる人間はいない」。パイロット・ライセンスを維持するため、彼は二週間ごとにオランダ航空（ＫＬＭ）の旅客機やフォッカー政府専用ジェット機を操縦している。さらに年に三回シミュレーターでの模擬飛行訓練を受ける。ＫＬＭ機で飛んでいると、ウィレム・アレクサンデル王子とよく似ているといって話しかけてくる乗客がときおりいるらしい。そんなとき彼はきわめてクールに応答する。「ほかでもそう言われましたよ」。彼の秀でたユーモアのセンスはいまも変わらない。それが彼を、いつも上機嫌で、笑みを絶やさないマキシマと結びつけた。

「尋問」

セビリアでの出会いからほんの数ヵ月後、やはりベアトリクス女王としても、息子の新しい恋人がどんな女性なのか知りたくなった。一九九九年八月、トスカナにある王の夏の離宮ポルト・エルコーレで、マキシマはボーイフレンドの家族と初めて対面した。この「王の尋問」をマキシマは大過なくきりぬけた。「ウィレム・アレクサンデルはとてもリラックスしていました。白状すると、私はかなりナーバスになっていましたが、対話はスムーズに進みました。アレクサンデルの母上がいくつか質問しました。たいへん率直に――私がニューヨークでなにをしているか、大学でなにを学んだか、人生でなにをしたいのか」。一度ならず女王は、噂に有名な「コントロール狂《フリーク》」の面目躍如たるところをみせた。結局クラウス公が「尋問」を終わらせ、マキシマとスペイン語でアルゼンチンのこと、芸術や文化のことを話し合った。まさしく彼は外交官で、昔気質の騎士だった。

ウィレム・アレクサンデルはこの恋人の「一次試験」に甚大な期待を寄せていた。なにしろすべては母親の同意にかかっていたから。「ふつう」の人間とちがって、未来のオランダ国王はパートナーを自由に選べない。そのことを若いプリンスはすでに一度ならず痛烈に思い知らされていた。これまでのガールフレンドはことごとく女王のお眼鏡にかなわなかった。彼女らはすべて平民の娘だった。恵まれた環境にある整形外科医の娘エミリ・ブレーマースとは、四年も親しい関係がつづいた。ふたりは大学在学中に行きつけの酒場で知り合った。一九九五年以来、オランダじゅうがこの恋愛関係を知っていた。しかしベアトリクスは息子の恋人にほとんど目もくれなかった。エミリ・ブレーマースは宮廷に使用人専用口を通ってしか出入りを許されず、王家の催しごとではひとり

ウィレム・アレクサンデルは、マキシマと知り合うずっと前に、テレビのインタビューで、王冠のために愛を棄てることはないと言っていた。結婚したい女性を見つけ、それが政治的問題に抵触するなら、彼は愛をとるだろう。

ヤン・ヘーデマン　王室記者

ぽつんと末席にすわらされた。女王の拒絶はエミリ・ブレーマースが平民で、しかもカトリックだったことと関係しているのだろうか？　「だれだって結婚する前に、ひとりやふたりのガールフレンドはいる。だからウィレム・アレクサンデルが結婚しなかったのは女王の異議のせいだとは言いきれない。それはわれわれにはわからない。しかしふたりは非常に親密な間柄だった」と、王室通で歴史家のレイニルディス・ファン・ディッフイゼンは述べる。

すでに妹のマルグリートが貴族でない政治家の息子、ピーテル・ファン・ヴォレンホーフェンと一九六五年に婚約したときも、ベアトリクスは大反対したという。庶民的な母親、ユリアナ女王が、妹と平民との結婚を認めたことが、彼女には理解できなかった。マルグリートはベアトリクスの異議を無視して、一九六七年一月十日、熱愛するピーテル・ファン・ヴォレンホーフェンと結婚した。この決断が大当たりだったことは、のちに明らかになるだろう。自分自身の婿選びにあたっては、ベアトリクスは夫が「悪い両親から」生まれたのではないことを重視した。選ばれた女王の夫君は上級貴族の出ではないが、その血管にはまちがいなく「青い血」が流れていた。一九六七年三月十日、後継王女はドイツの外交官クラウス・フォン・アムスベルクと、多くのオランダ人の反対を押しきって結婚した。

母親の考え方をよく知っているウィレム・アレクサンデルは、愛のために闘う決意を固めた——王冠を犠牲にしてでも。すでにマキシマと知り合う前にも彼は公言していた。愛のためなら、必要とあれば、王冠を棄てる、と。あらかじめ警告されていた両親は、批判をさしひかえた。と彼女はウィレム・アレクサンデルをとりこにし、国民を眠りから引っぱりだした。彼女はエキゾチックだった。チャールズ王子とちがって知的なラテン女性を恋人にしたウィレム・アレクサンデルは、彼女の存在によって成長した。体も引きしまり、甘えっ子のイメージを払拭した。

レオン・デ・ウィンター　オランダの作家

りわけクラウス公のとりなしのおかげで、マキシマは宮廷に嫁ぐチャンスを得たらしい。「彼が最初に、彼女が非常に立派な人間であることを諒解し、彼女を厚く支持した」と、王家の親しい友人アヴィ・プリモールは語る。そのころクラウス公は彼を「三人だけ」の夕食に招いた。「彼女がだれなのか、私はまったく知らなかった」とイスラエルの元ドイツ大使は興奮ぎみに回想する。「私は彼女から非常に感銘を受けた。彼女との会話はすばらしかった。彼女にはものすごく人を引きつける魅力があった。あとでクラウス公は私に、彼女をどう思うかとたずねた。私は、彼女にはすっかり魅了されたと答え、いったいだれなんだと訊いた。彼女がアルゼンチン人だということ以外、私は彼女のことをなにも知らなかった。あれは一種の試験だったのだ」。その試験に、マキシマはみごとに合格した。「彼女は非常に聡明だ」とアヴィ・プリモールは激賞する。「非常に多くの言語を使いこなし、母語のスペイン語以外に英語も堪能だし、この間にオランダ語も流暢になり、さらにはポルトガル語とイタリア語も習得している」。

ウィレム・アレクサンデルのたび重なるニューヨーク旅行はマス

コミに隠しつづけられなかった。まもなく、王子の「新顔」はアルゼンチン人で、名前はマキシマ・ヘルツォーク、両親はドイツ人だ、という噂がひろまった。だが、未知の美女の正体は？そして、その女はオランダの皇太子妃になれる器なのか？

絵本のようなキャリア

一九七一年五月十七日、この美しいアルゼンチン女性はロビイストでビジネスマンのホルヘ・オラシオ・ソレギエタと、その二番目の妻マリア・デル・カルメン・セルッティとの娘として産声をあげた。両親はこの子にアルゼンチンではめずらしいマキシマ（最大）という名をあたえた。マキシマにはふたりの兄、ひとりの姉、さらに父親の前妻が産んだ三人の異母姉がいる。家族は町いちばんの金持ちではないにせよ、たいへん富裕な階層に属している。父親のホルヘ・オラシオ・ソレギエタは一九七六年から政府で高い地位に就き、一九七九年から一九八一年まで農業省の次官をつとめた。それはホルヘ・ビデラ将軍による軍事独裁の時代だった——アルゼンチン史の暗黒時代。

自国の政治的状況にかかわりなく、幼いマキシマはレコレータ地区の家でなに不自由なく育った。その家にいまも両親が住んでいる。両親はよい学校教育を非常に重視したので、マキシマを有名なノースランド・カレッジ、上流階級の子女のための第一級の私立学校に入れた。「マキシマはいつも友達にかこまれて、とても陽気だった」と、少女時代の友人ラウレンシオ・アドトは回想する。「でも同時に彼女はとてもシャイで、家でも学校でも厳格にカトリックの教育を受けた」。子供時代と娘時代の大部分をマキシマはアルゼンチンの首都、繁華な大都会ブエノス・アイレスで過ごした。

すでに七〇年代からブエノス・アイレスは二分された都市だった。北部は洗練された富裕な地区、南部は荒廃した貧困地域。いまも多くの人びとが町のまんなかのスラムで暮らし、他の南米諸国でも見られるように、ホームレスもたくさんいる。ほんものの金持ちは厳重に護られた郊外の大邸宅や「上流市区」に住んでいる。金持ちは自分たちだけの世界を形成し、同じ学校に通学し、同じリゾート地を訪れる。ソレギエタ家はとくに富裕なわけではないにせよ、若いマキシマは「上の一万」の世界で日々を送った。冬は定期的にパタゴニア・アンデスの高級リゾート地、ブエノス・アイレスから飛行機で二時間のバリローチェの別荘、ビリャ・ラ・アンゴストゥラに移り住んだ。そこでマキシマはいまも大好きなスポーツ、スキーも習得した。夏休みにはおおかたのスクールメイトと同じくウルグアイの高級保養地プンタ・デル・エステで過ごした。そこでティーンエイジャーたちは昼は海辺で楽しみ、夜はダンスに興じた。そのさいマキシマは、友人たちが証言しているように、つねに保守的な教育に忠実で、はめをはずすようなことはなかった。「彼女はシャイだけど、外向的な面もあった」とラウレンシオ・アドトは証言する。「やはり彼女は典型的なラテン女、百パーセントのアルゼンチン人で、人生を楽しみ、性格が陽気で、とりわけ友だちを愛した」。たいていのアルゼンチン人と同じく、マキシマの血管にもスペインとイタリアの血が流れている。これが彼女の奔放な気質、快活な性格、はたまた誇り高さと優雅さのゆえんであろう。

スペイン人とイタリア人だけでなく、イギリス人、フランス人、ドイツ人、オランダ人も、ガウチョと膨大な牧牛の国に幸運をもとめた。アルゼンチンに特有の文化、タンゴは、移民が蝟《い》集《しゅう》したリオ・デ・ラ・プラタ界隈にただよう生活感情を映しだしている。それは裏切られた希望と情熱、故郷への憧憬と移民たちの愛を物語る。誇りと情熱は郷愁から生まれたのか？　おおかたのアルゼンチン人はこの生活感情を母乳とともに吸っているようだ――マキシマも？　若き日の男の友人のひとりが、つねに上機嫌でエネルギーにあふれる少女を覚えている。このスポーティで背の高い女友だちは、ときどき男の子みたいにふるまった。たとえば友だちの背中をいきなりうしろから力いっぱいたたいたり。でも、いざというときは「たよりになる」友だちだった。そのころの彼女に「おしとやか」なところはあまりなく、よりにもよってこのおてんば娘が、いつかプリンセスになるなんて、思いもよらなかった。

一九八八年、マキシマはブエノス・アイレスのカトリックの大学に入学し、経済学を専攻した。優秀な成績で卒業すると、まず故郷の町のボストン銀行でキャリアを開始した。はやくもそのころからマキシマは抜群の才能を発揮して、すばやくむずかしい仕事になじんでいった。「彼女はもののみごとに新しい状況に順応した。私は覚えているが、大学での最後の試験のひとつがかなりやっかいだった。マキシマの教授はリカルド・アリアスという有名な経済学者だった。マキシマは試験の結果を心配したが、すべてうまくいった」と、元上司のマリオ・ロッシは語る。「私は教授と旧知だったので、あとで問い合わせてみた。教授はこう言った。『はっきり言って、マキシマにはなんの問題もないよ』」。

二十四階にあるオフィスから意欲的な女性経営学士は、滔滔《とうとう》と流れるラ・プラタ川の息を奪うような風景を楽しんだ。この大河は二百キロ西で大西洋に注いでいる。そのころ彼女は、いつか自分がこの大洋の向こう側で暮らすことになるのを、予感しただろうか？ 彼女は熱心に仕事に励んだが、それがときおり見せるとっぴな行動をセーブするわけではなかった。「マキシマはしばしば長時間働いた。夜分には足が痛くなるので、さっさと靴を脱いで裸足でオフィスを歩きまわったもんだ」とマリオ・ロッシは笑いながら回想する。でもここぞというときには、マキシマはいつも本能的に適切に行動した。彼女はレセプションやパーティに好んで出席し、そこで重要なコンタクトを結んだ。すでに当時から、彼女はたくまざるやり方で、さまざまな分野の人びとを魅了した。「マキシマにはつねに家族の支援があった」と元上司のマリオ・ロッシは言う。「姉のひとりがニューヨークで暮らしていた。そういう支援と独自の能力で、あれこれの人びとと近づきになり、あれこれのコンタクトをつくりだすことができた。相手がマキシマの友人でなければ、友人の友人、そのまた友人という具合で、人脈をひろげていく。マキシマにとってコンタクトづくりはなんの問題もなく、そこが同僚たちとちがうところだった。マキシマの人生は三位一体になっていた。社会的観点、家族、仕事――そのすべてがたがいに織りこまれ、それがごく自然だった」。

投資銀行家のミゲル・レイナルがマキシマと、ブエノス・アイレス郊外のエスタンシアでたまたま知り合ったのは、彼女がポロ競技でけがをしてもどってきたときだった。「私はマキシマに魅了された、彼女は優雅だったが、ポロのような危険なスポーツをやってのける強さもあった」と彼は回想する。「私は知り合いの外国人グループをそこに連れてきていたが、そこにいる人たちをだれも知らなかった。マキシマは二十人ばかりのグループとともにプールぎわに立っていた。彼女はすぐさまわれわれに歩み寄り、自分の友人たちをひとりひとりフルネームで紹介した。彼女は親しみ深いやり方でわれわれ全員に感銘をあたえた。そのころ私はUBSの副頭取を勤めていて、アルゼンチン人の新しい従業員を募集するつもりだった。マキシマは大学を修了したと私に言った。私は彼女を優れた従業員候補者と見なした。しかし彼女は、すでにべつの計画があると言ってことわり、女友だちを採用してくれとたのんだ」。

二十五歳になったマキシマは、アルゼンチンを離れてニューヨークで幸運をもとめることにした。旅立ちの前夜、彼女はたまたま旧友のラウレンシオ・アドトと出会った。「マキシマは友人たちといっしょで、ブエノス・アイレスと、家族と、友人と別れるのが、とても悲しそうだった。私はマキシマに言った。『このアルゼンチンでは、きみは自分にふさわしい男を見つけられないだろうね』。彼女は私を見つめて訊いた。『ほんとうにそう思う?』。私は言った。『うん、むずかしいだろうね、きみほど知的でシックな女を評価できる男を見つけるのは』。彼女はイヴ・サン・ローランの服を着て、飲み物を手にしていた。彼女はわかっていたんだ、新しい人生がはじまることを。私も確信した、彼女がニューヨークで、自分のもとめるものを見つけることを」。

世界経済の中心地ニューヨークで彼女はまずクラインヴォルト・ベンソンで働き、ついでドイツ銀行でラテン・アメリカ地域担当のセールスマネジャーをつとめた。「彼女には信じがたいほどの才能があると、私はいつも思った」と、投資銀行家で友人のミゲル・レイナルは言う。「彼女がニューヨークへ行くとき、私は言った。『ニューヨークでは気をつけろ。あそこの生活はかなりきびしいからね。みんな働きすぎるほど働いて、非常にアクティブだ。まあきみもとてもアクティブだけど……』。しかし彼女は自分のやりたいことをよくわかっていた。彼女は自分の人生をつねにコントロールできる」。マキシマはニューヨーク時代と新しい自立した人生を楽しんだ。セビリアへの招待を受けるまでは。「あそこで王子様と知り合うなんて、彼女は考えてもいなかった」とラウレンシオ・アドトは語る。「でもマキシマとウィレム・アレクサンデルの恋物語みたいなメルヘンが現実の人生にほんとうにあるっていうの

当初から私は彼女に感銘を受けた。彼女はとても感じがよく、オープンで、ユーモアにあふれ、知性があり、それがどんな人ともすばやくコンタクトをとるのを助けた。

ミゲル・レイナル
マキシマの友人

は、すばらしいことだ」。

一九九九年の夏に、マスコミは王子の新しい恋人を嗅ぎつけた。マキシマを狩りたてる猟が本格的にはじまった。テレビチームが彼女をつけねらい、カメラマンが待ち伏せして盗撮し、その写真をおもにオランダで高く売りつけた。高値で売れる写真をもとめて、パパラッチはマキシマの女友だちの住居に侵入することも辞さなかった。「これには困りはてました」と、マキシマは当時の気持ちを回想する。「私は友人を護れなかった。私には理解できなかったし、友人たちもそうでした」。私的なパーティのつまらないビデオが、マキシマが映っているだけで、オランダのジャーナリストには一万USドルの値がついたという。『テレグラーフ』紙がそこから録った写真を掲載した。「ついにツイストする王妃！」とオランダ最大の日刊紙は書きたてた。いっぽうでは「あばずれパーティガール」をけなす声もあがった。こんな女が未来の国王のかたわらにすわるなんて、あってはならないことだ！

一九九九年十二月、初めて宮廷はふたりの恋愛関係を公式に認めた。多くの人びとが婚約は間近だと推測した。ともかく二十八歳のアルゼンチン女性はすでにオランダ語を学び、ニューヨークで市民権取得のためのコースに通っていた――たいていの移民希望者がそうするように。意見をもとめられたオランダ首相ウィム・コークは、ふたりのあいだに「美しい花」が咲いていると述べた。だが間近な婚約については口を濁した。「かのレディがわが国の言葉を学ぶのを、私は奇妙だと思わない」と首相はあいまいに答えるだけだった。ではなぜ、と宮廷ウォッチャーは自ふたりがいっしょの最初の写真はイタリアで、ボートの上で撮られた。そのときはまだカメラマンは、ボートにだれが乗っているのかまったく知らなかった。しかし彼は、まあいちおう撮っておこうと考えた。大当たり！

ウィレム・アレクサンデル

私はアレクサンデルをとると心に決め、その結果も受けいれました。でも私の両親と家族、私の男女の友人たちも、メディアに追いかけられました。

マキシマ

問した。なぜマキシマは一九九九年十二月二十六日から二〇〇〇年一月三日までの年末年始の休暇を、王族とともにインドで過ごすのを許されたのか、まだカップルに確たる将来計画がないのなら？　家族における貴族の血を重視するベアトリクス女王は、この身分ちがいの結合をどう思っているのか？　「ウィレム・アレクサンデルは両親と弟たちからの批判の的になっていた。なぜならマキシマへの愛は政治的な大問題を惹き起こしかねないことが明白だったから」と、王室記者の長老ヤン・ヘーデマンは説明する。「しかし彼は、マキシマと知り合うずっと前から、テレビインタビューで明言していた。自分は王冠のために愛を棄てることはないと」。マキシマがインド旅行に同行することを許されたという事実だけでも、女王がしだいに新しい状況と折り合いをつけはじめたことの明白な徴候だと、記者団とともにインドに同行したヤン・ヘーデマンは述べた。皇太子ウィレム・アレクサンデルとマキシマだけでなく、ベアトリクスの末息子コンスタンティーン王子にも平民の恋人がいるし、次男のヨハン・フリソも同様らしい。ヘーデマンは千年期の変わり目を、オラニエ・ナッサウ王家におけるパラダイム転換の決定的時期とみた。

女王陛下の命により

ウィレム・アレクサンデルが愛する女性への待ちこがれたプロポーズを許される前に、閉ざされたドアの奥できびしい調査と議論が行なわれた。マキシマの件は委嘱された国法学者や憲法学者にいくつか難題をつきつけた。結婚を真剣に考慮する前に、多くの未解決の問題をクリアしなければならなかった。カトリック教徒が、しかも平民女性が、カルヴァン派のオラニエ王家に輿入れしてもよいのか？　子供はどんな洗礼を受け、どのような教育を受けるのか？　オランダ情報機関がマキシマとそのアルゼンチンの家族の調査を委託された。花嫁候補の素行はほんとうに非の打ちどころがないのだろうか？　彼女にはいかなる家族の背景があるのか？　父親のホルヘ・オラシオ・ソレギエタは政府高官としてアルゼンチン軍事政権の悪行にかかわったのか？　ウィレム・アレクサンデルがマキシマを結婚の祭壇に導きたければ、これらの問題に明確な答えをださなければならなかった。

しかしこのカップルが乗り越えるべき最初のハードルは、ベアトリクス女王とクラウス公そのものだった。「両親はすでにそれについて考えぬいていた」と家族の友人アヴィ・プリモールは語る。「息子が真剣に愛しているという事実が、両親の目には真の論拠になった。未来のプリンセスとしての品位は？　その能力は？　彼女はアレクサンデルをほんとうに愛しているのか？これがベアトリクスとクラウスに残された問題だった」。その魅力、知性、卓越した人を引きつける力によって、マキシマは未来の義父母の心をつかむのは容易だっただろう。厳格な義母でさえ当初の留保を撤回した。厳密にみれば、ベアトリクスはこのような嫁をつねに望んでいたのだ。教養があり、ユーモアにあふれ、優れた容貌と温かい心、このような女性こそ、孤独な職務に就いた息子の重要な支えになるだろう。それがどんなに重要なことか、女王は個人的体験から身にしみて知っている。

彼女の父ベルンハルト公は、彼女の母ユリアナ女王の忍耐力を、再三再四ぎりぎりまで酷使させた。女王の夫君は他の女性との情事を重ね、その情事からふたりの娘まで産み落とさせた。彼の数々の逸脱行為にユリアナ女王は苦しみぬいた。ときには離婚さえ話題になった。それにひきかえベアトリクスの夫クラウス公はつねに妻に忠実で、「良き日にも悪しき日にも」つねに信頼できるパートナーであり、良き助言者であり、愛に満ちた父親だった。死の直前にも女王の夫君は公開の席で妻にすてきな愛の告白を行なった。「ベアトリクス、きみはすばらしい」。同じような配偶者を愛する息子のために望まない母親がいるだろうか？　ウィレム・アレクサンデルとマキシマがどんなに愛し合っているか、それをベアトリクスはひしひしと感じとれたが、その愛は外からの絶えざるプレッシャーにもちこたえられるだろうか？　とにもかくにも、この魅力的なアルゼンチン女性にチャンスをあたえてみよう。

ウィレム・アレクサンデルの近くに住んで、その家族と親しくなるため、マキシマのほうも旗幟を鮮明にして、二〇〇〇年五月にドイツ銀行ニューヨーク支店からブリュッセル支店に職場を移した。いまや恋人同士をへだてる距離は、自動車でほんの数時間に縮まった。ついにマキシマは、やがて自分も住むべき王子の故郷を親しく知る機会を得た。ブラバントで行なわれたある結婚式で、ウィレム・アレクサンデルは彼女を友人たちに紹介した。自分の唯一無二の望みは、マキシマといっしょに暮らし、いっしょに家族をつくることだと言って。しかしその前に、さらに乗り越えなければならないハードルがあった。

歴史家、人文学者、政治家からなる市民権付与のための委員会が招集され、マキシマに最も重要な分野、オランダの地誌、国家機構、言語、文化を教えることになった。これは女王が打ったまことに巧妙な布石で、教授陣には王朝の敵対者とは言わぬまでも、王政に批判的な人びとも招集された。「最もきびしい王朝の批判者に、未来の国王の妻への教育をゆだねた以上、批判者は永遠に口をつぐまざるをえない」と、国会議員で共和主義者のハリー・ファン・ボンメルはベアトリクスの巧みな手口をコメントした。こうしてマキシマは「模範的移民」として披露された。それはばかげていると、多くのオランダ人は思った。もともとこのアルゼンチン女性は特権階級の出身で、貧しい移民とは絶対に同列にあつかえない、と。この批判にたいして聡明な女性銀行員は、自分も他の移民に負けず劣らずハードに働いていると、しかるべき機会をとらえて反論した。

ソレギエタ問題

王族がふたりの関係を認めたという事実も、それだけではふたりが結婚できることを意味しなかった。オランダでは私事が自動的に私事になるわけではない――少なくとも未来の国王にかかわることは。皇太子の結婚については議会の同意が必要になる。この法規に違反すれば王冠の放棄をせまられる。憲法に則って、ウィレム・アレクサンデルはマキシマ・ソレギエタとの結婚への同意を議会に諮った。「オランダ議会は結婚候補者の背景を確認しなければならない。すなわち未来の夫君ないし妃が王室を窮境におとしいれることは絶対に許されない。そのため王家に入る人物の背景は、厳密に調査されなければならない」と、宮廷ジャーナリストのヤン・ヘーデマンは説明する。

この時代錯誤とも思える法規は、オランダにおける君主の特殊な地位と関連している。ベアトリクスはヨーロッパでは唯一の王冠を戴く政府構成員なのだ。名目上では女王は政策決定過程において副次的な役割しか演じない——法律に署名し、大臣を認証し、政府声明を読みあげる。しかし女王は議会の構成に影響をおよぼす可能性を有し、きたるべき選挙において、ありうべき内閣の陣容を示唆することもできる。憲法学者のあいだでは、この国王の多大な影響力にたいする批判もある。事実上ベアトリクスは国の歴史を間接的に動かしている——とりわけ長年にわたる在位によって。オランダ首相と女王は週に一度お茶を共にし、話し合う。各省大臣からも定期的に情報の提供を受ける。ベアトリクス女王が諸事に精通していることは語りぐさになっている。「女王は何でも知っている」とオランダの政治家たちはひそひそ語る。そして女王との会見に招ばれるのを、試験のように感じる。けっして女王の発言内容が公開されることはなくても、そのアイデアやモチベーションは政治に影響をおよぼしている。「女王の権力は宮廷の秘密である」と王室通で歴史家のレイニルディス・ファン・ディッフイゼンは言う。

国内の共和派にとってこの「秘密のかきまわし」は癪の種だ。一九九九年に数人の共和主義者が「共和社会」という団体を結成し、神授の世襲君主制の廃止を唱えた。それはいまのところ勝てる見込みのない闘いだ。二〇〇五年の調査ではオランダ人の八・五パーセントしか王政廃止に賛成しなかった。「いちばんいいのは女王がなにもしないことである、スウェーデンの場合のように」と王政反対派のハンス・ファン・デン・ベルグは言う。「そうすれば国王はたんに儀礼的な機能にすぎなくなる。女王は絶対に政治に口出しすべきではない。女王のすることが少なければ少ないほど国はよくなる」。しかしこの共和主義者も、ベアトリクスがきわめてうまくやって彼女は自分を皮肉な目で見ることだって充分にできる。しかしいつもそれを見せるわけにはいかず、演技をしなければならないのだ。

コース・フイセン
女王の伝記作家

ときどき私はもっと影響力をおよぼしたくなります。

ベアトリクス女王
1998年

いることは認めざるをえない。「女王は真のマネジャーである。彼女は全王室を厳格に管理している」。憲法によれば、内閣がベアトリクスのすべての言動に責任を負っている。「国王は不可侵であり、閣僚が責任を負う」。国王の言動は首相との協議を待たなければならない。そして議会は王室の「私的」領域にまで立ち入ってチェックする権限を有している。

王族の結婚にたいする議会の同意――ふつうは多かれ少なかれ形式的なもの――も、このケースに該当し、皇太子の決意とはかかわりなく、手間のかかる不愉快な審議がつづいた。「大問題が生じかねないことが、私にはすぐわかった」と、ソレギエタの件が火薬樽になることを認識していた元首相のウィム・コークは語る。「そのため私は早期にすべての関係者と話し合いを重ねた。もちろん話し合いはつねに円滑とはいかなかった」。マキシマは父親の過去が結婚の障害になりかねないことを知って、たいへんなショックを受けたにちがいない。ウィム・コークは皇太子のマキシマにたいする深い愛を個人的に確信すると、ベアトリクス女王と協議のうえ、二〇〇一年の秋に南米専門家ミシェル・バウド博士に委嘱して、秘密報告を作成させた。アルゼンチンでの調査結果はかんばしいものではなかった。魅力的なマキシマには非の打ちどころがないにせよ、その父親の政治的潔白はきわめて疑わしいものだった。ウィレム・アレクサンデルとアルゼンチン女性との結婚は、一夜にして政治問題と化した。人権擁護を旗印とする国際司法裁判所がハーグに設置されていることを、オランダ人は誇りにしている。しかし父親の暗い過去のゆえに、多くのオランダ人が理想的な王妃と見なしている娘を拒否してもよいのか？

ホルヘ・オラシオ・ソレギエタは一九七六年から一九七九年まで農業省の次官補、一九七九年から一九八一年まで次官として、アルゼンチンの独裁者ホルヘ・ビデラ将軍の軍事政権に仕えた。オランダ首相ウィム・コークがひそかに作成させた報告では、ソレギエタは政治的影響力の強い役職にあったと査定された。ソレギエタ自身はつねにネオ・リベラルなテクノクラートだったようにみえる。しかし彼は五年にわたり政府高官として活動し、大規模な人権侵害を国の内外で弾劾されている政権に、信念をもって仕えてきたのだ。ビデラ政権は政敵にたいする残虐な弾圧によって、世界じゅうで悪評を買った。大勢の反対派、あるいはそうみなされた人びとが秘密の死の収容所で消えた。一九七六年から一九八一年までに三万人のアルゼンチン人が拉致され、拷問され、最後には殺された。大部分の遺体が見つからなかったのは、犠牲者は死んで、もしくは生きて縛られたまま、飛行機から海に投下されたからだ。それらすべてを、ホルヘ・オラシオ・ソレギエタは、自分はなにも知らなかったと主張した。

彼はテクノクラートで、政治的決定にたずさわらなかったことは大いにありうる。それでも独裁時代に犯された残虐行為や犯罪を彼が知らなかったということはありえない。

フェリクス・ルナ
アルゼンチンの歴史家

ホルヘ・ソレギエタはアルゼンチン軍事政権の共犯者である。われわれが断罪するのは彼であって、娘ではない。

エンリケタ・バルメス・デル・カルロット
アルゼンチンの人権活動家

調査委員会の鑑定はソレギエタの共犯関係を示唆する明白な証拠をもたらさなかった。「ソレギエタが政府在職中に個人的に抑圧や人権侵害に加担したという嫌疑は、除外してもよいだろう。他方、彼が抑圧の実行や人権侵害の状況を知らなかったとは考えられない」。じっさいソレギエタの管轄領域からも多数の人びとが失踪しており、その多くは裁判なしに何ヵ月も拘束され、そのまま消息を絶った。失踪者のなかには数人の若い母親もいる。「ソレギエタがテクノクラートとして管掌部門を知悉していた人物であることは、反論の余地がない。しかし、まさにそこにこそ彼の責任があると、私は思う」と、弁護士で人権活動家のリカルド・モネル・サンスは言う。「多くの従業員が突然いなくなってしまったことに、彼は気がつかなかったのだろうか？」と同弁護士は疑念を呈する。保守派の歴史家フェリクス・ルナは、はじめは犯罪が沈黙のヴェールで覆われていて、多くのアルゼンチン人が実際になにも知らなかったことは認めるものの、ソレギエタの場合はやはり疑いをいだいている。「当時、失踪した親族の消息をもとめて、多くの人びとが政府内の友人知人に問い合わせた。その答えがなんであったにせよ、国家犯罪が存在することを、もちろんみんな知っていた」。一九七六年十二月に、大学で建築学を学ぶ女子学生リディア・アミゴが学友とともに失踪した。その父親のアルベルト・アミゴは軍部が権力を掌握するまで農業省の次官だった。絶望したアミゴは後任者のホルへ・オラシオ・ソレギエタに助けをもとめた。ソレギエタがこの件にどう対処したかはわかっていない。しかし少なくとも彼は「デスパレシドス」——アルゼンチンで失踪者はこう呼ばれた——のことを知っていながら、軍事政権に忠実に仕えつづけたのだ。

加害者は痕跡をほとんど残さなかったという事実が、膨大な行方不明者の運命の解明をきわめて困難にした。いま、あれから三十年以上たっても、犠牲者の家族は承服していない。いまでも年老いた母親たちが定期的に大統領府《カサ・ロサーダ》の前の五月広場に集まり、失われた息子や娘の非命を訴えている。現大統領ネストル・カルロス・キルチネルの政府も被害者を支援しているが、軍事政権時代の法的歴史的決着はまだついていない。

独裁の暗い歳月におけるソレギエタの役割は、民主主義の基本原則を尊重するオランダ人の大関心事になった。「マキシマを知らなければ、われわれはみな、ありえない、そんな女を望むなんて、王子は気がくるっていると思っただろう」と、王室通のレイニルディス・ファン・ディッフイゼンは多くのオランダ人の懐疑を代弁する。「こんな父親がいては、マキシマは王妃になれない。ウィレムが彼女と結婚したければ、王冠への権利を辞退すべきである」と政治家のヤン・

ファン・ワルセムは要求した。オランダの人権活動家はマキシマの父親を「血塗られた手」をもつ男と呼んだ。元ユネスコ大使マールテン・モウリクも、アルゼンチンの元次官を人権にたいする犯罪のかどで批難した。ホルヘ・オラシオ・ソレギエタは数千のアルゼンチン人の殺害の責任を免れないと、社会民主党議員のペーテル・レーウィンケルは述べた。財政大臣のゲリト・ザルムはソレギエタを「不適切な人物」と呼んだ。もっとも、べつの議員たちはマキシマの「共同責任」には反対し、娘が父親から明確に離れれば、それで充分と見なした。ある人権団体がもちだしたビデオに、一九七八年のサッカー・ワールドカップ最終戦が映っていた。アルゼンチン対オランダ。それはきびしく核心に触れていた。挿入されたテロップ「拷問」「暴力」「屈辱」が、ビデラ政権の残虐行為を鮮明に記憶に呼びさました。あらゆる党派に亀裂が走り、国に憲政の危機がせまった。

赤薔薇とシャンパン

ウィレム・アレクサンデルは恋人をかばい、熱愛する女性との結婚を固く決意した――なにがあろうと。二〇〇一年一月、すなわち世論沸騰の真っ最中に、王子は金曜日の昼間、アイススケートを口実にしてマキシマをフイス・テン・ボッシュ城の池に誘った。時間が過ぎていったが、私は英語で問いかけた。彼女が最初から理解してくれることを私は確信していた。すぐさまいろよい返事がかえってきて、「なんですって？」とは言わないことも。

ウィレム・アレクサンデル

ウィレム・アレクサンデルはスケートで池をぐるぐるまわるばかり。凍えながらマキシマは初めてスケート靴を履き、二時間半も滑ったけれど、望むものはひとつしかなかった。一杯の熱いココア。彼女が知らなかったことがある。ウィレム・アレクサンデルはシャンパンと赤い薔薇の花束を藪のかげに隠していたが、タイミングのいい瞬間を待っていたのだ。「そろそろほんとうにやらなきゃ、と私は思った」と王子はロマンチックな瞬間を回想する。「私はスケート靴を履いたまま地面を駆けていって、シャンパンと薔薇をとってきた」。メルヘンのように王子は持てる勇気をかき集め、かしこまって求婚の言葉を口にした。「事前になんども練習したのだが」と王子は白状する。「本番では台本どおりの台詞がでてこなかった。たぶん私はこう言ったと思う。『ぼくがこういう質問をするのは生まれて初めてで、たった一回だけで……』」。マキシマは一瞬もためらわず、とっさにイエスと答えてぷっと噴きだした。「私は思ってもいませんでした、私をこんなに愛してくれる人がいて、私もその人をこんなに愛して、それがいつか結婚することになるなんて」と、未来の国王の妻は告白する。

結婚を約し合ったふたりは反撃に打ってでた。当面の重要課題は議会と国民を味方に付けること。軍事政権の元閣僚が王室の結婚式に出席し、ひょっとしたら女王の黄金の馬車に陪席してにこやかに手を振るなんて、想像するだけで多くのオランダ人が、王党派の政治家を含めて、強い不快感をいだいた。すべてがだめになりそうになったとき、本来は共和派の社会民主党の総理大臣ウィム・コークが、舞台裏でつぎのような妥協案を提示した。結婚式はホルへ・オラシオ・ソレギエタが出席しないという条件のもとに行なわれる。「そのとき私は初めてマキシマの涙を目にした。私も自分の感情を隠すのがむずかしかった」と、自分も父親であるウィム・コークはそのときの話し合いを回想する。父親の潔白を固く信じていたマキシマにとって、はじめこの要求は受けいれがたいものだったが、首相はこの条件に固執した。「一月の初めに私は元外相のファン・デル・ストエルにたのみ、もちろん女王、ウィレム・アレクサンデル、マキシマが了承したうえで、ソレギエタ氏と会見して、議会の同意も得て結婚式を可能にするための、共通の土台をさぐってもらった」とコークは語る。二ヵ月後、ついにコンセンサスが得られた。「父親は結局それを了解し、圧力に屈した」と宮廷ジャーナリストのヤン・ヘーデマンは言う。「はらはらさせられたのは、父親が結婚式に出るか出ないかはっきりする前に、ウィレム・アレクサンデルはマキシマに求婚していたからだ。求婚から、父親が出席の断念を表明する時点まで、ベアトリクスには息子が王位を継ぐかどうかわからなかった」。

人心がやや静まったちょうどそのとき、ウィレム・アレクサンデルが軽率な発言をして、議論を新たに沸騰させた。ニューヨークで行なったインタビューで、王子は未来の義父を弁護し、ソレギエタが軍事クーデターの準備に加担したという批難をしりぞけた。その証拠として彼が依拠したのは、すこし前にアルゼンチンの新聞『ラ・ナシオン』に掲載された読者投稿だった。その内容は軍事政権の正当化以外のなにものでもなかった。ではその投書はだれが書いたのか知っているのかという質問に、王子は知らないと答えるしかなかった。俊敏なジャーナリストがすぐさまさぐりだしたように、投書の筆者は元独裁者のホルヘ・ビデラ将軍にほかならなかった。新たなスキャンダルが燃えあがった。「これほどばかげた、愚かな、苦々しいことはなかっただろう。大騒動になった。人びとは言い合った。まったくもう、ほんとうにウィレムはそんなにばかなのか？　事態はまさにどん底になった」と王室通のレイニルディス・ファン・ディッツフイゼンは語る。「われわれが期待しているのは、皇太子がビデラとその政権に否定的な態度をとり、犠牲者に同情を示すことである。ところが彼は、おそらくそれと気づかずに、逆の印象を呼び起こしている」と、日刊紙『フォルクスクラント』のコラムニストは書いた。

皇太子が愛する女性と結婚できるようにと舞台裏で画策していたコーク首相は、ついに堪忍袋の緒を切った。首相は夜中にニューヨークのウィレム・アレクサンデルに電話して、言動を慎むようにと叱責した。「私は彼に言った、自分はそれをかくべつ適切な発言だとは思わないと。当時われわれはかなり解決に近づいていただけに、それはまったく非生産的なことだった。もちろ

> 彼は父親の過去のことで娘を非難することはできないという考えだった。それはフェアじゃないと。
>
> **ヤン・ヘーデマン**
> **王室記者**

んわれわれはこの不祥事について話し合い、彼は謝った。私としてはそれで事態はかたづいたのだが、もちろんオランダでは騒ぎを引きおこした」。これでひょっとしたら、皇太子は結婚を考えなおすのではないかと、多くのオランダ人が期待した。「いまでも私は覚えているが、あのとき私はこう思った。あのマキシマが何者であろうと、どんなにすばらしい女性であろうと、結婚は実現しないだろうと。ネガティブな報道によってぶちこわされたものは、あまりにも多かったから」とレイニルディス・ファン・ディッフイゼンは回想する。「ところが突然、あの偉大な日、婚約の日がやってきた」。

婚約

二〇〇一年三月三十日、ベアトリクス女王は宮廷広報室を通して以下のような声明を発した。「私と夫にとって、息子とマキシマとの婚約を発表することは、大いなる喜びである」。カメラの砲列の前に女王とクラウス公は、見るからに幸せそうな婚約者ペアとともに登場した。誇らかにマキシマは婚約指輪を付けていた。オレンジ色のダイヤモンドで飾った指輪――それは南仏のオランジュを発祥の地とするオラニエ王家を示唆していた。とくに感動を呼んだのは、重病をおして出席したクラウス公のスピーチだった。「できるだけはやくオランダ語を覚えなさい」と、彼は喜びに輝く若い女性、大いに気に入っている息子の婚約者に勧告した。

そのときクラウス公は、一九六五年にベアトリクスとともに行なった、自分自身の記者会見を思いだしたことだろう。「マキシマのオランダ語は、当時の私のたどたどしいオランダ語とはくらべものにならない」と彼はウインクをまじえて言った。もちろんこれは謙遜が過ぎるもので、クラウス・フォン・アムスベルクもオランダ語をすばやく習得した。ほかにも類似点がいくつかあった。彼と後継王女ベアトリクスとの婚約も、激しい論争の的になった。彼がドイツ人で、戦時中はドイツ軍の兵士だったから。オランダには依然として一九四〇年五月のドイツ軍侵攻の悪夢が生きていた。大部分のオランダ人は、ベアトリクスがよりにもよって「モフ」を、あの憎むべきドイツ人を夫君に選んだことに憤慨した。マキシマの場合と同じくオランダ当局は調査にのりだし、クラウス・フォン・アムスベルクの所属部隊がイタリアで戦争犯罪にかかわったかどうか徹底的に調べた。そういう事実は見つからなかったが、それでも騒ぎはおさまらなかった。

婚約発表の記者会見でクラウスは外交官の本領を発揮した。「私はみなさんの感情を充分に自覚しているし、みなさんの多くが最近の過去におこったことで困難をかかえていることは承知しています」と、彼は婚約者の母語で言った。「私はそれを理解し、受けいれますが、私はみなさんの信頼を得るために最善をつくします」。このスマートなドイツ人の魅惑の攻勢にもかかわらず、六万人のオランダ人が結婚に反対する抗議文に署名した。当時の議会は後継王女の結婚をめぐって九時間あまり議論したすえ、ようやく同意にこぎつけた。「子供がだれと結婚すべきかをたいていの人間にとって結婚式は人生最高の日でもあるだろう。私の結婚式についてはそうとは断言できない。婚約期間は困難な時期だった。それは火の試練だった。

クラウス公
1978年

ベアトリクス王女は結婚をほとんどカずくでなしとげた。みんな反対したのは、彼がドイツ人だからだった。デモ騒ぎがオランダでおこった。

アヴィ・プリモール
王家の友人

親がきめる時代は終わった」と、そのころベアトリクスの父、ベルンハルト公は明言した。一九六六年三月十日の結婚式はベアトリクスの意向により、よりにもよってアムステルダム――反クラウス派の牙城で行なわれた。祝典は反ドイツ騒動の影におおわれた。「クラウス、出ていけ」「ベアトリクス、引っこめ」とデモ隊はさけんだ。煙幕弾がとびかい、窓ガラスが破られるなか、当年最高の愛のカップルは黄金馬車で新教会《ニーウェ・ケルク》に向かった。

歳月とともにクラウス公は最も愛される王族になった。この両親の歴史は子供たちにもくりかえされるのだろうか？　「そう、いずれの場合にも留保があった」とクラウス公の親友アヴィ・プリモールは言う。「そしていずれの場合も、それは誤っていたことが実証された」。

ニューヨークでのウィレム・アレクサンデルの「失言」にたいする世間の怒りがまだおさまっていない二〇〇一年三月三十日、皇太子とその婚約者はノルデインデ宮殿で記者会見を行なった。宮廷儀礼にさからってジャーナリストウィレム・アレクサンデルはニューヨークでビデラの手紙を証拠として指摘した。彼がソレギエタを弁護しているのは明白だった。これはあまりうまいやり方ではなかった。マキシマはそのことで質問されたとき、アレクサンデルのことを「ちょっと愚か」と答えた。それによって彼女は多くのきびしい批判者をも納得させた。実際、雰囲気はがらっと変わった。彼女のユーモアが効いたのだ。

ヤン・ヘーデマン　王室記者

たちはカップルの登場のさいに起立しなかった――あからさまな侮辱。「ふたりが入ってきたとき、会場は静まりかえって、針が落ちる音も聞こえそうだった。だれもひとことも口をきかず、みんなふたりを見つめるだけだった」と、歴史家のレイニルディス・ファン・ディッツフイゼンは語る。「ふたりはライオンの餌として放りこまれたかのようだった。敵意が会場にみなぎっていた」。予想どおり、ライブでテレビ中継された記者会見は、ウィレム・アレクサンデルとマキシマにとって、鞭をかまえた隊列のなかを走り抜けるような様相を呈した。花婿は見るからに緊張していた。アルゼンチン人の花嫁は、まだオランダ語を完璧にはマスターしておらず、しかもやっかいな質問に答えなければならないので、最も困難なパートを受けもつことになったが、この挑戦に明るい笑顔で応じた。まだ質疑応答がはじまる前に、マキシマはソレギエタ問題にかんする解決策を発表した。「私の父は結婚式に出ないことに決定しました」と彼女は重い心で宣言した。しかしそれだけではすまなかった。第一に、「マキシマは三つのことをしなければならなかった。

父親が仕えたアルゼンチンの政権を明確に否定すること、第二に、自分自身は完全な民主主義者であり、第三に、自分は軍事政権となんのかかわりもなかったことを明示すること」と、その場に居合わせたヤン・ヘーデマンは語る。

ジャーナリストからの避けがたい質問——未来の夫がニューヨークでアルゼンチンの独裁者ホルヘ・ビデラの書状を引用したことをどう思うか——に、マキシマは機知に富んだ返答で応じた。「あれはちょっと愚かでした」と。このような無邪気な返答を世間はだれも予期していなかった。ささやく声が会場を走り、この瞬間から列席者の気分はがらりと変わって明るくなった。「彼女はじつにみごとにやってのけ、この微妙でやっかいなテーマを一発で終わらせた」とレイニルディス・ファン・ディッツフイゼンは言う。「ちょっと愚か」がオランダで流行り言葉になった。くつろいだ雰囲気のなかでウィレム・アレクサンデルも胸襟を開き、マキシマを獲得するための二年にわたる奮励努力の秘話まで披露した。もっとも、炯眼の士はこのカップルの見たところのびのびとした快活さを、そのまま納得したわけではない。婚約カップルはひそか

それはいわば歴史的瞬間だった。みんな、ついさっきまでマキシマに否定的だった連中が、しまいには彼女に熱狂し——それ以来ずっと熱狂がつづいているのだから。それはとてつもないことだ。私は信じられない思いだった。マイナス40度のムードが半時間のうちにプラス40度の熱帯になるなんて。

レイニルディス・ファン・ディッツフイゼン　王室通

に会見の練習をしたと、ヤン・ヘーデマンは推測している。「しかし芝居をしているという印象は感じられなかった」と彼は言う。「決定的に重要なのは、彼女が発言をみごとにコントロールしたことだ。不愉快な質問にもかかわらず、ふたりはうまく切りぬけた。忘れてはいけないことがある。この記者会見はライブで中継され、彼女が受けいれられるかどうかが、これにかかっていたのだ。そしてふたりは成功した」。

記者会見が終わると喜びに輝く婚約カップルは会場を出て、街頭で歓呼する人びとにあいさつした。マキシマは自分の幸福を全世界と分かち合っているかのようだった。魅力的な赤い半袖すがたで彼女は待ちかまえる人びとに歩みより、さしだされる何百もの手と握手した。マキシマは群衆のなかにひたるのを見るからに楽しんでいた――未来の国王の妻となる、よき前提条件。ちなみに同じ日に望ましからざる花嫁の父がアルゼンチンの日刊紙『ラ・ナシオン』に声明文を送った。そのなかでホルヘ・オラシオ・ソレギエタは、次官在職中に行なわれた人権侵害に深甚なる遺憾の意を表したが、同時に自分の共犯関係はきっぱり否定した。さらに彼はこの声明文で、この恐るべきできごとを自分はいっさい知らなかったと誓言した。独裁者の蛮行が初めて明るみにでたのは一九八四年になってからである、と。そして自分は民主主義の基本原則を固く信じており、子供たちもその精神で教育したと断言した。すべての父親と同じく、もちろん自分も娘の結婚式に出席することを大いに重視している。しかし娘を傷つけたくないので、出席を断念することにした。口惜しさのにじむ声明だが、もちろんアルゼンチン国内にはべつの見方もあった。

「私はオランダ人の態度を正しいと思う。ほとんど法的処罰がなされず、なされても遅きに失しただけに、道義的処罰がますます重要になる。われわれ被害者に、オランダ人の行為は一定の満足感をあたえてくれる。復讐心からでなく、それは正義にもとづく行為であるから」と、アルゼンチンの人権活動家リカルド・モネル・サンスは花嫁の父の結婚式からの排除を評した。

ゴルディオスの結び目は断ち切られ、それからは一瀉千里《いっしゃせんり》だった。二〇〇一年五月にマキシマはオランダの市民権を取得し、六月にはついに議会が結婚を公式に承認した。なんとか結婚にこぎつけることができたのは、とりわけ当時の首相ウィム・コークのおかげであり、その巧みな外交的駆け引きによって、彼は大いに賞賛された。「べつの成りゆきになっていたら、かれらはきっと私を非難しただろう」と、元首相は醒めた目で回想する。

情動あふれる結婚式

結婚式のために婚約カップルは象徴的な日付、二〇〇二年二月二日を選んだ。早朝は曇っていた空が、世界じゅうの賓客が着くころにはからりと晴れあがった。祝典は朝の戸籍役場での結婚式ではじまった。式場はアムステルダムの元商業株式取引所。市長のヨブ・コーエンが式を執り行ない、大勢の親戚縁者とオランダの高位高官が出席した。市長は花嫁の父の政治的過去に触れ、真剣な言葉を花嫁に寄せた。貴女はすでに、新たな地位――貴女はこの結婚によってオランダの皇太子妃、オラニエ・ナッサウ家の皇太子妃にしてアムスベルク家の妻になる――が貴女に負わせる「つらい制限」も体験した。しかし貴女はその地位を得るにふさわしい品位と能力を実証した。貴女は数日前にアムステルダムの市立劇場――そこはかつてナチスによってユダヤ人輸送のための中央集合場所に使われた――を訪れたとき、貴女はつぎのような言葉を来客ノートにしたためた。「二十一世紀が許しの世紀になるように。しかし私たちはけっして忘れてはいけない」と。それによって貴女はオランダ人に、貴女の魅惑的な笑顔と同じく、計り知れない多くのものを贈った。このスピーチによって市長は、花嫁のいわば名誉回復をはかろうとしたようだった。婚礼とともにマキシマは貴族に列せられ、これからは「殿下」と呼ばれる権利を得た。

　プロテスタント・改革派の儀礼による教会の結婚式のため、婚礼の列席者は新教会《ニーウェ・ケルク》におもむいた。そのさい最高段階の警備体制が敷かれたのは、多くの王族、政治家、名士が祝典にやってきたからだ。ベルギー国王アルベール二世と王妃パオラ、ベルギー皇太子フィリップと皇太子妃マティルド、デンマーク女王マルガレーテ二世とフレゼリク皇太子、日本の徳仁皇太子、ノルウェー国王ハーラルと王妃ソニア、皇太子ホーコンと皇太子妃メッテ・マリト、ヨルダンのヌル王妃、ルクセンブルクのアンリ大公とマリー・テレサ大公妃、リヒテンシュタインの後継公子アロイスと公子妃ゾフィー、スウェーデン国王カール・グスタフ十六世と王妃ジルヴィア、その娘の後継王女ヴィクトリア、イギリスのチャールズ皇太子、スペインのソフィア王妃とフェリペ皇太子、元南アフリカ大統領ネルソン・マンデラ、国連事務総長コフィ・アナン、その他多くの貴賓が、あの晴れた二月の吉日に参集した。花婿の病魔に冒された父にとっては、この長男の結婚式が大がかりな公式の場への最後の登場となった。

マキシマが裾の長い象牙色のヴァレンチノの花嫁衣装で教会に入場したとき、結婚にいたるまでのごたごたの跡はまったく感じられなかった。まことに見栄えのする花嫁だった。ミカド・シルクの衣装はハイネックで、幅広の立ち襟付き。「私がこの襟ぐりを見てとくに思いだしたのは」と花嫁の友人でアルゼンチンのデザイナー、ラウレンシオ・アドトは言う。「ジャッキー・ケネディが六〇年代に着ていた服だ」。長い絹のヴェールは花模様が刺繍され、頭を飾る王冠《ダイアデム》から五メートルほどもある裾まで垂れていた。手にする花束は百合、薔薇、クチナシ。「彼女はとても自然だった」と式に列席したミゲル・レイナルは回想する。「とてもリラックスしていて、すごくきれいだった。ちっとも神経質になっていないようにみえた。彼女はこの瞬間をとても楽しんでいた」。ウィレム・アレクサンデルは海軍大佐――式の直前に急遽昇進した――の濃紺の制服すがたで登場し、ロイヤル・ブルーの肩帯に、黄金のサーベルを佩用していた。マキシマの姉イネスをふくむ介添えの女性たちと花持ちの子供たちはワイ

彼女はとても自然で、すっかりリラックスして、すごく美しかった。ちっともナーバスになっていなかった。彼女はこの瞬間をとても楽しんでいた。

ミゲル・レイナル
マキシマの友人

ンレッドの衣装だった。

テレビの視聴率は最高記録に達した。無数の群衆がメルヘンのような結婚式をひとめ見ようと教会の前にひしめき、新郎新婦と喜びを分かち合った。はやくも歓迎の辞でカレル・テル・リンデン牧師は多くの列席者が気にしていることに言及した。花嫁の両親の不在。「われわれはご両親に思いを馳せます」と、牧師は思いやりをこめてマキシマに語りかけた。「ご両親の愛と慈しみなくして貴女がいまある貴女になることはなかったでしょう。われわれはアルゼンチンに思いを馳せます。大きな問題をかかえた国に」。このことばで牧師は花嫁をびっくりさせた。「このことを彼女はまったく知らなかった。私はそれについて彼女と事前に話し合っていなかった」とカレル・テル・リンデンはのちに語る。「しかし私は彼女の感謝のまなざしを見て、私の言いたいことを彼女がよく理解しているのを知った。つまるところ私は愛と忠実について話したのだ。しかし私は両親のことにも思いを馳せた。どこかべつの場所で、べつの国で、礼拝しているにちがいない両親のことを。そして私は彼女にも、私にできるかぎり、その礼拝に参加させてあげようとした」。

テル・リンデン牧師のかたわらに、カトリックの聖職者でソレギエタ家の友人、ラファエル・ブラウンがいた。これはカトリック教徒で、これからもそうありたいと願っている花嫁への譲歩だった。オランダの王室が非常に重視したのは、儀礼上も超教派でなく、完全にプロテスタント式の婚礼を行なうことだった。細部にいたるまで宗派の代表者のあいだで事前の協議がなされ、マキシマの産んだ子供はカトリックの洗礼を受けないということまで取り決められた。

式次第の構成については新婚ペアもみずから案を出した。「われわれはなんども話し合った」とカレル・テル・リンデンは回想する。「音楽を選ぶためにCDを聴いたり、私がピアノでメロディーを弾いたりした」。しかしマキシマの希望する音楽はテル・リンデン牧師にはいささか奇異なものだった。「彼女が望んだのはタンゴだった！　私は愕然として思った。教会でタンゴ？どうなることやら。そこで私がどれくらいかかるかたずねると、七分と彼女は言った」。タンゴのもの悲しい調べが教会に流れたとき、マキシマの自制が崩れた。身も世もなく彼女はハンカチのかげですすり泣き、ウィレム・アレクサンデルがやさしく彼女の手をとった。『アディオス・ノニーノ』、『さよなら、パパ』、有名なタンゴ作曲家アストル・ピアソラの名作が、オランダのバンドネオン奏者カレル・クレイエンホフによって演奏された。この歌は不在の父親へのひそかなあいさつとして選ばれたかのようだった。

「タンゴが演奏されると、マキシマの表情が変わった。それは彼女にとって信じがたいほど激しい情動の瞬間だった——教会に列席するわれわれアルゼンチン人にとっても」とマキシマの友人ミゲル・レイナルは語る。「マキシマはこの瞬間、初めて実感したんだと思う。いまや永久に家族と、故郷と別れ、残りの生涯をヨーロッパで過ごすことを」。

婚礼のあいだにはアルゼンチンの聖職者もなんどか発言した。説教そのものはカレル・テル・リンデンがつかさどった。新郎新婦が「はい」と誓い合ったとき、街頭の大スクリーンで婚礼の

挙式後、王宮のバルコニーに立つウィレム・アレクサンデルと
マキシマ（2002 年 2 月 2 日、アムステルダム）
（Photo：AFP ＝時事）

次第を追っていた群衆が歓声をあげ、その声は教会内まで聞こえるほどだった。ただ、プラチナの細い結婚指輪がにわかに問題を引きおこした。ウィレム・アレクサンデルが指輪を新婦の右手の薬指にはめようとしたとき、それがなかなかうまくいかなかった。しかたなく彼はもういっぽうの手も動員して、列席者の笑いを誘った。でもなんのトラブルもない結婚式なんてあるだろうか？

式のあと、喜びに輝く新郎新婦はオランダ人の前にすがたを見せた。すでに何世代もの王族の新郎新婦がアムステルダムを行進した黄金の馬車から、ふたりは道路ぎわで待ちかまえる人びとに歓喜して手を振った。ほんの少数の粗暴なデモ隊が一時的に祝いの雰囲気を乱した。かれらはトイレットペーパーのロール、ペットボトル、さらにはペンキ袋まで六頭立ての馬車に向かって投げつけた。新郎新婦が宮殿に到達するまでにふたりの暴徒が逮捕された。バルコニーからふたりはもういちど民衆にすがたを見せた。人びとはいつまでも熱烈なキスシーンを待った。群衆はさけんだ。「蛙にキスを！」。なかには旗にまで接吻をせがむものもいた。ついに新婚ほやほやの夫婦は民衆のもとめにしたがい、愛情こもったキスを交わした。

結婚によって新たな人生がはじまったのはマキシマだけではなかった。アルゼンチンの彼女の家族も変わらざるをえなかった。あいかわらずパパラッチがブエノス・アイレスの両親やきょうだいの家をかこんだ。それによってソレギエタ家は、娘が王族と結婚した他の平民家族の運命を共有することになった。いまではマキシマの両親はハーグに近い皇太子夫妻の住居、エイケンホ

90年代の末に王朝は論議の的になった。オランダは共和国になるべきではないか？　それが公然と議論されるのは、長いあいだ絶えてないことだった。当時ベアトリクスは専門家と協議して、どうすれば王政を近代化できるか諮問した。ひとつの結論――彼女は国家元首であり、その役割を非常にうまくやっている。しかし祖国の母の役割、情愛のこもった女性の側面が示されておらず、そこに問題がある。彼女はそれを自覚して、そうなろうとつとめている。彼女はこのべつの側面を強く押しだそうとしている。

ヤン・ヘーデマン　王室記者

ルスト館をしばしば訪れている。オランダ人にとってホルヘ・ソレギエタの過去はとっくに議論のテーマにならなくなった。「この章は完了した」と元首相ウィム・コークも言う。

家族のスキャンダル

望ましからざる父のドラマは、ベアトリクス女王が処理しなければならない唯一の問題ではなかった。最初の不快事は、すでに二〇〇〇年の初め、女王在位二十周年記念にさいして行なわれた世論調査の結果だった。それによれば、オランダ人の半数が、ベアトリクスが六十五歳で、つまり二〇〇三年に退位することに賛成していた。彼女の母親、庶民的な女王だったユリアナは、七十一歳で自発的に退位した。世論調査のかんばしくない結果は、ベアトリクスの六十歳の誕生日祝いと関係していた。彼女はそれを「まったくプライベート」に行ない、国民を閉めだしたかたちで祝ったのだ。ベアトリクスは自分が変わらなければならないことを自覚した。二〇〇二年四月の女王即位記念日に、彼女はスピーチに自己批判の語調をこめた。私は総決算したい、と女王は声明した。しかし私がもとめているのは表面的な人気ではない。私は自分の路線から逸脱せずに、じっくりと仕事をつづけ、自分の信ずることを行ないたい。

二〇〇二年十月六日、長い病のすえにクラウス公が死去したとき、国民の多数はふたたび一致して女王を支持した。公開の葬儀が臣民の同情の念を呼び覚ました。クラウス公の死はベアトリクスの人生に大きな穴をあけた。彼女は何日も泣きくずれていたと、家族の友人アヴィ・プリモールは回想する。「ふたりは外にたいしてだけでなく、真の夫婦だった。ふたりは真に愛し合い、とても、とても幸福だった」。父親に傾倒していたウィレム・アレクサンデルも、いつになく感情をあらわにした――同じく、とりわけクラウス公のとりなしのおかげで結婚できた、王子の若い妻も。それは、オランダ人がとくに王室を好きになる瞬間だった。「葬儀や結婚を通してオランダ国民は王室に親しみを覚えるようになる」とヤン・ヘーデマンは述べる。「これは国家的メロドラマのようなもので、国民に王室との一体感をもたせるのである」。

二〇〇〇年の世論調査のかんばしくない結果と愛する夫の死は、しかしながらベアトリクスが耐えなければならない一連のボディブローのはじまりにすぎなかった。マキシマの父親ドラマのあとにも一連の家族スキャンダルがつづき、オランダ王室に深いダメージをあたえた。ベアトリ彼女はすべての情報を管理したがり、管理を外にまでひろげている。どうすれば自分の地位をいちばんよく保持し、守ることができるか知るために。

ブルボン家のマルガリータ王女
ベアトリクス女王の姪

今日では王室はゴシップ紙誌にたいし、真実が書かれていないときは、以前よりも非常にすばやく防御の手を打つ。

ヤン・ヘーデマン
王室記者

クスの名づけ子で、妹イレーネの娘、ブルボン家のマルガリータが女王を公然と声高に批難したのは、自分の平民出身の夫で、あやしげな人脈とかかわっているビジネスマンの動静を、女王が直属の情報員に、電話の盗聴をふくめて、さぐらせたからだった。マルガリータは伯母に復讐するため、王家の私事を言い触らした。いわく、ベアトリクスは権勢欲が強く、飲酒が過ぎる、王族たちは民衆を笑いものにしている、等々。「かれらは地位と権力を濫用しています。これは許されないことです、親戚にたいしてはもちろん、そもそもだれにたいしても」。この盗聴事件は全国民を憤慨させ、ベアトリクスの威信を傷つけた。家族紛争を風よけにして、あるゴシップ紙が、皇太子夫妻が数週間後に移転することになる豪邸の写真を掲載した。べつの新聞はタバコを吸いながらワインを飲むマキシマの写真を載せた。そのころ皇太子妃は間近な妊娠を期待されていた。しかしもっとやっかいなことがもちあがった。ヨハン・フリソ、ベアトリクスとクラウスの次男で、ウィレム・アレクサンデルの一歳下の弟は、長いあいだガールフレンドを連れずに出歩くので、ホモだという噂が立っていた。
王子はこの噂を気にして、王室の広報誌RVDを通して公式に否定したこともある。そのヨハン・フリソがようやく二〇〇三年に、平民女性マーベル・ウィッセ・スミットを将来の妻として紹介したとき、世間は大いに関心を寄せた。マキシマの場合と同様、議会が結婚願いを承認する前に、彼女も社会的・家族的環境にかんする詳細な調査の俎上に載せられた。なんといっても当時のヨハン・フリソは王位継承順位の二番目に位置していたから。自分の過去にかんする質問で、マーベル・ウィッセ・スミットの返答は矛盾におちいった。追及されて彼女がしぶしぶ認めたのは、犯罪者のクラース・ブリンスマとの交友関係だった。麻薬界の大物で、一九九一年にユーゴスラビア・マフィアの殺し屋に街頭で射殺された男。ブリンスマの元ボディガードは、ボスは若いマーベルに首ったけだったと証言した。マーベルのほうは麻薬王との情事を否認した。つじつまの合わないことはこれだけでなく、それはいっこうにマーベルの印象をよくするものではなかった。首相のヤン・ペーテル・バルケ

弟のひとりがかつてこう言った。「ウィレム・アレクサンデルをたたいてもいいけれど、殴り殺さないでくれ。さもないと私が王になるはめになる」。

ヤン・ヘーデマン
王室記者

とても愛らしく才能豊かな義理の娘がわが家族を増やしてくれることを、私は幸せに思います。

ベアトリクス
ヨハン・フリソとマーベルの婚約にさいして

ベルンハルト公は北欧がこれまでに知っている最大の女たらしのひとりである。女あさりは身についた習慣となっており、贈り物のほかにも落とし種を残していく。それがオランダ以外でも無数の人びとに「パパ」と呼ばれるゆえんである。

レオン・デ・ウィンテル
オランダの作家

多くの人びとがベルンハルト公の暴露に衝撃を受けた。もちろん噂は前からあった。しかしそれを本人が語り、しかもそれを死後に語るという特異なかたちをとったことは、まことに衝撃的だった。

ヤン・ヘーデマン
王室記者

ネンデは真実が明らかになるまでに、たびたび調査委員会からの情報と対決しなければならなかった。「手の打ちようがない嘘」と、首相はベアトリクス女王と同じく、情報を小出しにするふたりのやり方に立腹した。たとえヨハン・フリソとマーベルがきちんと詫びたとしても、マーベルが「王妃候補」になれないことははっきりしていた。「王室の栄誉はいたく傷つけられた」とバルケネンデは公言した。やむなくヨハン・フリソは議会への結婚承認の申請をとりさげ、マーベル・ウィッセ・スミットと結婚するため、王位継承権を放棄した。ベアトリクス女王はずっと息子の恋人の味方だった。人権活動家で、ふたつの博士号をもっているマーベルを、女王は高く評価していた。

マスコミによる気まずい暴露の直後、ベアトリクスは見せつけるようにマーベルとヨハン・フリソを連れて教会に詣でた。「家族のためなら女王はライオンのごとく闘う」と、女王の伝記作家コース・フイセンは述べる。ベアトリクスの息子とマーベル・ウィッセ・スミットとの結婚式は二〇〇四年四月二十四日にデルフトで行なわれた――愛の輝かしい勝利だが、外国の王侯貴族は出席しなかった。

その数週間前に王母のユリアナ元女王が九十四歳の高齢で死去した。その九ヵ月後、ベアトリクスは父のベルンハルト公も失った。享年九十三歳。五人の娘が父の葬儀に参列した。ベアトリクスとその三人の妹のほかに、フランス人のアレクシア・グリンダも。彼女はベルンハルト公とフランスのフォトモデルのあいだに生まれた非嫡出子で、その存在はとっくに公然の秘密になっていた。

葬儀の三日後、ベアトリクスの父親は、死後に発表された懺悔録、「公は語る」というタイトルの二十四ページにわたる『フォルクスクラント』誌の特集記事によって、オランダの公衆と王室に衝撃をあたえた。数時間のうちに雑誌は売り切れた。これは、自分の人格にかかわる批難や嫌疑に反論する機会を奪われた、ベルンハルト公の復讐だった。まずオランダ人が知ったのは、公の奔放な生活ぶりと、六人目の娘がアメリカにいることだった。公はまた、自分はナチスではなかったこと、アメリカの航空機メーカー、ロッキード社から百万ドルの賄賂を受けとったが、そのことを深く遺憾に思っていることも、後世に伝えようとした。さらに公は王族の財産についても率直に語っていた。ベルンハルトの暴露は、どっちみちそれまでのさまざまなスキャンダルによって、きわめて熱くなっている時期と重なった。二〇〇四年はオランダ女王にとって「アヌス・ホリビリス《恐るべき年》」になった。

共和派は王政廃止の目標を、女王の魅惑攻勢のせいで20年は先送りさせられた。

アレンド・ヤン・ドゥニング
「共和社会」

外から見ると大事なのは政策と文書ばかりのようだけど、本来大事なのは人間なんです。

マキシマ

魅惑の攻勢

すでに二〇〇三年の世論調査でも、オランダ人の三分の一が、前年よりも王族を信頼しないと答えていた。世論調査専門家は、その原因はマーベル・ウィッセ・スミットとマルガリータをめぐるもめごとにあるとみた。「ベアトリクスは思い知った。これからは自分の温かい面を見せなければならないと」とオランダの宮廷記者のトップ、ヤン・ヘーデマンは言う。「そこで彼女は攻勢にでた。いわゆる魅惑攻勢に」。王宮のPR専門家の出番になった。急遽《きゅうきょ》かれらが提案したシナリオの主役は、女王とその義理の娘マキシマ。王室の女性たちの社会参加をメディアを通して盛りあげる。さっそく女王は障害者教育施設や盲導犬訓練所を訪問した。魅惑攻勢の広告塔はまちがいなく、あっというまにオラニエ家でいちばんの人気者になったマキシマ皇太子妃だった。彼女の自然で快活な言動は、たちまちオランダ人の心をつかんだ。「マキシマはちっとも高慢にならなかった」と家族の友人アヴィ・プリモールは語る。「王族の出身ではないのに急にプリンセス、それも皇太子妃なんかになった女性は、往々にして高慢になりがちだ。たちまちバランスを失ってしまう。だがマキシマの場合はけっしてそうならなかった」。

ベアトリクス女王が南米諸国を訪問したとき、マキシマは義母に同行し、その好感のもてる言動によって女王を大いにささえた。ベアトリクスはこれに強く感銘を受け、これからはつねにマキシマを旅行に同伴すると言明した。皇太子妃は見るからに自分の役割が気に入っているようだった。どこに行っても彼女は笑い、上機嫌をふりまき、適切な質問をして、庶民の生活に関心を示した。彼女は人びとに共感し、災難があれば悲しみを共にした。この魅惑攻勢では、ふたつの大きな分野が彼女の主要課題になってきた。マキシマがとくに力を入れているのは移民問題と、マイクロクレジットの貸出し、すなわち第三世界の人びとの生活基盤をささえる小借款。

南米人として彼女は不遇な人びとの生活状態をよく知っている。工業化の遅れたアルゼンチン北西部にマイクロクレジットを斡旋するプロモーションツアーで、彼女は二〇〇四年にフフイ州の農業協同組合を視察した。「彼女がわれわれのことをよく読んで調べていることに、私はびっくりした」と組合の指導者ハビエル・ロドリゲスは語る。「彼女は非常によく準備していた」。この訪問でマキシマは協同組合の女性農業労働者とも語らった。「皇太子妃はわたしらのことばで話しました」とパオリナ・グティエレスは言う。「彼女はここがどうなってるか、わたしらがなにをしてるか、仕事はどんなふうか、知りたがりました。わたしは彼女をとても好きになりました」。

プロフェッショナルに、そしてフルパワーで、マキシマは新しい任務に邁進している。他のおおかたの平民出身のプリンセスとちがい、彼女はプリンセスであることを楽しんでいるようだ。新たな故国オランダでこの「模範移民」は、とくに外国人女性の統合に努力している。これは容易な課題ではない。つねに寛容を重んじるオランダでも、過激な排外主義が増大し、とりわけイスラムに批判的な映画監督テオ・ファン・ゴッホの殺害以来、平和的、マルチ文化的な協調と融和の夢が破れつつある。そういう状況にあって、マキシマは移民たちにモチベーションをあたえ、勇気づけようとする。「彼女の人生の喜びは多くの人びとの模範になることだ」と友人のミゲル・レイナルは言う。「人びととの感情こまやかなつきあいも」。移民女性たちとの対話で彼女は、国土とその言語に融合するようもとめる。

反王政派のハンス・ファン・デン・ベルグが言うように、皇太子夫妻は百八十万ユーロにのぼる多額な歳費のおかげで好きなことができる。「オランダは王室のために年間八億ユーロを費やして

彼女はテレビであまねく知られた人物であり、もちろんその相手をするのはとても緊張することです。でも私の体験では、彼女は人の気持ちをなごませるのが非常にうまい。それに気づいて、彼女自身の仕事について話せるようになれば、たちまち緊張は解けてしまいます。

ピエン・ザーイェル
皇太子妃の相談役の女性

いる」と彼は批判する。「もちろんこれはべらぼうな額で、この金を受けとって遣っている連中の功労とは絶対に引き合わない。わが国の首相の報酬は約二十万ユーロだ。これを私は適切な額だと思う」。

あらゆる批判にもかかわらずマキシマのファンは日に日に増えている。しかし彼女は模範であるだけでなく、それ以上にファッション・アイドルになっている。マキシマがいるところにはカメラマンもいる。衣服を彼女はいつも好んで故郷の町ブエノス・アイレス――毎年数週間は訪れる――で購入する。「マキシマには独自の好みがある」と、少年時代からマキシマを知っているモードデザイナーのラウレンシオ・アドトは語る。「結婚式の直後はとても地味な服を着ていた。いま彼女はずっとシックでエレガントになった。それは装身具、アクセサリーに見てとれる。いまや彼女には多額な収入があるのに、ヴィクトリア・ベッカムみたいにヴァレンチノの服ではなく、プリンセスの衣装を着ている。マキシマは成金趣味じゃない。彼女は自分のスタイルを守りつづけている」。多くの女性が彼女のようになりたがる。しかし彼女の成功の秘訣はなんなのか？

「彼女は多くの女性を一身に体現している。だれもがかくありたいと思う女性像――それが人を強く引きつける。彼女はセクシーで、エロチックでもあり、女性の優美さへの確実な本能を有し、光り輝き、高い知性がある」と心理学者のクリスチーネ・バウマンスは言う。「しかし完璧な女性像に男性はしばしば困惑し、女性は不信感をいだく。マキシマがそれとはちがうのは、人は彼女の感性を、ものごとを楽しむ能力を、生きる喜びを、感じとれるからだ。そして彼女はそれが仮装だという感じをかたときもいだかせない。いまひとつ――マキシマには魅力とエスプリだけでなく、ユーモアもある。それが彼女に自分の強さをはぐくみ、弱さを受けいれる能力をあたえる。マキシマは万人から百パーセント受けいれられるわけではないにせよ、われわれが本能的に憧れるなにものかをそなえていなければ、これほど耳目をひくことはないだろう」。

待機中の王子

マキシマと同じくウィレム・アレクサンデルもさまざまな社会参加によって大きな共感をかちとっている。すでに学生時代から皇太子は母親の任務を引き受けていた――たとえば一九九〇年には日本の明仁天皇の即位式、一九九一年には殺されたインドの首相ラジヴ・ガンジーの葬儀、一九九四年には南アフリカ大統領マンデラの就任式に出席した。

「彼は近代的で、率直に関心を示し、気安く話しかけることができ、みごとにメディアに対応する」と元首相ウィム・コークは語る。「彼は気さくだが、黙るべきところでは黙ることも、適切な返答をすることもこころえている」。

ほとんど毎週、彼は枢密会議に出席し、国の社会的・政治的問題について情報を受ける。その私は首相との、大臣たちとの、議員たちとの協議に参加するわけではない。しかし公《おおやけ》の問題についてわれわれは夕食の席で、われわれふたりだけのときに、非公式に話し合う。内外のできごとを、プレスの情報だけでなく私が知ることを、母は重視している。

ウィレム・アレクサンデル

かたわら、さまざまな地方に旅行して、自治体や社会施設を訪れる。スポーツ狂のプリンスは国際オリンピック委員会の一員でもある。一九九八年からはとくにグローバル・ウォーター・パートナーシップ、国際環境保護規定と水利経済政策とを調和させる事業に取り組んでいる。その議長の座に就くよう彼に要請したのは、国連事務総長コフィ・アナンにほかならない。しかしなんでまた皇太子が水に関心を寄せるのか？　「われわれはふたつの面で水にかこまれ、同時に脅威も受けている」とウィレム・アレクサンデルは説明する。「ひとつには高潮によってわれわれを襲いかねない海があり、いまひとつは洪水をともなうライン川がある。われわれは生きるために水を必要とすると同時に、水を恐れなければならない。そのためわが国は、つねに注意深く水に目を向けることが、他の国々よりも重要なのだ」。オランダは国土の四分の一が海抜よりも低く、堤防とダムで大量の水を制御しなければならない。オランダ人が、すでにフリードリヒ大王が利用したように、堤防やダム建設のノーハウに精通しているのは偶然ではない。

水利経済への関心を、ウィレム・アレクサンデルは他の皇太子とも分かち合っている。日本の徳仁皇太子。彼はイギリス留学中、水路の研究を専攻した。事実、ふたりの皇太子には親しい交友がある。二〇〇六年の夏には徳仁と妻の雅子、娘の愛子がオランダの友人のもとで休暇を過ごした。

クラウス公は外交官として水にかんする諸問題をはやくから認識しており、息子をこの重要なテーマにたいして敏感にさせた。「彼の父親は言った。人は第三世界に関心をいだき、第三世界について語り、第三世界に旅行する——しかし実際にはなにができるのか？　われわれは、オランダの王室は、なにができるのか？」とクラウス公の親友アヴィ・プリモールは証言する。ふたりが水問題について交わした会話を、彼はありありと覚えている。ウィレム・アレクサンデルの父にとってこのテーマはきわめて重要だった。「第三世界の大部分の人びとが汚染された水を飲んでいる」とクラウス公は言った。「そしてオランダにとって津波が意味するものを、ほとんどだれひとり明確に認識していない。津波が起これば十二時間のうちに四百万の人びとを避難させなければならないだろう。だからわれわれはなんらかの手を打って、それに寄与しなければならない」。ウィレム・アレクサンデルは自分の任務に真剣に取り組んでいるようだ。彼の野心的な目標は、二〇一五年までにアフリカ人の八十パーセントにきれいな水を供給することだ。

共和派の批判者はこのすべてを懐疑の目でみている。「一見ウィレム・アレクサンデルと妻のマキシマは熱心に社会参加をしているようにみえる。それはけっこうなことだが、もちろんこれは、だれかがかれらのために考えだしたこと、他人がかれらのスケジュール表に書き込んだもののだ。かれらはこれを、とりわけPR目的で行なっている」と王政反対派のハンス・ファン・デン・ベルグは言う。いずれにしてもオランダ人の人気度ランクでは、ウィレム・アレクサンデルはとくに社会参加のおかげで、この数年で急激に上昇した。「彼は国民に母親よりもダイレクトに接触している」と、宮廷記者ヤン・ヘーデマンはこの現象を説明する。「人びとは彼の前で心地よく感じる。これが彼を母親と区別している」。ベアトリクスとくらべて王子はそれほど知的ではないと、多くの人びとがみている。「彼自身がかつてこう言った。私はむしろ祖母のユリアナ女王のように君臨するだろう。つまり、もっとゆるやかに」と、しばしば王室の夜会に出席する歴史家レイニルディス・ファン・ディッツフイゼンは語る。

家族の幸福

王室のための最善のPRは新しい世代である。二〇〇三年十二月七日、皇太子夫妻の待望の子供、カタリナ・アマリアが生まれた。百一発の祝砲が新しい世継ぎの王女の誕生を告げ知らせた。ほかの国とちがい、この子が女性であることはなんの嘆きの種にもならない。オランダでは男女を問わず第一子に継承権がある。かくしてカタリナ・アマリアはいつの日か父ウィレム・アレクサンデルの跡を継いで王位に即くだろう。洗礼式にはブエノス・アイレスの祖母も参列した。長くは待たせずに妹のアレクシアが二〇〇五年六月二十六日、つづいてその妹のアリアーネが二〇〇七年四月十日に誕生した。「たったいま五というすてきな数になった」と、分娩直後に誇らかな父親は病院の窓にすがたを見せて言った。息子がほしかったんじゃないかというジャーナリストの質問に、王子はノーと答えた。私が望んでいたのは健康な赤ちゃんで、いまそれを得た。

「妻と子供たちは私の人生でいちばん大切なものだ」と満足しているパパは言った。「ふたりがいまなお全面的に愛し合っているのがわかる」と家族の友人アヴィ・プリモールは語る。「それは子供たちへの態度をみてもわかる。私はウィレム・アレクサンデルの両親を思いだす。あのふたりも非常に仲睦まじかった。近くにいれば、愛をよそおっているのではないことが感じとれる。それは真の愛であり、深い結びつきなのだ」。

こうして、よきチームワークのための最善の前提ができた。クラウス公の死去以来、ふたりは頻繁に女王の国家訪問に同行するようになった。ますますオランダ人はウィレム・アレクサンデルを母親の立派な後継者と見るようになってきた。そのさい彼は妻の人気のおかげもこうむっている。マキシマはユーモアと自然さを、プリンセスという役割にもかか

彼女はウィレム・アレクサンデル王子をよく補完している。なにしろ彼は冷静で醒めたオランダ人だから。彼女は女性の直感と社会知識によって、ふたりでよきチームとなることに貢献している。

ヤン・ヘーデマン　王室記者

わらず、不思議なほど失っていない。「私はわが家で夕食をしたときの愉快なできごとをよく覚えている」とミゲル・レイナルは語る。「マキシマはすでに結婚していた。彼女はテーブルに小鉢を見つけ、それに夢中になった。『おお、なんと美しい。だって、これ、とってもきれいでしょ、すばらしくきれい』と彼女は言った。私は笑わずにいられなかった。『なんと美しいんでしょう、この銀器！』と彼女は感嘆しつづけた。私は言った。『それはバターケースだよ』――『あらま』と彼女は言った。『なにか言う前によく考えなくちゃ。ときどき私、その前に考えもせずに、とっさにべらべらしゃべっちゃうのよ』。私たちは大笑いした」。

多くのオランダ人が、この間にマキシマの存在を大いなる幸運と見るようになった。未来の国王の妻の役割にそなえて、三人の子供の母親はよく準備している。ウィルヘルミナ、ユリアナ、ベアトリクスの歴代女王のあと、彼女はオランダ宮廷におけるウーマンパワーの伝統を、みごとに引き継ぐことだろう。しかしまだ明確でないのは、いつベアトリクスが息子に譲位するかということだ。くつろいだスキー休暇のさいちゅうにも、ウィレム・アレクサンデルは好奇心まるだしのジャーナリストにこの質問をぶつけられた。しかし彼はそれをユーモアでしのいだ。「それはいま家に入っていく女に訊いてくれ」と王子は即答し、戸口を指さした。ちょうどそこに彼の母親が立っていた。

真夏のメルヘン

スウェーデンのヴィクトリアと彼女のダニエル

ストックホルム大聖堂で結婚式を挙げるヴィクトリアとダニエル
（2010 年 6 月 19 日）
（Photo：EPA ＝時事）

ふつうならこのシーンを気にとめるものはほとんどいないだろう。二〇〇七年の冬、上イタリアのスキー場、コルチナ・ダンペッツォの滑降コースでのできごと。目立って容貌の秀でた若い女と目立って体の頑健な若い男が、これから滑降するところだった。しかしその前に、ふたりは愛しげに笑みを交わし、抱き合わずにはいられない。いまぞ決定的瞬間、キスをするぞ！　しかも、いま身も心もあずけるように男の腕にしなだれている若いレディは、だれあろう、かのヴィクトリア、スウェーデンの世継ぎの王女にほかならない。

このシーンをとらえたカメラマンはひと財産つくった。ほとんどすべてのヨーロッパの王室好きな新聞雑誌がこの写真を掲載したから。同胞の女性が嫁いで以来、スウェーデン王室にとくに関心の強いドイツでも、マスコミは大いにはしゃいだ。「やった！」と『ダス・ノイエ・ブラット』紙は歓呼の声をあげた。「スウェーデンのヴィクトリア、行動をもって語らせる」と『ブンテ』誌は安堵して確認した。

五年にわたる関係のなかで、ヴィクトリアはボーイフレンド、フィットネス・トレーナーのダニエル・ウェストリングを、公式の場にもしばしば同伴するようになってきたが、人前でキスすることはいまだかつてなかった。このキスシーンがたんにパパラッチの幸運だったのか、それとも後継王女の意識的なPR行為だったのか、それははっきりしないにしても、以前にもましてヨーロッパじゅうが憶測をたくましくしている――いつ彼女は結婚するのか？　しかしスウェーデン王室は沈黙につつまれたままだ。

間近な結婚の徴候はいくらでもある。二〇〇六年の夏に宮廷は新しい広報室長を紹介した。デンマークではこのような人事異動にひきつづいて皇太子の結婚があった。さらに、つい先ごろ国王が宮廷歳費の値上げをもとめた――娘の結婚式のための費用？　この祝典については、ジャーナリストのファンタジーはすでに数年前からかぎりなくふくらむばかりだ。どの服飾デザイナーがヴィクトリアの花嫁衣装の注文を受けるのか、どの牧師にダニエルは主祭をたのむのか、祝宴のテーブルにはどんなご馳走が供されるのか、等々。だが徴候はこれほどはっきりしていても、今日までなんの音沙汰もない。「なにかお伝えすることがあれば、その日に皆さんはお知りになるでしょう」という、おとぼけステートメント以外、現広報室長の女性はなにも語らない。

> ヴィクトリアとダニエルを撮った写真を見るたびに、彼女がどんどん美しく、幸せそうになっているのが確認できます。これは彼女にとっていいことだと思います。
>
> アグネタ・ボルメ・ベリエフォルス
> 宮廷記者

こうして揣摩《しま》憶測はいまもつづいている。なにしろスウェーデンのヴィクトリアは、近いうちに王位に即くことになる、ヨーロッパで唯一の女性なのだ。ほかのヨーロッパの王室にはいずれも男性の後継者がひかえている。ノルウェーのホーコン、スペインのフェリペ、デンマークのフレゼリク、オランダのウィレム・アレクサンデル、ベルギーのフィリップ、あるいは――つぎのつぎの代だが――イギリスのウィリアム。この王子たちがだれを配偶者に選ぶかも、ロイヤルファンはきびしい目を光らせてきた。その選択にひとまず合格点がつけられたのは、デンマークではメアリ、オランダではマキシマ。それにひきかえ臣民が否定的だったのは、ノルウェーのメッテ・マリト、スペインのレティシア。

とはいえスウェーデンのヴィクトリアの場合ほど批判の目で見られている選択はない。そのわけは、スウェーデンの世継ぎの王女は絵本のお姫様みたいに模範的なプリンセスだからだ。いまだかつて彼女はほんとうに逸脱したことがない。ティーンエイジャーのころも、タバコやビールグラスを手にした写真すら一枚も撮られなかったし、もっと不都合なシーンなど考えられもしない。他の同世代の王族、とりわけイギリスのヘンリー（ハリー）王子が性懲りもなく愚行をくりかえして世間の笑いものになっているのにひきかえ、スウェーデンの後継王女の生活ぶりは純白そのものだ。ちなみに彼女の家族にもそれは言える。ヨーロッパの他の王室にくらべ、ベルナドット王家のスキャンダルはほとんどなきに等しい。国王が車のスピードを出しすぎた写真を撮られたり、マドレーヌ王女のパーティドレスの襟ぐりが広すぎたりということはあっても、それ以上の乱痴気はストックホルムの王宮では皆無といってよい。なかでもヴィクトリアは礼儀作法をこころえており、チャーミングで、雄弁で、気品がある。それだけにいっそう、この「パーフェクト・プリンセス」が、いまだに結婚を決意できないのは奇妙に思える。

しかし彼女の夫の座に着くというのは、平民の観察者が想像するよりも、はるかに鬱陶しいことだろう。彼女が夫に提供する職務は、うらやましがられるようなものではない。スウェーデンのヴィクトリアと結婚した男は、つねに妻より一歩さがっていなければならない。彼は王になるのでなく、女王の夫君にすぎない。しかもスウェーデンの歴史には、これまでそのような事例がなかったので、彼の称号すら定まっていない。あるいは妻のべつの地位に準拠して、ヴェステルゲートランド公爵と呼ばれることになるか

いつかは後継王女は決断しなければならないだろう。しかし、だれが将来の女王の夫君になるかという問題は、彼女にとっても、両親にとっても、簡単なことではない。われわれとしては、うまくいくことを祈るしかない。国王夫妻はかなり心配している。しかし私は——慈悲深き天使がスウェーデンの王政を祝福したあと——すべてがうまく進むものと期待している。

ヨーハン・ゲオルク・フォン・ホーエンツォレルン　国王の義兄

もしれない。しかしなんと呼ばれようと——平民出身の女王の夫君は、まったく不慣れな王族の日常生活をこなさなければならない。「だれがヴィクトリアと結婚するか、それは非常に重要なことだ」とスウェーデンの歴史家ヘルマン・リンドクヴィストは言う。「その男は百パーセント妻の生活に参加しなければならない。スヴェンソン氏が朝出勤して、晩に妻と顔を合わせ、その日のことを語り合うのとはちがうのだ」。ヴィクトリアはロイヤル・ライフを子供のときから知っている。輝くような笑顔をつくり、倦むことなく握手をつづけるという、まちがいなく高度な技術は、彼女には生まれながら身についたものだ。彼女の夫はそれを大人になってから学び、やりとおさなければならない。たとえスウェーデンの王政が世界でいちばん近代的で、いちばん開放的だとしても——後もどりは女王の夫君に許されないだろう。

ハートのプリンス？

ダニエル・ウェストリングがこの要求に応えられるかどうか、スウェーデン人はずっと疑ってきた。この青年は平凡な環境で育ったから。生まれたのはスウェーデンの小都市ウッケルブの建売住宅。そういう人間がストックホルムの宮城に合うだろうか？　国王カール・グスタフは宮廷儀礼をたいして重んじないことで有名だ。それでもこの場合には、リベラルなスウェーデン人がダニエルがヴィクトリアの両親に心から歓迎されていないことは秘密ではない。国王と王妃はダニエルを娘にふさわしい男と見ていない。

スウェーデンの大衆紙
『エクスプレッセン』
2004年3月

私がヴィクトリアといっしょに公式の場にまだ出られないということだけで、大きな活字で「国王と王妃は彼を拒否した」と見出しに刷るのはばかげている。ゲームにはルールがあることを私は知っているし、私はそれを尊重する。

ダニエル・ウェストリング
2004年

期待したよりは厳格な父王の面を見せた。国王は将来の義理の息子にかくべつ熱狂してはいない、というのがもっぱらの噂だ。ダニエルがドルトニングホルム城に迎えられたときの雰囲気は、むしろ冷えびえとしていたという。スウェーデンのマスコミも、ダニエルは無学だと悪口を言った。彼の話す英語はまちがいだらけで、唯一のとりえは鍛えぬかれた体だと。もっともこういう主張を裏づける証拠はなにもない。なぜならダニエル・ウェストリングはメディアとの接触を極力避けているから。数年前に故郷の学校新聞のために応じたインタビューはまったく当たり障りのないものだった。もうすこし興味深いのは二〇〇五年秋の経済紙『ダゲンス・インドゥストゥリ』とのインタビューだが、ここでも彼が発言したのはスウェーデンのフィットネス業界での自分の活動だけだった。私生活には意識的にまったく触れなかった。このように、五年にわたるヴィクトリアとの恋愛関係について、彼の口から明確な発言がなされたことは一度もない――きわめて賢明な対応。

かつては「蛙」と揶揄《やゆ》されていたダニエルが、ヴィクトリアと関係ができてからは、堂々たるプリンス候補に脱皮した。スポーティなフード付きプルオーバーはこざっぱりしたスーツに変わり、目深にかぶる野球帽は用済みになった。そのかわりにヴィクトリアの恋人はつねに最新流行のヘアカットにデザイナー眼鏡できめている。とりわけ笑顔が、ヴィクトリアと映った初期の写真ではむしろひきつっていた笑みが、悠然として明るい表情に変わった。この男は自分に降りかかるものを知っており、この挑戦に応じるつもりだ。職業のほうは絶好調とは言えない――彼のフィットネススタジオ・チェーンの収益は下降気味――が、フィアンセの歳費を考慮すれば、若き経営者はたいして気に病むこともない。「両親がかならずしもフィットネス・トレーナーを娘の婿に望んでいないことは、自明のことです」と、ドイツのテレビ番組『今日の人物』の元司会者ニーナ・ルーゲは言う。「でもヴィクトリアは魅力と自信を持ってわが道を歩んでいます。彼女は言いました。『私は彼をあきらめない』と」。

王政と民主主義

しかしこの物語には、五年以上にわたり全ヨーロッパの新聞雑誌で少なくとも一度は大見出しになるほどの価値が、ほんとうにあるのだろうか？　それを本気で否定する人は、子供のころプリンスあるいはプリンセスになる夢をまったく見なかった、ごく少数の人びとに属しているだろう。お城に住んで、日がな一日召使いや廷臣にかしずかれる生活を想像して、そうなってみたいと思わないものがいるだろうか？　だれがいやがるだろうか、その日のいちばん重大な決断が、今日はめる指輪のダイヤは七カラットにするか八カラットにするか、カフスは金と銀とどちらが今日のスーツに似合うかということだとしたら？　このロイヤル・ライフのロマンティックな想像が、現実とはかけはなれたものであることを、いまではだれもが知るようになっても――やはり夢は残っている。「王室がこの世にあるかぎり、人びとはそれを愛するだろう」と、スウェーデン国王とドイツ人女性の結婚報道で名を馳せたジャーナリスト、パウル・ザーナーは言う。

しかし、ほんとうに子供時代の夢のみが、王朝に意味をあたえているのだろうか？　スウェーデンの歴史家ディック・ハリソンはそれをまっこうから否定する。「スウェーデン王室の権力をみくびってはいけない」と彼は警告する。

一見これは大げさな言い方に思える。なにしろベルナドット王家はヨーロッパの他の王朝とくらべ、その影響力は最小なのだから。一九七三年の憲法改定によって王族はすべての政治的権限を剥奪された。それ以来、理論的にはスウェーデン国王は飾りものに格下げされた。しかしスウェーデン人は王室がいまなお行使する影響力を知っている。「憲法によれば王族にはなんの権力もないが、現実にはちがう成りゆきになっている」と歴史家のリンドクヴィストも証言する。

「なんであれ王族が語ることは、すぐさま公けのものになる。これはじつに奇妙なことだ。今日ほど王族の権力が縮小されたことはないが、今日ほど王族の世間への影響力が多大になったことはない」。

公式にスウェーデンの王族が口頭または文書で発言するさいには、天気あるいは相手の健康にかんするコメントにかぎるようもとめられている。しかし実際にはベルナドット家もしだいに帳《とばり》の奥から出てきて、慎重に、だがきっぱりと、自分にとって気がかりな問題について発言するようになった。たとえばジルヴィア王妃は数年来、世界じゅうの子供のためにアンガージュし、しばしば旗幟を鮮明にして児童売春を防止するための法改正に肩入れしている。カール・グスタフ十六世は二〇〇五年に南東アジアを襲った大津波――そのとき五百六十二名のスウェーデン人が死んだ――のあと、救援措置にもたついたスウェーデン政府の無能を公然と叱責した。後継王女ヴィクトリアも環境保護や平和研究のような政治的テーマにとくに関心があることを隠さない。そして期待されているのは、そういう問題についても、スウェーデンの後継王女の発言のほうが、あれこれの会議よりも効きめがありそうなことだ。

しかし、まさにこのような成りゆきを、スウェーデンの議会は猜疑の目で見ている。選挙で選ばれた議員たちは、世襲で職務に就き、選挙による国民の信任を得ていない人物に、あれこれ批判されたくない。多くの議員、最近の調査では五十六パーセントの国会議員が、王族を明日よりは今日にも市民の列に加えたがっている。いくつかの政党の綱領、たとえば社会民主党の綱領は、

　われわれが大統領を持ったら、メディアの注目を多少は失うかもしれないが、他方では民主的に選ばれた大統領は政治家として行動し、意見を述べることもできるだろう。

ブリッタ・レヨン
国会議員

　彼は選ばれていないし、最終選挙人から任命されたのでもなく、そのポストを世襲したに過ぎない――まさにこれはあらゆる民主主義の原則に反している。

マッツ・エイナルソン
左翼政党の国会議員

王政を廃止する意思を明文化している。社会民主党のブリッタ・レヨンはこの数年来、スウェーデンの国家制度に憤慨している。「王政は完全に古くさくなった。われわれが近代的なスウェーデンを建設したければ、王政は廃止されなければならない」。

　実際、伝統あふれるスウェーデン王国をそこいらの共和国にするのは、ごくたやすいことだろう。議会が単純多数決で議決し、その決定がつぎの選挙でも認められれば、スウェーデンの統治者としてのベルナドット家の時代は過去のものとなる。そしてストックホルムの王朝転覆をいちばんたやすくやれるのは、カール・グスタフからヴィクトリアへの代替わりのときだろう。すでに反王政派はその日のために虎視眈々と牙を研いでいる。しかし王の批判者にとって腹立たしいのは、国民がついてきそうにないことだ。圧倒的多数のスウェーデン人が王室を愛している。王室はスウェーデンのアイデンティティの一部となっている。アストリド・リンドグレンとその作品の主人公、長靴下のピッピやレンネベルガ村のミシェル、あるいは「やかまし村」の子供たちのように。二〇〇六年、カール・グスタフ十六世の六十歳の誕生日には、何万という臣民が街頭にくりだして、われらの王様に熱狂的に歓呼した。スウェーデンのテレビ局ＳＶＴが毎年クリスマスに放映する王室番組はつねに最高視聴率を達成するし、ヴィクトリア王女とマドレーヌ王女の笑顔が表紙に載れば、雑誌の売れ行きはうなぎ登りに増大する。ある世論調査によれば、スウェーデン人の四分の三が王朝の存続に賛成している。しかしその理由は国体としての王政に固執しているからではない——まったくその反対。スウェーデンはこの数十年来、民主主義と進歩の先駆者になっている。そう——スウェーデン人が王朝を愛するのは、ベルナドット家を愛しているからだ！　カール・グスタフ、ジルヴィア、後継王女ヴィクトリアはこの数年、最も愛されるスウェーデン人とされている。マドレーヌ王女は大多数の若いスウェーデン人のアイドルであり、魅力的なカール・フィリップ王子は若い女性の憧れの的で、そのポスターはマルメからストックホルムまで、女の子の部屋を飾っている。

反王政派は長年にわたり、王族の失策のしっぽをつかもうとやっきになってきた。だがベルナドット家の暮らしぶりは非の打ちどころがなく、けちのつけようがない。そこで数年前からスウェーデンの共和派はべつの戦略にきりかえ、打撃目標を変更した。王族をののしるのでなく、その味方につく作戦。「王の子供たちを解放してあげよう」というスローガンが、二〇〇四年のプレスキャンペーンの大見出しになった。キャンペーンの主宰者ウルフ・ベルグストレームは大言壮語した。「王政は人権に抵触している。王の子供たちには私生活がない。われわれはかれらを奴隷状態から救いださなければならない」。このいささか粗っぽい論拠によれば、王政の終焉は完全にベルナドット家の利益にかなうことだという。職業選択の自由がなく、選挙権がなく、信仰の自由もない――黄金の檻のなかの悲惨な人生、それに王の子供たちは耐えなければならない。だがこの論拠による戦略がうまくいくとはとても思えない。王宮はこのキャンペーンを泰然たる微笑で受けとめた。

とはいえベルナドット家も、攻撃のすきをみせてはならないことを、肝に銘じて知っている。イギリスの王室がしばしばやらかすようなことがあれば、スウェーデン人はけっして許さないだろう。というわけでヴィクトリアの将来は、個人的な幸福を超えた危険をはらんでいる。まず彼女に降りかかる難題は、王朝に代替わりのハードルを越えさせること。そのあとに起こることは、スウェーデン王朝の歴史における新しい章になるだろう。ZDF（ドイツ第二テレビ）のレポーター、ニーナ・ルーゲは数年間にわたりスウェーデン王室を取材し、報道してきた。彼女の観察によれば、ヴィクトリアには自分の役割を見いだす

もちろんヴィクトリアにあてはまることは、イギリスの哀れなチャールズにもあてはまることである。すなわち、父親――チャールズの場合は母親――に譲位するつもりがないこと。カール・グスタフは60歳になっても元気はつらつとしており、自発的に退位することはないだろう。

パウル・ザーナー　ドイツのジャーナリスト

さまざまな可能性があるという。「私はハートのクイーンになろうかしら？　この職業がもたらす任務のよき管理者になろうかしら？　ジルヴィア王妃のように子供たちの擁護者になろうかしら？」。君臨する王朝の世界におのれの座を見いだすまで、ヴィクトリアには一定の時間が必要だろうと、ニーナ・ルーゲは見ている。「ベルナドット家の人びとは総じて長命です」と、やはり高齢になった女官のアリス・トロレ・ヴァハトマイスターは言う。「ヴィクトリアには少なくともあと三十年の時間があります」。それほど長くない場合にそなえ、すでに両親は彼女に、スウェーデン女王としての人生を最善に営む準備をさせている。

ごくふつうの子供時代

「私たちはつねにスウェーデン国民と親しく接しようとしてきましたし、子供たちもその感覚で成長するよう願いました」とジルヴィア王妃はＺＤＦとのインタビューで、どのように子供を教育したかという質問に答えた。たしかにヴィクトリア、弟のカール・フィリップ、妹のマドレーヌ

> 母はカトリックで、父はプロテスタントでした。父の家族にたくさんの聖職者や神学者がいました。私たちはよくお祈りをしました。私の全人生をささえてくれたのは、私たちが真に家族生活を送ったことです。それは共同作業でした。
>
> ジルヴィア　2000年

子供のころ私は長くブラジルで暮らしました。そこの白い砂浜で、父が私に感動的な方法で教えてくれたことがあります。雪をさわるとどんな感じがするか。父は私に目を閉じさせて、さらさらした砂の上に私を連れていきました。「こんな感じがするんだよ、雪は。ただ冷たいだけでね」と、そのとき父は言いました。

ジルヴィア　1999年

の子供時代は、多くの点で他のヨーロッパの王族よりも隣近所の一般市民に近い。他国の王子や王女、たとえばデンマークのフレゼリクなどが子供時代を厳格なエリート寄宿学校で過ごしたのにくらべ、ベルナドット家の子供たちはふつうの家庭でできるかぎり自由な生活を楽しんだ。この教育が成功したことを、王妃はいまでも誇りにしている。「うちの子供たちを見ていると、どんな人たちとも自然に付き合っているのがわかります」とジルヴィアは言う。「かれらは敬意をもってオープンにほかの人たちに近づいています」。

とりわけジルヴィアが、三人の子供、ヴィクトリア、カール・フィリップ、マドレーヌがのびのびとした子供時代を過ごせるよう心がけた。なにしろ王妃自身が屈託のない青少年時代を楽しんだので、そうではない生活にはまったく不慣れだったから。彼女は平民の出で、ブラジル人の母親アリスとドイツ人の父親ヴァルター・ゾンマーラートの娘として生まれた。三人の兄につづく末っ子のジルヴィアは、青少年時代の大部分をサン・パウロの、にぎやかな大家族のなかで過ごした。夏になると親戚のコーヒー農園に母親の一族が集まり、大勢のいとこたちと、とくにオマキザルの「ミッキー」が遊び友だちになった。一九五七年にゾンマーラート家はドイツに帰国した。若い娘は五〇年代のドイツのきびしい社会基準にしたがわざるをえなかったが、ブラジルで過ごした歳月は、彼女にくっきりと刻みこまれている。「彼女はドイツの理性とスウェーデンの魂をそなえています」とブラジル人のロサナ・カルマルゴは友人のジルヴィアを評する。「でも心はブラジルのものです。あのカリスマ性と人とつきあうときのオープンな態度は、母親から受け継いだものです。これは習って覚えるものではありません」。

ではヴィクトリアの父親カール・グスタフ十六世の子供時代は？　一九四六年四月二十日、百一発の祝砲が長く待たれたベルナドット家の王位継承者の誕生を告げ知らせた。生まれた男の子は家族の五番目の子供だった。両親のジビラと後継王子（皇太孫）グスタフ・アドルフにはすでに四人の娘がいた。しかし当時のスウェーデンの王位は男子しか継承できなかったので、女ばかりの子だくさんがしだいにベルナドット家にとって憂慮の種になっていた。「神様、今度は男の子をお授けください。このあとまた子供を懐胎するほど、自分が健康でいられるかどうか、私にはわかりません」とジビラは日記で祈願した。

カール・グスタフが生まれた時点での王位継承順位は四番目にすぎなかった。当時の国王は曾祖父のグスタフ五世で、そのあとは祖父のグスタフ・アドルフが継ぎ、そのまたあとを同名の息子、グスタフ・アドルフが継ぐことになっていた。生まれたばかりのカール・グスタフが王位を継ぐのは父のあとで、それまでにはたっぷり時間があるはずだった。だがその時点がくるのは予測よりもはやくなった。一九四七年一月二十六日に皇太孫グスタフ・アドルフが飛行機事故で亡くなったのだ。その死はスウェーデンの王位継承順位にすき間を空けた。すでに九十歳になる現国王グスタフ五世の死は予測できる時期にきていた。その息子もすでに六十五歳を目前にしている。そのつぎに王になる順番が、まだ生後九ヵ月のカール・グスタフにまわってきた。

夫の悲劇的な死のあと、ジビラ妃は五人の子供とともにストックホルム郊外のハーガ城にひきこもった。彼女はたいていの招待や祝祭を避け、子供たちと隠遁生活を送った。「はじめ彼はとても内向的だった」と、長年親交のあったレオポルド・フォン・バイエルンはカール・グスタフを評する。「自分の殻を破ることはめったになかった。たいていは黙って人のすることを見ているほうだった」。ハーガ宮殿の改築のため家族がストックホルムの宮城への移転を余儀な

ジビラ妃は非常に困難な状況にあった。夫が1947年に事故で亡くなったので、彼女は女手ひとつで幼い王子の養育にあたった。しかも彼女はドイツ人であり、あの時代にドイツ人であることは、スウェーデンのみならず、というかスウェーデンにおいても、非常な困難をともなった。そのうえ彼女の父、ザクセン・コーブルク公爵はヒトラーと親しく、地位も占めていた。そのすべてが若く美しいジビラ妃への重圧になった。

ヨーハン・ゲオルク・フォン・ホーエンツォレルン
ジビラ妃について

くされると、幼い王子の世界は一挙にひろがった。彼は自分のために設けられた城内の幼稚園でほかの子供たちと知り合い、そのあとふつうの公共の学校に通った。後継王子の学校の成績はかんばしくなかった――彼は著しい読み書き障害に苦しんだ――が、それまで知ることのなかった多くの社会的コンタクトを結んだ。

彼の身近な世界は母親、子守女、姉たちで成り立っていた。それでも彼の教育の過程はきびしいものだった。「彼は君主になるべく教育された」と義兄のヨーハン・ゲオルク・フォン・ホーエンツォレルンは語る。「お手本は老王しかおらず、王は彼をよき後継者にすることに専念した」。カール・グスタフ十六世はいまにいたるまで、祖父が内気な孫のために払ってくれた時間と労力に感謝している。「祖父は私に、人生と人間をポジティブに見ることを教えてくれた。彼は私に、他人の言うことを傾聴するすべを伝授し、多言を労するよりは笑っているほうが、一定の状況を簡単に処理できることを教えてくれた」。もっとも本人の告白によれば、子供のころの王子は大工になりたかったという。乳母といっしょに散歩するとき、幼い王子はしょっちゅう建築現場で立ちどまり、熱心に見ていたと、姉のクリスティーナは語る。しかし彼を待っているのはヘルメットでなく王冠だった。どうにかこうにか高校を卒業すると、カール・グスタフは士官候補生(認識番号〇〇一)としてスウェーデン海軍に入隊した。そのあと陸軍と空軍での教程がつづいた。最後にウプサラ大学での経済学、政治学、社会学、歴史学の学習をもって、帝王教育は終了した。

ジルヴィアとカール・グスタフ、この一見すると不釣り合いなカップルは、いかにして親しくなったのか？　このロマンスはとっくに歴史になっている。プロローグは一九七二年のミュンヘン・オリンピックだった。スウェーデンの後継王子のまなざしが、ＶＩＰ席で賓客の接待を受けもつ魅力的なホステスにとまった。「クリックが鳴った」と、国王は将来の妻を初めて目にした瞬間を、のちになって語っている。四年後、ふたりは晴れた夏の日にストックホルムで結婚式を挙げた。「王様と結婚するという決断はむずかしかったか」と、あるレポーターが花嫁に質問した。「王様と結婚するという決断ではなく、愛する男性と結婚するという決断です」とジルヴィアは答えた。世界じゅうの、とりわけドイツのロイヤル・ファンの心をときめかせた現代のメルヘン。それによってジルヴィアはスウェーデンのみならずドイツでも「われらのクイーン」になった。

とはいえストックホルムの宮殿への道は、ドイツ娘にとって簡単なものではなかった。スウェーデンの後継王子との関係を彼女は何ヵ月も秘密にしなければならず、パパラッチが偽装をこらしたあいびきを見破ったときも、「結婚」への針路はまだま

私ははっきり覚えています。それは1972年8月26日のことでした。急に私は男に望遠鏡で見られているのを感じました。ただ、その男は遠くでなく、すぐ近くにいました。この状況があんまりおかしくて、ふたりともつい笑ってしまいました。これが「クリック」になりました。それは偶然ではなかったようです。

ジルヴィア　1999年

だ定まっていなかった。カール・グスタフは当時ヨーロッパでいちばんもてる独身男であり、この快適な境遇をいましばらく享受することにした。どっちみち彼は皇太子として、ジルヴィアに求婚することは許されていなかった。スウェーデンの伝統によって、平民との結婚を決定できるのは国王のみだったから。だが皇太子が一九七三年に王位を継いだあとも、婚礼の鐘はいっこうに聞かれなかった。そのころのスウェーデン人は、カール・グスタフが長年のガールフレンド、ティッティ・ヴァハトマイスターとつきあいつづけてくれたら、むしろ喜んだかもしれない。あいかわらず国王のかたわらには新たな美女があらわれ、それがまたあれこれの憶測を呼んだ。もっともその裏にある真実は非常に着実なものだった。「夫は私に四年の歳月をあたえてくれました。私がそれを望むかどうか、徹底的に熟考するために」とジルヴィア王妃は言う。この猶予期間を経て彼女は確信し、前途にあるものも受けいれた。

新しい臣民の心をジルヴィアがまたたく間につかんだのは、彼女がもののみごとに王妃の役割に順応したからだ。彼女は生まれ

ジルヴィア王妃によって王政は救われた。とくに国王が。妻といっしょだと彼は自信をもって行動した。スピーチのさいにしょっちゅう言いまちがえることもなくなった。原稿の文字が目の前で踊りだしたときは、ジルヴィアの唇を読むだけで、スピーチをつづけることができた。彼女は王の声なきプロンプターになった。そのためスウェーデン人は彼女を愛した。

アルフ・シュミット　ジャーナリスト

たときからやっていたかのように、優雅に手を振り、微笑んだ。そして彼女は夫に自信をあたえた。人前でしばしばおどおどするカール・グスタフにそれまで欠けていた自信を。ジルヴィアがストックホルムの王宮に入ると、王室の人気度はたちまちはねあがった。平民のジルヴィアがスウェーデン王朝の生き残りをたしかなものにしたと主張する声は少なくない。「こちらは私が愛し、結婚して、残りの人生を共にする女性です」とカール・グスタフは一九七六年三月十二日、婚約発表の記者会見で述べた。いま国王夫妻を見れば、ふたりが結婚の決断をけっして悔いていないのがわかるだろう。

ふたりの幸福の絶頂は1977年、娘ヴィクトリアの誕生だった。スウェーデン人はこの赤ちゃんにうっとりして、憲法を変えることにした。王位継承を男子にかぎる条項を撤廃して、女子も王位を継げるようにと。

アルフ・シュミット
ジャーナリスト

はやくも結婚から数ヵ月後、ベルナドット家の後嗣の懐妊が発表された。スウェーデン人は大喜びした。なにしろ現国王の第一子がストックホルムで生まれるのは、じつに二百五十年ぶりのことだったから。カール・グスタフの前任者たちはいずれも高齢になってから王位に即いたので、ストックホルムの宮城ではすでに数世代にわたって子供の笑い声が聞かれなくなっていた。王族の慣習にさからって、国王夫妻は病院で出産することにした。ストックホルムのカロリンスカ病院がベルナドット家の子供の誕生の場に選ばれた。そして一九七七年七月十四日、国民はヴィクトリア・イングリド・アリス・デジレの誕生を歓呼して迎えた。メディアは王子を期待していたが、王女も心から歓迎された。じつはヴィクトリアが誕生する前から、男子を優先する従来の王位継承法は、そろそろ歴史のゴミために捨てるべきではないかという議論が高まっていた。たしかに男女の同権を重んじるスウェーデンでは、王位継承を男子にかぎるのは旧時代の悪弊とみなされるようになっていた。二年後、カール・フィリップ王子の誕生によって国王夫妻に男子の後継者が恵まれたときには、議論はすでに行き着くところまで行き着いて、もはやその結論に疑問をさしはさむ余地はなくなっていた。カール・フィリップが皇太子として生まれてからほんの数ヵ月後、彼の王冠への優先順位は姉のあとにまわされた。

一九八〇年一月一日、憲法改定が発効し、それによって君主の第一子が、その性にかかわりなく、王位を継ぐことになった。こうしてヴィクトリアは後継王女になった。ほぼ確実に、彼女はスウェーデン王朝の千年にわたる伝統を受け継ぎ、ベルナドット家の八代目としてスウェーデンの女王の座に登極するだろう。

歴史の重荷

ベルナドット家は他のヨーロッパの王家にくらべ、かなり若い王朝であり、厳密に言えば貴族の出身でもない。初代のジャン・バティスト・ベルナドットはナポレオン麾下の平民出身の元帥で、ナポレオンの数々の戦争において抜群の能力を発揮した。一八〇九年にスウェーデン人は、現国王に子供がいないので、この勇猛な将軍を皇太子に選んだ。これには経験ずみの伝統があった。ヴァーサ家が十六世紀に王権を確立するまで、スウェーデンは選挙君主制だったから。カール十三世が一八一八年に死去すると、ジャン・バティスト・ベルナドットがカール十四世として王位を継いだ。はじめ新王はなかなかスウェーデンになじめなかった。彼の妻デジレ――ナポレオンの元婚約者――はスカンディナヴィアのきびしい気候が気に入らず、君主本人はスウェーデン料理が。王宮の厨房にフランス人の口に合うものが見つからないときは、やわらかく茹でた卵がカール十四世の食卓に供され、これなら陛下も満足して召し上がった。この時代から、国王の席にはつねに黄金の卵入れを置くという、今日までつづくスウェーデン宮廷の慣習が生まれた。歳月とともにカールとデジレは北方の国土になじみを深め、臣民も異邦人の君主に心を開いた。カール十四世の人気が高まったのは、とりわけこのナポレオン軍の猛将が、まったく意外なことをやってのけたからだ。ただ一度だけ、彼はスウェーデンに永続的な平和をもたらした。

> スウェーデンには男女同権の伝統がある。だから王室でも女性が指導的地位に就く同等のチャンスを有するというのは、しごく当然のことだった。大きな議論はまったくなかった。大部分の人びとがそれをしごく当然と見なした。
>
> イングヴァル・カールソン
> 元スウェーデン首相

ライプツィヒの諸国民戦争にスウェーデン軍も参戦したが、それ以来、この国は一度も戦争に参加していない。第一次世界大戦でも第二次大戦でもスウェーデンは中立を守った。ストックホルムの教会に安置された「フランス人の」国王夫妻の堂々たる大理石の柩が、いまもベルナドット王家の先祖の栄光を記念している。

スウェーデンの王冠はジャン・バティストの死後、息子と孫に引き継がれ、その庇護のもとに国は急速に近代的な工業国へと発展した。進歩と発展と並行して、当初はゆるやかに、だがしだいに激しくなる国王の権限の削減が進行した。君主の権利は文書上ではひきつづき不可侵とされていたが、事実上は国王が日常政治に影響力をおよぼすことはほとんどなくなった。スウェーデン国王が王冠をかぶるのも、一八七三年のオスカル二世の戴冠式が最後になった。それ以来、黄金の冠は博物館の陳列品でしかない。オスカルの後継者にはだれひとり、古くさい儀式の苦行を引き受けたがるものはいなかった。高度な政治問題でひと役演じようとした、スウェーデン国王の言及に値する最後のこころみは、一九一四年にグスタフ五世が行なった悪名高い「王宮広場の演説」だった。政府の計画に反対して王は軍備の強化を力説した。三万の従順な農民が王宮に呼び寄せられ、国王の演説に歓呼した。いまいちど国の支配者として登場するというグスタフのこころみは、しかしながら完全に失敗した。それにひきつづく憲政の危機のなかで、王政廃止をさけぶ声が初めてあがり、それは今日までダモクレスの剣のようにベルナドット家の王城の上にぶらさがっている。歴代の王家は男子後継者の誕生を祈りつづけてきた。それが絶えると、王朝の運命は確実に危機に瀕するから。

一九八〇年の改訂王位継承法の発効によって、そういう心配は長期的に払拭された。カール・グスタフ十六世と王妃ジルヴィアはこの発展を複雑な気持ちで受けいれたにちがいない。この仕事は女の子にはきびしすぎると、カール・グスタフは述べた——もっともいまの彼はこの発言を悔やんでいるけれども。ジルヴィア王妃も娘の将来を心配した。配偶者選び、家族づくり——そのすべてが未来のスウェーデン女王には男王よりもむずかしい問題になるだろう。男女同権とはいっても。それでもベルナドット家は公式に継承順位の改変を歓迎した。とりわけ継承権の女子への拡大が、将来も王政を維持するために大いに役立つはずだから。まさにそれゆえに、多くの社会民主主義者が憲法改定に反対した——もっともむだな抵抗だったが。

小さなベルナドット一族の大きな幸福

ジルヴィアとカール・グスタフは子供をたくさんほしかった。幼いカール・フィリップは、姉妹と同じく、とても可愛いベビーで、カメラマンのいい被写体になった。ヴィクトリアもほっぺたのふっくらした弟に、生まれた日から夢中になった。

世継ぎの王女は家族に新しい一員が加わった最初の数週間のことを——まだ二歳になったばか

りなのに——とてもよく覚えている。青い部屋でジルヴィア王妃が赤ちゃんにおっぱいを飲ませていたと、ヴィクトリアはあるインタビューで語った。彼女はそれを見てすっかり興奮した。まったく焼き餅を焼かずに彼女は弟を即座に受けいれ、いまでもカール・フィリップにからかわれるように、すっかり母親気どりで弟の世話を焼いた。実際、ヴィクトリアは長姉の役割を当初からきわめて真剣につとめてきた。一九八二年にいまの家族を完成させた末っ子のマドレーヌにたいしても、今日までヴィクトリアは保護者を自任している。弟や妹がメディアの罠にかかるたびに、かならず姉が決然として乗りだしてくる。そういう場合の彼女はきわめて猛烈な対抗措置も辞さない。カール・フィリップもマドレーヌも姉の「ライオンの血」には畏れ入っている。ときどきそれをからかうことはあっても。

カール・フィリップが生まれたころから、ジルヴィア王妃はストックホルムの陰鬱な宮城からの引っ越しをせがんだ。都心部のガムラスタン島にそびえる城館は、どう考えても子供たちの養育には不適切だった。四百を越える部屋を擁する宮城は、当時実際に君主が住んでいる宮殿としては世界最大のものだった。幼いヴィクトリアにとってそこはかくれんぼに最高の場所だった。養育係の「ネンネ」・ビエルベリは、すでに父親カール・グスタフの子供時代の世話もしていたが、幼いヴィクトリアの子守も引きうけ、しんぼう強く城の長い廊下で鬼ごっこの相手をした。いまでもヴィクトリアは、宮城のにおいを嗅ぐたびに幼年時代を思いだすという。しかしどんなにかくれんぼには向いていても、母親の目には難点がいくつもあった。城のまわりに樹木がほとんどなく、まして緑地などはなきに等しかった。乳母車でほんのすこしでも城門を出たら、城館を見学している何千もの観光客やロイヤル・ファンにかこまれてしまう。伝統はどうであれ、ジルヴィアとカール・グスタフはここから出ていきたかった。一九八一年にベルナドット家が選んだ家族の避難場はドロットニングホルム城、首都から十一キロはなれたメーラレン湖のロヴォ島に築かれた城館だった。それはスカンディナヴィアで最も美しい城のひとつとされ、ユネスコの世界遺産に登録されたスウェーデン最初の文化財だ。それまでドロットニングホルム城は歴代の未亡人になった王妃の隠居所や夏の離宮として使われるだけだった。

そこは幼い子供がいる家族には理想的な住居だった。大庭園にかこまれた城館には散歩道や遊び場がたっぷりあった。ドアのすぐ前の船着き場からメーラレン湖の船遊びに乗りだせるし、ベルナドット家

私たちがまだ幼くて、パパとママがしょっちゅう出かけていたころ、ヴィクトリアはいつも私たちの世話をしてくれました。信じられないほどいっぱい遊びを思いついて、私たちの相手をしてくれた。はっきり言って、ヴィクトリアはむかしもいまもすごくすてきな姉です。ときどききびしすぎることはあるけれど。でもそれが姉というもので、いつも模範になろうとする。それがまたすごくいい。私がヴィクトリアのいちばん好きなところは、信じられないほど動物好きだってこと。彼女は犬を見ると、すぐ犬の横に寝ころがってじゃれ合ってる。これってすてきじゃない？

マドレーヌ王女

の子供たちが大好きな動物にも充分な生息地があった。このドロットニングホルム城でベルナドット家の夫妻はふつうの勤め人の家族のように暮らした。「ご夫妻は大多数のスウェーデン人と同じようになさいました」とベルナドット家の女官長、アリス・トロレ・ヴァハトマイスター伯爵夫人は回想する。「家は郊外にあって、仕事のために町に出かけました」。毎日の生活リズムもふつうの市民の家とほとんど変わらなかった。「おふたりは朝の九時に仕事に出かけ、午後五時に帰宅しました」とトロレ・ヴァハトマイスター。「子供たちはそれを受けいれました。ママとパパはまずお仕事をして、そのあと子供といっしょの時間を過ごすと」。

ドロットニングホルム城でも一般人が王家の庭園を散策するのは許されないが、城館の部屋の大部分は観光客にも開放されている。もっともある一翼だけは、王家が入居して以来、報道陣も一般人も立ち入り禁止になり、ごく少数の人びとだけがこのプライベート空間に入ることができる。

家庭内ではかれらはすっかりくつろいでいる。みんなとても仲がいい。ほかの家族でもそうであるように、家庭内ではじつにラフに暮らしている。

ヨーハン・ゲオルク・フォン・ホーエンツォレルン
国王の義兄

うちは社会主義的と言ってもいいほどです。そんなことは言わないほうがいいのかもしれないけれど、でも宮廷の日常に儀礼はありません。

アリス・トロレ・ヴァハトマイスター伯爵夫人
女官長

とはいえ八〇年代には、小さな訪問者にはほとんど障壁がなかった。ジルヴィアとカール・グスタフは子供たちに、友だちや遊び仲間を招くようすすめた。子供たちはお城に泊まり、ヴィクトリア、カール・フィリップ、マドレーヌも友だちの家にお泊まりで遊びに行った。多くの子供たちにとって、王様の家の客になるのは、やはりちょっとどぎまぎすることだった。「そりゃあもう、ものすごく豪華だったわ」と王の子供たちの幼友だち、モア・マットソンは回想する。「招かれてすごく印象に残ったのは、子供たちのためにチョコレートの鴨が出たことと氷の彫刻があったこと」。

ジルヴィアはとても面倒見のいい母親です。私がやってきて服が濡れていたら、彼女はそれをヒーターの上にひろげてくれるので、私が出ていくころには服が乾いています。

モア・マットソン
王の子供の幼友だち

他方では、どこの家でも見られることがここにもあった。モア・マットソンはいまでも王様のバスローブのことをおかしがる。「それはタオル地で、青色で、小さな黄色の冠の模様が散らしてあった。私はとってもすてきだと思った。でもいちばんおかしかったのは、そこからほつれた糸が垂れていたこと。うちとちっとも変わらないので、私は嬉しくなった！」。

だがはやくから王の子供たちにもわかったのは、自分たちの生活が学校友だちの暮らしぶりとは全然ちがうということだった。いまヴィクトリアが回想するように、彼女が最初に気づいたのは、学校友だちの両親は晩にはいつも家にいるのに、自分の両親はたいてい外での夕食に出かけることだった。後継王女はこのいつもくりかえされる別離がつらかったのを覚えている。とくに末っ子のマドレーヌは胸が張り裂けんばかりに泣いて、養育係はなだめるのに苦労した。「あのころからかれらには、私たちにはない制約があった」とモア・マットソンは言う。「ヴィクトリアはいっしょに遊びたくても、簡単に私に電話することは許されなかった。まずヴィクトリアが、私に遊びにきてほしいとだれかに伝えると、それが王妃様に伝わって、王妃様はそれを王様の副官に伝えさせて、最後に副官が私に電話してくるわけ」。

しかしすでにはやくから、宮廷じゅうを規制する生活の限界に果敢に挑んだのも、ほかならぬヴィクトリアだった。かつて世継ぎの王女がボディガードの裏をかこうとしたことを、モア・マットソンは覚えている。ふたりは運だめしをこころみた――失敗。「もちろん私たちはとても優しく、でも断固たるやり方で、つかまってしまったわ」とモアは言う。

メディアは王女や王子の子供時代を定期的に取材することが許された。公認された期日にカメラチームが招かれ、国王夫妻が子供たちと泳ぎに行ったり、クッキーを焼いたり、犬と遊んだりするところを撮影した。この時代に撮られたフィルムは厖大で、これほどの数は他の世界のどの王室にもないだろう。カール・グスタフ王が大はしゃぎの子供たちの前で服を着たままプールにとびこんだり、子供の自転車を修繕したり、車がぬかるみで動けなくなったり、といったシーンもある。あるいはジルヴィア王妃がいくら食べ方を教えても子供たちはメロンの汁で服を染みだらけにしたり、子供たちが馬に乗ったり、肉団子をこねたり、ルツィア祭で歌ったりするシーン。

王の子供たちははやくからカメラにかこまれることに慣れ、公衆は宮廷の日常を映像でのぞき見ることができた。たとえカメラマンは特別に招かれたにしても、撮影されたシーンはきわめて自然な印象をあたえる。家族がジャーナリストに臆するようすはまったく見られず、かれらのなごやかな、とりわけとても楽しそうな生活をオープンに見せてくれる。「ベルナドット家の人たちはたいへんユーモアがある」と、何年も家族にカメラで同行したスウェーデンのジャーナリスト、アグネタ・ボルメ・ベリエフォルスは言う。「残念ながらわれわれはそれを全部お見せするわけにはいかない。やはり尊厳は守らなければいけないので。でもかれらとのくつろいだ席では冗談の連発で、みんな笑いこける」。

王城の子供部屋

国王夫妻はつとめて三人の子供を同等にあつかおうとしていても、やはりヴィクトリアが王位継承者としてはやくから注目の的になった。女官長のアリス・トロレ・ヴァハトマイスター伯爵夫人が語っているように、幼い王女はすでに四，五歳のころから自分が弟や妹とはちがうことを意識していた。「カール・フィリップはいつも言っていました。『ぼくは王様になるんだ』と」。

そう回想して彼女はくすくす笑う。「するとヴィクトリアは言い返しました。『ちがう！　私が後継王女よ。だから私が王様になるの』と」。

初めてのインタビューを後継王女はすでに五歳の誕生日にやりとげている。家族が夏の休暇を過ごしているエーランド島にあるソリデンの城館に、大勢のジャーナリストが押しかけた。「たくさんプレゼントをもらいましたか？」とレポーターは幼いプリンセスに質問した。ヴィクトリアは誇りに胸をふくらませて答えた。「ベッドがいっぱいになるくらい！」。ではどのプレゼントがいちばんすてきかという質問に、彼女は答える勇気をなくし、庇護をもとめるように両親のうしろに隠れてしまった。「わからない！」というのが恥ずかしそうな返事だった。しかし歳月とともに彼女の自信も成長した。いまではヴィクトリアはジャーナリストと親しく接する限界をみずから設定する。どのテーマはどこまで答え、どのテーマは沈黙するかを自分で決める。その限界を守らないものは、そのことをはっきりと感知させられる。

後継王女は幼いころから自分の役割を知っていた。彼女はそれにたいする心がまえができていて、自分の人生が特別なものになるのを知っていた。

アグネタ・ボルメ・ベリエフォルス
宮廷記者

国王夫妻はぎっしり詰まったスケジュールのなかでも、できるだけ子供たちと過ごす時間をつくることを重視している。そのためには子供を宮廷の日課に組み入れるしかないこともしばしばある。ヴィクトリアの弟と妹もすでに幼いころに公式の席への登場をすませていた。カール・フィリップもマドレーヌもいたずらでは人後に落ちないけれど、宮廷生活の厳格な定めを、このふたりも全面的に免れることはできなかった。宮廷史家のヘルマン・リンドクヴィストはドロットニングホルム城を訪ねたとき、ある写真に目をとめて由来を聞いた。そこに写っていたのは七歳のマドレーヌで、スウェーデンを訪問した教皇ヨハネ・パウロ二世に抱きあげられている——裸足で！　そうなったわけを王妃は進んで話してくれた。マドレーヌは決められた服を着るのをいやがり、結局それを自分ひとりで着るという条件でしぶしぶ承知した。王妃は時間にせかされて、マドレーヌが靴下をはくのを忘れたことに気づいたのは車のなかだった。叱られた幼女はめちゃくちゃに泣きわめいたので、王妃はあきらめて、そのまま連れていった。宮城に着いたときは、すでに準備万端ととのっていて、みんな驚いて靴下をはいていない幼い王女を見つめた。またもやマドレーヌはわんわん泣きだし、その混乱のさなかに教皇が入ってきて、さっと子供を抱きあげて接吻した。そのうえまずいことに、この瞬間、幼いプリンセスの小さな足から靴も脱げ落ちてしまった。ことほどさように、国王夫妻といえど

マドレーヌ王女とカール・フィリップ王子はヴィクトリアほど世間の注目を浴びずに暮らしている。もちろん野放図なふるまいは許されないが、後継王女がつねにフォーカスの的になるだけに、かれらはずっと気楽に生きてゆける。

パウル・ザーナー
ドイツのジャーナリスト

も子供の教育には、他の両親と変わりなく苦労させられたようだ。

とはいえ王の子供たちの宮廷生活は規律でがんじがらめというわけではなかった。公式のレセプションでゲストの子供たちと遊びまわってもいいし、笑い声をたてるのはまったくおかまいなし、しゃちほこばった宮廷儀礼が愉快にほぐれることはしょっちゅうあった。ドイツの元大統領リヒャルト・フォン・ヴァイツゼッカーはストックホルムを訪問したときのことを回想する。閲兵式に臨んだとき、にわかに激しい雨が降りだした。王妃はぬかりなく傘を用意していて、国賓の夫人とともに相合傘をさした。しかし国王と大統領は姿勢を崩すわけにいかず、豪雨のなかで閲兵しなければならなかった。ヴァイツゼッカーはにやにや笑いながらＺＤＦのインタビューで語った。「そのため、われわれは礼服を着たままずぶ濡れになって立っていた。見えるだけじゃなく、はっきり聞こえたよ。父親と客人がすっかり洗い流されるのを見て、国王の子供たちが窓のむこうで笑いころげているのが」。

「ヴィクトリア・デー」

年に一度、子供たちは宮廷の日常生活をたっぷり中断する機会があった。夏になると全員でエーランド島のソリデン城で過ごすのが家族の慣例になっている。ソリデンを「城」と呼ぶのはいささか想像力が必要で、むしろ海辺の瀟洒《しょうしゃ》な別荘と呼ぶのがふさわしい。ヴィクトリアと同名の高祖母が一九〇三年に建てさせた。イタリアの建築が大好きだった彼女は、この館をイタリア・ルネサンス様式にした。白く輝く屋敷は国王一家が住むには充分な広さがあるが、それ以上のものではない。他の城館とちがってソリデン城は国王の私有財産になっている。他のスウェーデンの王の居所は国家が所有している。一家がくつろぐには、この屋敷はぴったりの場所だった。ぽつんと離れて、自然のまんまんなかにある。ここで子供たちはのびのびと馬、犬、その他あれこれの家畜とともに夏を過ごした。島全体がベルナドット家の子供と友だちの広大な遊び場だった。国王夫妻もここですっかり自由な気分になれた。カール・グスタフ王は情熱的な趣味のコックで、しばしば料理長の役目を引きうけた。国王の義弟、ホーエンツォレルン家のヨーハン・ゲオルクは、しばしばエーランド島で客になった。彼はこう語っている。「そこではほかの家族とちっとも変わらなかった。笑って、遊んで、喧嘩する」。

ヴィクトリアの誕生日は七月十四日なので、お祝いはいつもソリデン城にいるときになる。以来、ここで「ヴィクトリア・

スウェーデン人は非常に大衆的だ。そのことは国王夫妻も留意している。明らかにジルヴィアに促されて。彼女はこう言った。「私たちはすべての面で開かれていなければなりません」。

パウル・ザーナー
ドイツのジャーナリスト

デー」が祝われ、いまでもエーランド島の住人はこの日にソリデン城を訪れ、誕生日を迎えた王女のためにセレナードを奏で、花とプレゼントを手渡す。ヴィクトリアはこの伝統的な誕生祝いのやり方が大好きだという。すっかりくつろいで臣民のなかを動きまわり、抱擁し合い、しばしば興奮の手汗で湿った花束を受けとる。子供時代には祝賀のあいさつのあとにお楽しみ会がつづき、しばしば王様自身が進行役をつとめた。いまも祝賀のポップコンサートが隣接するヴァーサ城の印象的な廃墟で開かれている。スウェーデン・ポップミュージックのスターたちは出演のチャンスをもとめて競い合う。

最初のきびしい人生

たいていのテレビ映像では幼いヴィクトリアはいかにも楽しげに見えるけれども、本人の回想ではきわめてまじめな子供だったという。「私は大人たちと交わるのが好きでした」と、王女の家庭教師エリーザベト・タラス・ワールベリと作家アリス・バーとの共著『ヴィクトリア、ヴィクトリア』という本のなかで彼女は述べている。七歳で両親の城館に近いブロンマにある国立の小学校に入学した。子供をごくふつうの学校に入れるという決定は、国王夫妻にとって自明のことだった。ヨーハン・ゲオルク・フォン・ホーエンツォレルンは言う。「コンタクトと交友を結ぶことは、子供たちにとってきわめて大事なことだった。隔絶した城壁の奥で家庭教師に学ぶのは、もはや時流に合わないだろう」。

もともとヴィクトリアは入学を楽しみにしていた。しかしまもなく気づいたのは、なにか変だということだった。級友たちが見たところ難なくことばの綴りや文章を書いていくのに、王女には文字がちんぷんかんぷんなのだ。一所懸命に努力してなんとか書かれたテキストにはついていっても、書き取りはまちがいだらけだった。ヴィクトリアには先天的な読み書き障害《レガステニー》があった。

> 私は自分がとても愚かだと感じました。級友についていくためには、とくにきびしく勉強しなければなりませんでした。私はほんとうに学校で最低の劣等生だといつも感じていました。
>
> ヴィクトリア

これは彼女の父親も苦闘させられた障害だった。「ひどいフラストレーションに苦しみました」と、のちにヴィクトリアはその時代をふりかえる。「私は長いあいだ考えていました、これは自分がいけないのだ、私は充分じゃなく、ただのばかなんだと」。

転校と、とりわけ集中的な訓練のおかげで、ようやく王女は授業の内容についていき、教材を楽しめるようになった。そのために支払った代価は高かった。「ほかの生徒がカフェに行っているとき、私は帰宅して勉強しました」。だが苦労の甲斐はあった。十三歳でヴィクトリアはストックホルムのエンスキルダ高校《ギムナジウム》に入学し、好成績で卒業した。はやくも少女時代に彼女はひたむきな努力が報われることを学んだ――国王の座に着くためには非常に役立つ教訓だが、ときには肩の荷が重くなることもあるだろう。「すべてをほかの人よりも良好に、かつ細心に行なわなければならないと、私はいつも心がけています」と、例の本の取材にあたって、教師のエリーザベト・タラス・ワールベリに彼女は語っている。「私の言動はすべて、思いがけない結果を引きおこしかねません。だから私は、なににについても二度じっくり考えることをやめられません」。

十五歳からヴィクトリアは両親のいくつかの公式行事に参加するようになった。少女はすこしずつ君主としての日常に引き入れられた。「夜になって両親がいつも疲れて帰ってくるわけが、初めてわかりました」と、いまヴィクトリアは笑って言う。何時間も傾聴しつづけ、しかも相手の言ったことを覚えておくことが、どんなにたいへんなことか、それを彼女は身をもって知った。さっき聞いたことについて質問されるのは、よくあることだから。十代のころは公式行事に出るのが、はじめはとてもいやだったと、後継王女は回想する。「人前で手を振ったり話したりするのが、はじめはとてもむずかしかった」。母親が秘訣を教えてくれた。あなたの微笑みや握手をもとめる国民がいることを、心から喜びなさい。この助言を彼女は今日まで肝に銘じている――成功裏に。とはいえカール・グスタフ王とジルヴィア王妃は行事日程がヴィクトリアにとって過重にならないよう配慮している。どうしても必要な学習時間を考慮するからこそ、趣味や交友に割く時間も娘に残してやりたい。国王夫妻と後継王女は火曜日にストックホルムの宮城で宮内官と会同するのがしきたりになっている。そこで今後のスケジュール、王族のだれがどの行事に出席するかを話し合う。いまでは後継王女が宮廷を代表することがだんだん多くなってきた。

権力なき君主制

一九九五年七月十四日、ヴィクトリアは十八歳になり、それによって成人に達した。スウェーデン憲法により、この日から彼女は、父王が死去するか、あるいは退位したときには、王位を継ぐ資格を得た。誕生日の前夜、カール・グスタフ十六世は彼女に大勲位たるセラフィーヌ勲章を授与した。「この勲章がきみに将来の責任を想起させるように」。翌日、公式の式典が王宮の広間で行なわれ、そのようすをテレビがライブで全国に中継した。広間の衆目を浴びながら、後継王女は青のドレスにきちっと結いあげた髪型で登場し、先祖の銀の王冠のかたわらに立った。首相以下の閣僚、貴賓、多数の親族、王と王妃が固唾を呑んで見守った。半年前にヴィクトリアは、この儀式のことを思うとぞっとする、はやく終わってしまえばいいと、弱音を吐いていた。しかし、若い王女には荷が重すぎるのではないかという懸念をよそに、ヴィクトリアは落ち着いて、自信のある態度を見せた。彼女のスピーチは父親に宛てたもので、その目はしっかりと両親に向けられた。「陛下、愛するパパ！　人が成人に達する日は、だれにとっても大きな変化を意味しています。なぜなら、この日から人は自分の将来にみずから責任を負うからです。でも私にとってこの日は、将来は国王と王妃のために国家元首としての重要な仕事を手伝うことも意味しています。――私は自分に授かった教育を両親に感謝します。私はスウェーデン王室、国会、スウェーデン憲法につねに忠実であることを誓います」。

大喝采をもって後継王女の初演の成功は報いられ、ほっとしたヴィクトリアは両親とともに宮城の前で群衆の歓呼を浴びた。

成人とともにヴィクトリアには王位継承者としての「公式の」教育もはじまった。一九九六年十月に、彼女は西フランスのアンジェーにあるカトリク・ドゥ・ルウェスト大学のフランス語科に入学した。たしかに外国語は、国の代表者がマスターすべき、最も重要な能力のひとつだ。すでにヴィクトリアは完璧な英語を話し、母親の母語であるドイツ語もすらすらと理解できた。ストックホルムでは王立芸術・歴史博物館での実習がつづいた。国会では当時の首相ゴラン・ペルソンのもとで客員議員をつとめた。教育の大部分を軍隊で履修した父親とちがい、つとめて宮廷が若い王女に教えようとしたものには、国王としてマスターすべき事柄もあった――たとえ皮肉屋が、王様に必須の芸は、興味深げな顔をして退屈な演説を聞くことだ、などとからかっても、やはりそれだけではすまない。たとえば、どんなことをノーベル物理学賞受賞者と話すか、いかにしてイギリスの女王との会話で文法の誤りを避けるか、対面するかもしれない世界の現国家元首の名前をどうやって覚えるか。とりわけ必要なのは持久力で、何時間もつづく接見、演説、表彰のあとに覚える鉛のような疲労は、世界じゅうの王冠を戴く元首がいやというほど知っている。

伝統的な国王の義務と権利については、それほど苦労することはない。なにしろスウェーデン国王はカール・グスタフ十六世の即位以来、形式上の国家元首にすぎなくなったから。一九七三年の彼の即位は、スウェーデン人が待ちこがれた、時代遅れな憲法の近代化と結びついていた。前の国王、カール・グスタフの祖父は九十二歳で死去した。その在世中には、古色蒼然とした憲法——それより古いのはアメリカの憲法しかない——の改訂を、政治家は国王の老齢を慮《おもんぱか》って先延ばしにしていた。だが新王の即位は議会と王室との関係を根本的に刷新するチャンスになった。古来の二院制議会は今日の国会に統合され、政治責任はその国会に全面的に移譲された。ではどんな仕事がまだ国王に残っているのか？　もともと王としての国家元首はとっくに無用の長物になっていた。理論的にはスウェーデン国王は政治の大権を保持していたが、国王がそれを行使することは絶えてなかった。とりわけ政権党である社会民主党としては、王政を廃止することになんの問題もなかっただろう。しかし大言壮語にもかかわらず——国民の意思

20世紀の主要政治勢力となったスウェーデン社会民主党は、王政廃止を政策に掲げていた。少なくとも綱領の上では現在もそうである。しかし他方では、スウェーデン人の圧倒的多数が共和派でなく、王党派であることを知っていた。スウェーデン人は大統領を望まず、国王を保持したがった。

ディック・ハリソン　歴史家

王室がこの新しい役割に、国王がもはや政治権力を有しないということに、なんらかの異議があるとは感じられなかった。そうなったら事態は非常に紛糾したことだろう。いまではなにが王室の任務であり、なにが王室の任務でないか、明確に定義されている。双方——議会と王室——とも、当時それに満足したと、私は信じている。

イングヴァル・カールソン　元スウェーデン首相

を無視するまでの勇気はなかった。

たしかに七〇年代の王室の人気度は、いま享受しているような高得点とはほど遠かった。それでもスウェーデン人は王室の存在そのものは尊重していたから、カール・グスタフを市民の列に降ろすことには反対しただろう。「スウェーデン人は大統領を望まなかった——おおむね国民は王を保持したがった」と歴史家のディック・ハリソンは述べる。長年首相をつとめたイングヴァル・カールソンは当時憲法改定にたずさわった。改定に先立つ長年の葛藤は、いまも彼の記憶に焼きついている。「結局われわれは妥協を決断した。王政は存続するが、国王はすべての政治権力を失った」。旧憲法は「国王のみが国家を統治する権利を有する」という文言ではじまっていたが、新憲法では「すべての国権は国民より発する」に変わった。ベルナドット王家はこの権力の喪失にさからわなかった——まったく逆。カール・グスタフは自分の権利と義務が新たに公式に定義されたことに、深く安堵さえしているようだった。どっちみち若い国王は政治に情熱を燃やすようなタイプではなかった。

車をぶっとばすほうがカール・グスタフにとっては書類と取り組むよりもずっと楽しかった。そんな国王でも、王冠を保持したければ、時代に相応した憲法を認めなければならないことぐらい、とっくにわかっていた。こうして七代目のベルナドット家の当主は、千年以上つづいた統治するスウェーデン王政の伝統を、一九七四年一月一日から発効する新憲法によって終わらせた。それ以来、スウェーデンの君主が果たすべき義務はたいへんわかりやすくなった。国王は国会の開会を宣し、枢密会議で現下の政治問題について情報を受け、大使を信任し、軍の最高の地位に就くが、もちろん軍隊を動かすことはできない。その地位はきわめて時代に相応したもので、これにくらべると他のヨーロッパのいくつかの王室には、まだかなりの権力が残存している。たとえばイギリスでは、法律を発効させるにはいまだに国王の署名が必要なので、エリザベス女王は少なくとも理論的には最大の政治的影響力をふるうことができる。ノルウェーの国王も拒否権を行使して議会の決定を延期させることができる。そういうことはスウェーデン国王にはいっさい許されない――それどころか。彼はいかなる政治的発言もひかえなければならない。この猿ぐつわは憲法に明記されているわけではないが、不文律として、王族の発言は儀礼的なスモールトークにかぎらなければならない。この限界を越えないことが、いかにむずかしいか、それを後継王女ヴィクトリアも体験することになるだろう。

すでに彼女の父親はそのことで高い授業料を払った。二〇〇四年二月にカール・グスタフ十六世はブルネイ王国を訪問し、国王《スルタン》が国民と親しいことを賞賛した。おそらく彼は事前に充分な情報を受けていなかったのだろう。なにしろブルネイの国王《スルタン》ハジ・ハッサナル・ボルキアは何十年も国を専制的に支配していたのだから。選挙がないばかりか、刑罰は中世を思わせるようなしろもので、国王は国民の負担で贅沢三昧に暮らしている。スウェーデン国王の軽率な発言はスウェーデン国内に憤激の嵐を巻きおこした。この取りかえしのつかない発言をラジオが全国に放送し、共和派は好機到来と奮いたった。これは久しく待っていたストックホルム王朝転覆のチャンスではないか？　カール・グスタフは憤激の波を静めるために最善を尽くし、国に争論を引きおこしたことを公式に謝罪した。人権をないがしろにする意図はまったくないと。基本的には国王は外務省の役人が書いたものを口写しに語ったにすぎなかった。もっとも彼は原稿を最後まで読まなかったようだ。そこではブルネイの民主主義にたいする理解不足にも明確に言及していたから。

本来なら、この事件で国王が気まずい思いをするのは、自分の自主性のなさがはっきり示されたことだろう。しかしベルナドット王家にとって事態の最もやっかいな結果は、この数年静まっ

私はなんと言って、みなさんをお助けすればよいのでしょうか……たくさんの子供たちが親を失いました。私自身もそのような子供でした。父が飛行機事故で死んだとき、私はまだ赤子でした。父親なしに育つことがどういうことか、私は知っています。

カール・グスタフ
津波災害のあと

ていた王政の意味と無意味をめぐる論争を再燃させたことだった。そして一年もたたないうちに、またもやスウェーデン政府とひと悶着があった。二〇〇四年のクリスマス休暇中、南東アジアの壊滅的な津波で六百五十二名のスウェーデン人が死んだとき、国王カール・グスタフは歯に衣を着せなかった。彼は政府の危機管理能力の欠如を批判し、政権にある社会民主党から、日常政治にかかわるなと警告された。だがカール・グスタフは、彼にそんなことをできるとはだれも思っていないことをやってのけた。国王はきわめて感動的な演説を国民にむかって行ない、父のいない自分の寂しい子供時代を語り、たがいに助け合い、共感し合うよう臣民に訴えた。それ以来スウェーデン国民は、以前より固く君主を支持している。「この演説で国王は全国民をひとつにした」と、ある津波の女性被災者は評した。

大きすぎる負担？

それでもなお——自分たちが薄氷の上を歩いていることを、ベルナドット王家は知っている。スウェーデン人の贔屓《ひいき》は移り気で、公開の場でのへまな言動がたちまち人気度をどん底まで落としかねない。それだけに、感情の面だけでなく、国民の経済的繁栄に資する機能も重要になってくる。というわけで王室は、ＩＫＥＡ《イケア》、ＡＢＢＡ《アバ》、あるいはＨ＆Ｍとならんで重要なスウェーデ王様がこんなに優れたＰＲ道具なのに、なんでわれわれは王政を廃止しなければならないのか？

ヘルマン・リンドクヴィスト
歴史家

数年前に私はスウェーデンの国王にかかるコストとフィンランドの大統領にかかるコストを比べてみた。すでにその時点でもフィンランドの大統領のほうがスウェーデンの国王より高くついた。

エリーザベト・タラス・ワールベリ
スウェーデン王宮広報官

ンのヒット輸出品目としての役割を果たすべく、つねに尽力している。毎年王族は世界各地を旅行して、スウェーデンの宣伝につとめている。人口九百万足らずの北欧の小国は、世界から注目されることがぜひとも必要だ。そしてスウェーデン国王の外国訪問がもたらすメディアの注目は、スウェーデン企業への高額な注文を引きだすきっかけになる。「余人には閉ざされた経済の門戸を、国王は開けることができる」と元首相イングヴァル・カールソンは君主の仕事を賞賛する。

スウェーデン外務省のヤン・エリアソンは王族の外国旅行にたびたび同行した。「王族はいたるところで大歓迎される。とくにブラジルとドイツに旅行したときは、ジルヴィア王妃と後継王女がとりわけ愛されていることを、私はくりかえしこの目でたしかめた」。数年ごとに交代する「ふつうの」大統領では、これほどの人気はけっして得られないだろう。スカンディナヴィア諸国で唯一王朝のないフィンランドは、そのことを身にしみて知っている。外務省のヤン・エリアソンは語っている。フィンランドの同僚は、王様のいる隣国が外国からの絶大な注目を引きつけることを、うらやましがっていたと。

王族の年間行事スケジュールでいちばん重要な日付は十二月十日だ。この日、スウェーデン国王は伝統にのっとって医学、化学、物理学、文学の各ノーベル賞を授与する。一八九六年十二月十日に死んだダイナマイトの発明者アルフレッド・ノーベルは、莫大な財産を基金にして、その利息をもって前記の分野に最大の貢献をした科学者を顕彰するよう遺言した。ストックホルムの市庁舎で行なわれる授賞式は、世界じゅうで毎年恒例の報道テーマになっている。どんなに気むずかしい合理主義者でも、当夜の特別な雰囲気には抗しきれないだろう。勲章を飾った制服の国王が賞を授与する。そのかたわらに優美な王妃と魅力的な王女たちが居並ぶ。ハンサムなカール・フィリップ王子が華麗な光景を完成させる。「王族がそこにいることは、全体をまったく特別なものにする」と二〇〇六年のノーベル物理学賞受賞者ジョージ・F・スムートは語る。「なしうるかぎり最高のレベルに達したセレモニーにおいて、授賞式が演じられる」。受賞者がなにをもって顕彰されるのか、それを王族たちがどこまで理解しているかは、神のみぞ知る――とくに自然科学分野のノーベル賞については、どっちみち小数の専門家にしか理解できないだろう。いずれにしてもノーベル賞授賞式はスウェーデンの王室を世界でいちばん知られた王室に押しあげた。ベルナドット家は毎年やってくるこの特別な日を楽しみにしている。マドレーヌ王女は一九九七年の授賞式で公式の場にデビューした。自分たちがこの日、世界じゅうの新聞やテレビに登場することを、王族は認識しており、それが自国の知名度を高めることを知っている。これには生粋の民主主義者といえどもため息をついて見ているしかない。「王族の伝統が人びとを熱狂させる」とニーナ・ルーゲは言う。「広大な領地、城館、狩猟、猟犬、陶磁器、クリスタル、大饗宴、優雅な夜会服。つまり、すべてが『シシー〈十九世紀オーストリア帝国の皇妃エリーザベトの愛称〉』映画でおなじみのものなのだ」。

しかし『シシー』映画のなかに産み落とされたものは、それをどう感じるだろうか？　世継ぎの王女ヴィクトリアはずっと自分の役割を快く感じていたようだ。学校の勉強に苦労したことをのぞけば、ベルナドット家の第一子について、これといった問題はいっさい聞かれなかった。後継王女ヴィクトリアが大人の人生に支障なく移行する準備は、すべてととのっているように見えた。両親は娘を力のかぎりささえ、女官や助言者が手助けした。ヴィクトリアは明朗でのびのびとした自然児で、人に好かれる円満な女王になるための最善の道を歩んでいた。ところが突然すべてが激変した。子供のころからヴィクトリアは肥りぎみだった。「でぶ」とまでは言えないけれど、ほっそりとしなやかな妹のマドレーヌとくらべ、華奢なお姫様のイメージとはいささか遠かった。いま、一九九七年、その豊満なところがプラスにはたらいた。彼女はグラマーな若い女に成長し、豪奢な夜会服を難なく着こなせる体型になった。しかし本人は自分の体を好きになれなくなった。スウェーデンにかぎらず、その年ごろの若い女性によくあるメカニズムが進行した。ヴィクトリアは拒食症におちいった。

はじめはほとんどだれも気づかなかった。後継王女は大人になったのだし、ほんの数キロ痩せたところでどうということもないだろう。宮廷の裁縫師は最善を尽くし、王女がすぐ脱ぎ捨ててしまう衣服を体に合うようにとりつくろった。しかしだんだん公衆の目にも、なにか変だとわかってきた。一九九八年十二月十日のノーベル賞授賞式で、それはもはや見過ごせなくなった。ヴィクトリアは骨と皮ばかりになっていた。目は落ちくぼみ、かつては周囲を魅了した輝くような笑みは、おどおどした表情に変わっていた。もはや豪奢なビロードの夜会服も、後継王女の健康が危険な域に達しているのを隠せなかった。ジルヴィア王妃とカール・グスタフ王は非常ブレーキを引いた。国王夫妻は娘のかかえる問題を包み隠さず、ヴィクトリア王女に健康問題があることをメディアに公表した。同時に夫妻はジャーナリストの責任感に訴え、ヴィクトリア

ヴィクトリアが年齢とともにどれくらい肥ったか、あるいは痩せたかを、私たちは観察してきました。たいていの親のように夫と私も自問しました。なぜなのか？でも変化は突然で、急激に進みました。ヴィクトリアはそれを自分では説明できませんでした。私は詳しい情報を集め、このテーマの本をたくさん読みました。それはたいてい、利発で知的な少女に、高い要求を自分に課し、非常に高い期待を寄せられる少女におこります。それによってこの少女はすさまじいプレッシャーにさらされがちになります。ヴィクトリアは非常に有能です。人びとはそれを感知して、非常に多くのことを彼女に期待しました。ヴィクトリアはそれを感じ、絶望して食を断ったのです。

ジルヴィア　2000年

問題の解決策はアメリカ滞在だった。ご両親は定期的に彼女をアメリカに送り、そこで静かに学べるようにしてあげた。スウェーデン国内ではメディアが後継王女に非常に関心を示した。とくに彼女が健康ではないときに。アメリカ滞在は解決策であるだけでなく、救済でもあった。

エリーザベト・タラス・ワールベリ
スウェーデン王宮広報官

アメリカではすべてがちがっています。そこには初めて家を離れる若者が、だれでも享受したがる自由があります。

ヴィクトリア
2001年

に治癒のチャンスをあたえるため、自粛してくれるよう要望した。「それを知ったときはショックでした」とジルヴィア王妃は二〇〇〇年のあるインタビューで言った。「私はしばしば自問しました。私はどんなあやまちを犯したのだろうか、どこに病気の原因があるのだろうかと。でも答えは見つかりませんでした。それでももちろん、私は自分を責めました」。家庭内の問題をこれほど自由かつオープンに語った王室は、ほかにはほとんどないだろう。国王夫妻はベルナドット家の威信よりも、娘の人生を重視したのだ。「われわれプレスは、王女をそっとしておかなければいけないことを了解した」とアグネタ・ボルメ・ベリエフォルスは言う。「私の知るかぎり、この件を追跡したスウェーデンの新聞は一紙もなかった。そんなことをスウェーデンではひとりも望まなかっただろう」。

どのように王と王妃はヴィクトリアを護ればよいのか？　スウェーデンでは子供でも王女を知っている。

メディア側がどんなに自粛しても、彼女の一挙手一投足が部外者の目にとまり、おそらく論評の的にもなる。考えぬいた解決策はアメリカへの旅だった。そこでは人目につくこともなく、ヴィクトリアは自分自身と自分の将来の役割をじっくり考える時間を得た。この自分の人生にとって重要な歳月をふりかえり、彼女は非常にオープンに語った。「私は高校卒業後、疑念におちいりました。私は自問しました。私の信頼できる友はだれなのだろう？ 私は自分の友情が濫用され、いわゆる友人が私の話をプレスに売ることを、学ばされましたから」。あのころ私は私人ヴィクトリアと後継王女とを協調させられなかったと、いま彼女は言う。私は永遠に周囲から影響を受け、操縦されていると。唯一私がコントロールできるのは、食べることだった。「私は自分の容姿を憎みました」とヴィクトリアは言う。「まるで私が、ヴィクトリアが、まったく存在していないかのように」。

二〇〇〇年にエール大学からスウェーデンに帰国したヴィクトリアは、見るからに落ち着いた、若く美しい女性に成熟していた。アメリカで彼女は、「ヴィクトリア」と「後継王女」とがうまく共存できることを学んだという。

蛙とお姫様

ヴィクトリアの教育現場には、つねに多数のジャーナリストとカメラマンがぞろぞろついてきた。そしていちいち報道した。ヴィクトリア王女殿下は国家元首と面会された、施設を訪問された、展覧会の開会を宣せられた……。後継王女が軍隊で訓練を受け、迷彩服姿で森のなかを匍匐《ほふく》前進しているときも、ジャーナリストがそばにいた。しかしそういうことをいくら報道しても、世間の好奇心はいっこうに満たされなかった。いちばん知りたい問いには答えていなかったから。王女様と恋愛はどうなっているのか？

そのころ、ひとりの若い男が王女の人生に現われた。ダニエル・コレルト、富裕な家庭で育ったハンサムな青年。ぴったりのカップルなのに、なんらかの理由で関係は長持ちしなかった。そしてついに、二〇〇二年がはじまるころから、それまで宮廷筋がまったく知らなかったひとりの男がヴィクトリアと並んでいる写真が、だんだん頻繁に見られるようになった。はしっこいジャーナリストはすぐさまさぐりだした。その男はダニエル・ウェストリングという名のスポーツマ

彼はすごく鋭敏な人で、そういう人がいつも私の親しい友人でいてくれればいいなと思います。

ヴィクトリア
ダニエル・コレルトについて

ンだった。もともとふたりを引き合わせたのはマドレーヌ王女だった。彼女が姉をトレーニングのためにウェストリングの経営するフィットネスクラブに連れだしたのだ。そして見よ——世継ぎの王女はそこがことのほかお気に召した。はじめウェストリングはたんに「ヴィクトリアのフィットネス・トレーナー」として写真に載るだけだったが、その裏にあるものがたちまち明らかになった。それ以来ダニエルの生まれ故郷のオッケルボー——首都から北に三時間の人口六千の町——はにわかに有名になった。そこで彼は両親オーレとエヴァの質素な棟割り住宅で育ち、ほとんどあらゆるスポーツ団体に入り、アイスホッケーとサッカーが得意で、モトクロスでオートバイをぶっとばす。

しかしこれがヴィクトリアのボーイフレンドについてさぐりだせる、ほとんどすべての情報でもあった。彼は賢明にも自分にかんするインタビューにはいっさい応じなかったから。友人や家族も口が固く、しつこい質問にも、彼は「すてきな若者」だと答え、「優しい心根」と「率直な性格」をほめるだけだった。このふたつの特性で、彼はたちまちジルヴィア王妃の共感も得たらしい。王妃は、洩れ伝わるところでは、この青年を一発で好きになったという。自分も平民出身の彼女は、いきなり有名になることがどういうことか、だれより

スウェーデン国民は言う——オーケー、彼女がその男を愛しているなら。たぶん彼が持っているのはフィットネス・スタジオしかなく、たぶん彼は天才でもないだろう。しかし肝心なのは愛だ。彼女が彼を好きならば、親もそれを祝福すべきだ。

パウル・ザーナー
ドイツのジャーナリスト

もよく知っている。しかしとくに彼女が注目したのは、ダニエルが娘の気分を爽快にしたことだろう。ダニエルが現われてから、拒食症、多食症、その他の食事障害はいっさい問題にならなくなった。その正反対。後継王女はきらきら輝き、見るからに元気はつらつとしている。スウェーデンの女性ジャーナリスト、アグネタ・ボルメ・ベリエフォルスは何十年も王室を取材しているが、ヴィクトリアの成長ぶりを喜んでいる。「彼女とダニエルを撮った写真を見るたびに、彼女がそのつど美しく幸福そうになっているのは見のがせません」。

いまでは大多数のスウェーデン人が、平民のダニエルを身分ちがいだと思うかという問いに、ヴィクトリアは自分の心にしたがって、愛する男性と結婚すればいいと答える。他のヨーロッパ諸国で発行されている、ロイヤル・ライフが売り物の紙誌も、ヴィクトリアが王侯貴族と結婚の祭壇に並ぶのを見たいという願望を、しだいにあきらめるようになった。かつてはあれこれの結婚相手を推測することができた。結婚適齢期の貴公子はほとんどひとり残らず、モンタージュ写真でヴィクトリアの横に並ばされた。スペインのフェリペ、オランダのウィレム・アレクサンデル、その他のプリンスがポケットから指輪をとりだして、スウェーデンのロマンティックな夜空の下でヴィクトリアの指にはめる物語がでっちあげられた。ただ、たしかにプリンスたちはつぎからつぎに指輪をとりだしたが、それをはめたのはいずれもべつの女性の指だった。こうしてこの数年でまだヨーロッパに残っている適齢期の独身プリンスは、イギリスのウィリアムとヘンリー（ハリー）ぐらいのものになってしまった。ヴィクトリアはどの王侯貴族の結婚式でも美しく輝くゲストになったが、彼女自身はいつもひとりで出席した。

それでもなお、とくにドイツのゴシップ週刊誌は、目前に迫った婚約や結婚、破れた恋や妊娠といった物語を、飽きもせずに特集記事に掲げた。ダニエルについては反目や別離にかんする噂ばなしが、手を変え品を変えてまきちらされた。たとえば週刊誌『7ターゲ』は二〇〇三年六月に、ヴィクトリアは恋人の求婚を拒否したと報じた。それだけでは終わらず、そのシーンもまことしやかに描写された。「宵闇がしだいにストックホルムの屋根に沈むころ」と記事は歌いあげる。「ダニエル・ウェストリング(29)は深紅のキャンドルを灯し、彼女の目をじっと見つめた。『愛する人よ、ぼくと結婚してくれ！　ぼくはこれ以上待ちたくないし、待つこともできない』。しかし王女の反応は予想外だった。涙に目をうるませて彼女は立ちあがった。『私にはできない、残念だけど』。彼女はかすれ声でそう言うと、バッグをつかんで恋人の家から逃げだした」。この話の情報源について『7ターゲ』は当然ながら沈黙した。かねてからスウェーデン王室はこの種のでっちあげストーリーにたいし、弁護士を通して対抗した。しかしその効果はかぎ

ドイツの週刊誌は写真を偽造することに信じられないほど長けていて、しょっちゅう許容できる限界を超えてしまう。つい先ごろも、あれこれのドイツの雑誌を読んだところ、ロジャー・ムーアは王女の父親であるだとか、ヴィクトリアとマドレーヌは新興宗教の信者であるだとか、カール・グスタフ王に愛人がいるだとか書いてあった。

エリーザベト・タラス・ワールベリ　スウェーデン王宮広報官

バスケットボールの試合を観戦するヴィクトリアとダニエル
(2003年10月3日、ストックホルム)
(Photo：AFP ＝時事)

られている。たとえば『ダス・ノイエ・ブラット』紙は、ほとんど三年前にでかでかと第一面に打った大見出しを、こんなあいまいなことばで撤回した。「『ダス・ノイエ・ブラット』〇三年八月十三日・第三十四号の第一面で本紙は以下のごとく報じた。『ヴィクトリア、ダニエル、緊急に結婚。王女にベビーができたので』と。この主張を本紙は虚偽として撤回する。スウェーデンのヴィクトリア後継王女とダニエル・ウェストリング氏との結婚は未定である。ヴィクトリア後継王女は妊娠もしていなかった」。

いったいヴィクトリアのハートのジャックのどこがスキャンダラスだというのか？　この青年はまばゆいほどハンサムで、彼を知っている人びとの話では、気だてがよくて信頼できる。彼はアルコール、脂っこい食物、タバコを避け、王女とともに人前に出ても、顰蹙《ひんしゅく》を買うようなへまはけっしてしない。「傷」は平民出身ということだけ。それは三千年紀に入ったいま、いかにも時代遅れな感覚だろう。

王侯の愛

しかし、王族の婚姻が愛ではなくて、冷徹な打算によって結ばれた時代が過ぎたのは、まだそれほど遠いむかしのことではない。「スウェーデンの歴史において名前の知られた五十四人の王妃のうち、愛によって結婚し、幸福だった女性は二人しかいない」と歴史家ヘルマン・ランドクヴィストは言う。「ひとりはカリン・マンスドッテル、エーリク十四世の花嫁で、同王は十五世紀に勇敢にも獄卒の娘を妻にした。もうひとりは現王妃のジルヴィアである」。

スウェーデン王族の歴史には悲劇的な愛の物語がいっぱいあり、いちばんよく知られているのはグスタフ・アドルフ二世の悲恋だろう。「北方の獅子」と呼ばれ、三十年戦争でヨーロッパを不安と恐怖におとしいれた同王には「真夜中の獅子」という異名があり、恋の猛将でもあった。王は平民のエバ・ブラーエに夢中になったが、ドイツ諸侯の令嬢、ブランデンブルク家のエレオノーレと結婚せざるをえなかった。愛するエバ・ブラーエが王に残したものは、ダイヤモンドの指輪を添えてストックホルム城の窓に刻まれた、諦念を詠う二行詩のみだった。「わが運命に満足し、神の慈悲に感謝する」。

ヴィクトリアの曾祖父は、同じ身分同士の結婚しか許さないと厳命して、ふたりの息子を苦悩させた。グスタフ・アドルフ六世王は平民女性を愛したふたりの息子から、いっさいの貴族の称号を剥奪した。シグヴァルト王子はベルリンの平民女性と結婚し、それからはベルナドットの姓しか名乗れなくなった。弟のヨハン王子も美しいスウェーデン女性のために貴族の称号を捨てた。ボーデン湖の花の島マイナウの主として有名な王の甥のレナルト公も、貴族でない女性との結婚式の日に、王族の権利と称号を失った。これら元プリンスたちは「懲罰」を甘受して、自分の決意を貫いた。グスタフ・アドルフ六世の頑固さは、王子として残された最後の息子ベルティルにも容赦はなかった。この人物は当時まだ未成年だったカール・グスタフのほかに、王位を継承できる唯一の王族だった。このベルティル王子も平民女性に惚れこんだ。彼のハートのクイーンはイギリスの芸人リリアン・クレイグだった。彼女は王子の生涯の恋人になった――やはり悲劇をまぬがれない愛。なぜならベルティル王子は厳格な家父長の意志にしたがい、リリアンと結婚しなかったから。ふたりはいっしょに暮らし、夫婦生活を営んでいるのは公然の秘密だったが、公式にはリリアンは「家政婦」とされた。父親が死に、甥のカール・グスタフが結婚したあと、ようやくベルティルとリリアンは一九七六年に感動的な結婚式を挙げた。その後ふたりは二十年以上、ベルティルが死ぬまで幸福に暮らした。いまや高齢のリリアンは、おそらくいちばんポピュラーな王族になっている。彼女は多くのスウェーデン人から親しみをこめて「ロッキー・グランマ」と呼ばれ、そのジョークと当意即妙の機転でたいへん人気がある。

カール・グスタフ十六世も、平民の女性で、あまつさえドイツ人のジルヴィアに恋したときは、宮廷内の批判にさらされた。しかしジルヴィアが最初の日から見せた自然な高貴さは、たちまち

> 正直に言うと、あらゆる状況のなかで、失敗しないために、どのようにふるまうべきか、とてもむずかしいことがあります。父はそれを自分の父親から学ぶことができませんでした。母もそうです――ふたりは結婚してそういう状況にとびこんだのです。
>
> ヴィクトリア　2001年

スウェーデン人の疑念を静めた。実際ジルヴィアの「ふつう」の出生が彼女の威信を弱めることはなかった。しかし女性が「身分ちがい」の男性を選ぶとなると、話はちがってくるものらしい。ともかくスウェーデンのヴィクトリア王女には、いかなる不平屋や不満屋も文句を付ける気がなくなったようだ。ヴィクトリアはこれ見よがしに自分とダニエルのイニシャルを彫ったペンダントを頸にさげ、すこしずつ、だがしだいに頻繁に自分の意志を押しとおし、近ごろでは公式の場にも恋人を同伴するようになった。二〇〇六年、ダニエルは国王の六十歳の誕生祝いに招かれたときに騎士の叙任を受けた。厳格な父親も、だんだんダニエルを事実上の義理の息子として遇するようになったらしい。

ヴィクトリアは自分の意志を貫いた。静かに、少しも騒がず、だが断固として、成功裏に。「彼女は成熟しました」とニーナ・ルーゲは言う。「まだなかなか女王にはならないでしょうが、嵐の時代は彼女には終わりました。彼女は王位を継ぐ準備ができています」。しかし事態がこのままますんなり進むとはかぎらない。イギリスのウィリアム王子とケイト・ミドルトンとの意想外の別離は、未来のヨーロッパの君主が、自分の愛の道をいつでも修正することが充分にありうることを、如実に示している。たとえ婚約者と目される女性の肖像が、すでにコーヒーカップと受け皿に焼きこまれていても。

「女王ヴィクトリア一世」

スウェーデンの王朝はどこへ舵をとるのか？　どこへ向かうにせよ、この北欧の国は予測可能な時期に、若々しい近代女性を国家元首に戴くことになる。現国王のカール・グスタフ自身が非常に気さくな君主で、民衆との接近をいっこうに恐れない。その娘がもっと国民と親しくなることはまちがいない。宮廷史家ヘルマン・リンドクヴィストはＺＤＦとのインタビューで、近ごろ目にした、いかにもヴィクトリアらしいふるまいを、つぎのように語った。「昨年、国の祝祭日に、私は王女と面会した。彼女は公式行事からもどってきて、花束を手にしていた。すぐに彼女はこの花を生けはじめた。剪定したり、新鮮な水に浸けたり、水が冷たすぎないかどうかたしかめたり。このように、彼女は花を贈られた女性がだれでもするとおりのことをしながら、私の質問に応じて間近にせまったパリ訪問について話した。その間も花器をさがすため椅子の上にあがったりする。ことほどさように、彼女は花をさっさとだれかに手渡してしまうのでなく、贈り物として尊重した」。

190年にわたりベルナドット家はスウェーデンの玉座についている。ヴィクトリアが平民と結婚すれば、貴族としてのベルナドット家が消えるだけでなく、配偶者の陰で上流階級に成り上がろうとする野心家も現われるだろう。

ペール・アンデルソン
歴史家・作家

いずれにしてもそれは実験である。これまでヨーロッパで君臨した女王は、つねに身分に相応した男性を選ばざるをえなかった。いまわれわれが前にしているのは近代的な若い女性で、彼女はこう言っている。「私は自分の心にしたがう。私は自分に課された任務とすでに充分に取り組んでいる。だから私は人生でいちばん大事なことまで他人に決められたくない」。

ニーナ・ルーゲ　ZDFリポーター

ジャーナリストのアグネタ・ボルメ・ベリエフォルスは一年を通して王室のさまざまな状況を取材してきた。そのときカメラに収めた映像は、クリスマスにテレビで放映されるのが恒例になっている。彼女はベルナドット家に同行して、ある農家を訪ねた日のことを回想する。取材班が最高のモチーフをもとめてきょろきょろしているうちに、ヴィクトリアはさっさと行動に移り、家畜小屋の前に駆けてゆき、豚がいるかどうか見に行った。「豚は四方八方から彼女に駆け寄ってきた」と女性ジャーナリストはそのシーンを描写する。「彼女はさっとしゃがみこんで、まったく平静だった。五十頭の大きく成長した豚にかこまれたら、私ならあんなに平気ではいられないと思った」。

しかしヴィクトリアの天性がいかに自然でも、その前途には難関が待ちうけている。王政の必要性がますます強く疑問視される時代に、王朝を維持するという難関が。とくに宮廷と王族にかかるコストが、すでにいま再三にわたり議論を燃えあがらせている。だがスウェーデンの歴史家ディック・ハリソンは、カール・グスタフ十六世からヴィクトリアへの代替わりがスウェーデンの王朝を強化すると見ている。「スウェーデンには統治する女王にかんする真の伝統がない。そこにはまったく新しいものがある。そして人びとはそれを好むだろう」。ドイツのジャーナリスト、パウル・ザーナーも同じ意見だ。「女王が君臨することになれば、人びとは王室をとくに愛するようになるだろう。そのことはイギリスのクイーンやオランダのベアトリクスを見ればわかる」。

ヴィクトリアにとっては、弟と妹をどこまで王族の日常に組み入れられるか、ということも課題になるだろう。最近ではますますはっきりと、ふたりの王の子供たちが王室批判の的になってきた。かれらの役割はまことにうらやましいものだ。かれらは特権を享受しながら、それに報いる仕事をする必要はない。「パーティ・プリンセス」と揶揄されるマドレーヌとスピード狂を咎められるカール・フィリップは、宮廷の日常においてなんらかの役割を保持しなければならない。後継王女ヴィクトリアは弟妹にたいする責任も自覚している。

後継王女は二〇〇七年七月十四日に三十歳の誕生日を祝った。いつでも王位を継げる年齢と言えるだろう。だが彼女は父親の健康が贈ってくれる猶予期間を享受している。国王カール・グスタフは二〇〇六年に六

> 彼女は誠実に生きる道を、国民と連帯する道を歩んでいる——しかも同時に彼女は自分の特別な役割も心得ている。この道を彼女は魅力と自覚をもって歩んでいる。これは30歳そこそこの女性にしては、きわめて非凡なことだと私は思う。
>
> ニーナ・ルーゲ　ZDFリポーター

十歳の誕生日を迎えたときのインタビューでこう述べている。「ヴィクトリアが二十七歳になったとき、私は彼女に言った。『私がきみの年齢で祖父から王位を継いだことを知ってるかい?』。すると彼女はとてもショックを受けた。まだ自分はそこまで成熟していないと、彼女は感じていた——しかしそんな成熟はありえないのかもしれない。ひとたび王になれば、死ぬまで王なのだ。だからヴィクトリアはじっくりと任務への心がまえをすればよい。それが彼女にとってもスウェーデン人にとってもよいことなのだ」。

圧倒的多数のスウェーデン人は「女王ヴィクトリア一世」を楽しみにしている。「彼女は自分の仕事を愛している」と彼女の教師ヘルマン・リンドクヴィストは言う。「彼女は国を愛しており、けっしてスウェーデンを見捨てないだろう」。

ベルナドット家の人びとはほとんどみんな長命だ。カール・グスタフ十六世も長寿に恵まれるなら、ヴィクトリアがスウェーデン王政の全責任を引き継ぐまで、あと数十年はあるだろう。そしてたぶん、落ち着いて家庭を築けるだろう。自分の子供にあたえたい、いちばん大切なものはなにかという質問に、彼女は「時間」ときっぱり答えたことがある。ではだれと子供をつくるのかという決断には、いますこし時間がかかりそうだ。

SPAIN

皇太子と女性ジャーナリスト

スペインのフェリペとレティシア

イースター休暇を過ごしたパルマ・デ・マリョルカでミサを終えて。
レティシア、ソフィア、フェリペ、フアン・カルロス、小さな姉妹
は皇太子夫妻の長女レオノール（右）と次女ソフィア
（2010 年 4 月 4 日、バレアレス諸島、スペイン）
（Photo：AFP ＝時事）

二〇〇四年五月二十二日、本年最高のロイヤル・ブライダルが挙行されんとしていた――スペインの皇太子フェリペとテレビジャーナリスト、レティシア・オルティス・ロカソラーノとの結婚式。招かれた千四百名の賓客――王侯貴族、大統領、政府首班、その他のエリート――がマドリードのアルムデナ司教座大聖堂に参集した。十億を超える人びとが、世界じゅうでこのスペクタクルをテレビ画面で見守った。父のスペイン国王フアン・カルロス、母のソフィア王妃、その他の親族とともに、フェリペ・フアン・パブロ・アルフォンソ・デ・トドス・ロス・サントス・デ・ボルボン・イ・グレシア――というのが花婿のフルネーム――は、午前十一時すこし前に大聖堂の前に到着した。マドリード大司教ロウカ・バレラ枢機卿が王族を教会の正面玄関で出迎え、連れだって教会の身廊を祭壇に向かって進んだ。賓客が席に着くあいだ、スペイン陸軍の濃紺の礼服を着用したフェリペは立ちどまり、花嫁の登場を待った。しかしその気配はなかった――いっさい。なんども王子は大聖堂の入り口を見やった。しかしレティシアは現われない。しだいに列席者のあいだに動揺がひろがった。花婿も目に見えてナーバスになった。ひょっとしたらレテイシアになにかあったのか？

　このとき多くのスペイン人のひそかな危惧が想い起こされた。イベリア半島の神秘信仰が根強い国では、少なからぬ人びとが、フェリペとレティシアとの結婚に不吉なものを想像した。元ジャーナリストの女性が、五百年を超えるスペイン王朝の歴史において、初めて平民の身で王室に嫁ぐことだけでなく。かてて加えてレティシアは、王位継承者の妻となる女性としては、史上二人目の生まれながらのスペイン人だった――一八七八年にアルフォンソ十二世と結婚した従妹のマリア・デ・ラス・メルセデス・デ・オルレアンにつづいて。そのときは母の反対を押し切っての結婚だった。若い王妃は王宮で五ヵ月後にチフスで死んだ――十八歳の誕生日の二日後に。

　そしてまた、これはほぼ百年ぶりにスペインの首都で行なわれる王族の結婚式ではないか。そのとき――一九〇六年五月三十一日――はフェリペの曾祖父アルフォンソ十三世がドイツ人のヴィクトリア・オイゲニア（スペイン風にはエウヘニア、愛称エナ）・フォン・バッテンベルクと結婚した。新婚夫婦がマドリードのサン・ヘロニモ教会を出たとき、黒衣の乞食女が道に立ちふさがり、喜捨を乞うた。衛兵がその女を鞭打って追いはらうと、女は両手で天を仰ぎ、新婚夫婦とその子孫を呪った。そのすぐあと、新婚カップルは

> 　もちろんドニャ・レティシアに反対する二、三の時代遅れな王党派は存在する。しかし大多数のスペイン人はこの結婚を非常に喜んでいる。
>
> **ホセ・ルイス・デ・ビラロンガ**
> **フアン・カルロスの伝記作家**

間一髪で暗殺をまぬがれた。婚礼馬車が大通り《カレ・マジョル》にさしかかったとき、アナーキストが花束に隠した爆弾を窓から投げつけたのだ。国王夫妻は奇跡的に無傷だったが、爆弾は馬を引き裂き、随行者を殺した。飛び散る破片、血、肉片が花嫁の衣装を汚した。かくも劇的にはじまった結婚生活は、その後の歳月でも不運の星を背負った。国王夫妻から四人の息子が生まれたが、そのうち二人は血友病にかかっており、若くして死んだ。もうひとりの息子は生まれながらの聾唖だった。

ありうべき暗殺の噂はこの二〇〇四年五月二十二日にもマドリードに飛びかっていた――厳重な治安対策にもかかわらず。スペインの首都に最大級の警戒体制が敷かれた。マドリード周辺八〇キロの領空が封鎖された。二機のF18戦闘爆撃機、一機のAWACS偵察機、および多数の対空防衛部隊が待機した。二万三千の治安要員が首都を監視した。婚礼行進の沿道では一万五千の住居が監視下に置かれ、すべてのゴミ箱が撤去され、排水口の蓋は溶接された。家屋の屋根に二百人の狙撃手が配置された。安全上の理由から結婚式の賓客はみんなデジタル警報バンドを携行させられた。新婚カップルに歓呼したい街頭の人びとは、三つの検問所を通らなければならなかった。

この莫大な費用と手間をかけた安全措置にはそれなりの理由があった。マドリードじゅうが、二ヵ月あまり前にスペインの首都を震撼させたテロ事件のショックからまだ覚めていなかった。二〇〇四年三月十一日、イスラム教徒の一部が満員の近郊電車内で実行した同時多発爆弾テロは、アトチャ駅で約二百人の死者をだし、二千人以上が負傷した。この攻撃は主としてスペイン政府の政策に向けられたものだが――ホセ・マリア・アスナル首相はアメリカのイラク戦争をほぼ無条件で支持した――、厳格なカトリックのスペイン王室もアルカイダにとって申し分のない標的になるのではないか？　バスクの分離運動組織ＥＴＡも婚礼の祝典のさいに行動を起こすと脅していた。結婚式の三ヵ月前に警察は二名のＥＴＡのテロリストを、五百キロの爆薬を積んだライトバンごと逮捕した。それを爆発させて結婚式のさなかに「停電」を引きおこすつもりだったと、テロ容疑者は自供した。しかし問題はテロリストだけだと思うものはひとりもいなかった。レティシアは危険に遭遇したのだろうか？

障害だらけの夢の結婚式

十五分あまりたってようやく緊張が解けた。まずテレビ視聴者がそれを画面で確認し、まもなく教会内でも情報が伝わった。花嫁が着きましたよ！　遅れたのは悪天候のせいだった。ふつうこの季節にはいつも晴れわたるマドリードの空が、早朝から雲におおわれていた。気象統計によれば五月二十二日のマドリードは二十二年間にわたって晴天だった――しかしよりにもよってこの日の午前中、天は水門の戸を開けた。はじめはぽつりぽつりと降るだけだった。しかしまもなくバケツをひっくりかえしたような豪雨になった。すでにフェリペも王宮からアルムデナ大聖堂までの約三百歩を、ずぶ濡れの赤絨毯を踏んでいかなければならなかった。結婚式の日にどしゃ降り？　聖堂前の野次馬のなかには、これも今回の結婚の凶兆と見たがるものがいた。もちろん忠実な尊王派は反論し、すぐさま適切な俚諺を持ちだした――「結婚式に雨が降ると、結婚生活は快晴になる」と、グラナダからやってきた初老の紳士はジャーナリストたちに説教した。レティシアの故郷アストゥリアスからやってきたファンの女性は「ノビア・モハダ、ノビア・エンバラサダ」と予言した――濡れた花嫁は、すぐ妊娠する。

　この結婚式の本来の演出では、レティシアも未来の夫と同じく宮殿から教会まで徒歩で進むことになっていた。しかし四・五メートルの裳裾を引きずるべらぼうに高価な花嫁衣装――スペインのモード王マヌエル・ペルテガスのデザイン――をどしゃ降りの雨にさらすわけにはいかなかった。急遽レティシアはかさばる衣装ともどもロールスロイスに積みこまれ、王宮の駐車場から教会まで雨に濡れずに運ばれた。レティシアが大聖堂の前で車から降りると、歓声が湧きあがった。「なんと美しい《ケ・ボニト》！」。たしかに。バレンシアの絹で仕立てた象牙色の衣装をまとい、未来のスペイン皇太子妃はまばゆいばかりの美しさだった。上体にフィットして、ウエストから軽やかにひろがり、長袖、上品な襟ぐりの花嫁衣装は、スペイン王室、とくにソフィア王妃の厳格なイメージにふさわしかった。襟、袖、裳裾には金糸と銀糸でひかえめな模様が刺繍されていた。洗練された高い襟がレティシアの優雅な頸を引き立てた。百合――ブルボン家のシンボル――を刺繍したヴェールは王子の贈り物だった。花嫁の髪を飾るダイヤモンドを嵌めたプラチナの王冠《ダイアデム》は、すでに義母のソフィア王妃が一九六二年の結婚式のさいにアテネで着用したものだった。

だが教会に入場したレティシアは新たな難関に直面した。それは少なくとも花嫁衣装のかさばる裳裾をさばくのと同じくらいむずかしい課題だった。彼女はひどく緊張しているようで、顔がこわばっていた。多くの観察者がこんな感じをおさえきれなかった。むしろレティシアは主役としてよりも、ジャーナリストとしての元の職務で列席したいのではないか？　花嫁は優しいしぐさも恋情あふれるまなざしも花婿とほとんど交わさなかった。新郎新婦はときおりおどおどした笑みや、ささやき声を交わすだけだった。婚礼の儀式も厳粛に進んでいった——感情抜きの国家行事のように。新郎新婦が婚姻の誓いを述べたとき、やっと緊張が少なくとも新婚夫婦からは抜け落ちた。ヘンデルの『メサイア』からのハレルヤの合唱が響くなか、一時間半あまりの儀式を終えて、ようやく新郎新婦は見るからにほっとして大聖堂をあとにした。

そのあと、スペインの首都の全教会が打ち鳴らす祝婚の鐘の音の

ほんとにおどろいた。レティシアは鳥みたいだったけど、とても美しかった。

パコ・ラバンヌ
フランスのモードデザイナー

そのシーンは冷ややかで、キスもおざなりだった。チャールズとダイアナのほうがもっとうまくやったよ。

ハイメ・ペニャフィエル
王室通のジャーナリスト
結婚式について

アルムデナ大聖堂での挙式を終えたフェリペとレティシア
(2004 年 5 月 22 日、マドリード)
(Photo：EPA ＝時事)

なか、防弾自動車による市内の行進に移った。一九〇六年の暗殺現場は意図的に避けて通った。アトチャのマリア教会堂でフェリペとレティシアは三月十一日のテロ犠牲者に祈りを捧げ、王宮のバルコニーから歓呼する民衆にもう一度すがたを見せた。その間に天も慶事をみそなわし、雨上がりのスペインの首都はふたたび陽光に輝いた。しかしこの晴れのシーンもロマンティックな感激家にはいささか物足りないものだった。一週間前にデンマークの皇太子夫妻がコペンハーゲンで見せた熱烈な新婚キスとちがい、厳格なスペインでは恥ずかしげな頬への接吻しか見られなかった。それでもフェリペ王子は引きつづく祝宴の席で誇らかに明言した。「私は隠そうとは思いません。私はそれを認めます。それは一目瞭然のことですから。私は幸福な男です」。そしてファン・カルロス王が言い添えた。「愛するレティシア、われわれはきみを心から歓迎し、最大の愛情をもって迎えいれます」——もっとも新婚夫婦が「つねにスペインのことを思う」ようにと訓戒することも忘れなかったが。なにはともあれ最後には、こうしてハッピーエンドの結婚式とあいなった。

乞食女の呪い

ハッピーエンドはスペインの王朝にもあてはまるだろうか？　国王アルフォンソ十三世とヴィ

クトリア・オイゲニアとの結婚式直後の乞食女の呪いは、長年にわたり効いているかのようだった。アルフォンソは私生活で不運つづきだっただけでなく、君主としても不幸の星を負っていた。二十世紀最初の数十年、スペインの内政は安まることがなかった――保守主義者と社会主義者との激しい政治的対立、くりかえされる政権交代、反乱とクーデターのこころみが日常茶飯事になっていた。一九三一年に革命が勃発し、スペインが共和制を宣言すると、アルフォンソは国外退去を強いられた――もちろん王位への復帰をあきらめずに。

フランコはずっと前から、自分の在世中は私の父をスペイン王位に即かせないことにしており、彼の目にかなうまで私を試しつづけた。そしてようやく彼は、私を父のかわりに指名した。

フアン・カルロス

国王の退去後も政治的混乱はいっこうに収まらなかった。その反対――まもなく国は血なまぐさい内乱の巷と化し、それは一九三六年から一九三九年までつづき、多くの人命が失われた。内乱の果てにフランシスコ・フランコ将軍が勝利者となった。彼は栄誉の称号「総統《カウディリョ》」をみずからに授け、主として軍に依拠するファシズム政権を樹立した。フランコとともに保守勢力が勝利を収めたが、その約八十パーセントは王党派だった。自己の権力を固めるため、将軍は「所定の時期」に王政を復活すると王党派に約束した。それに応じて一九四七年に布告された「継承法」は、スペインは王国であると規定したが、王政復古にかんする細部は言及されなかった。そこではたんに将来のスペイン国王は三十歳以上、男性、王族の出身者にかぎることが規定されただけだった。アルフォンソは一九四一年の死の直前、三男のドン・フアン――四人の息子のうち唯一の健常者――に有利になるよう、みずからの王位請求権を放棄していた。いまや父に代わっていつの日か正統な国王としてスペインに帰国できることを、ドン・フアンは期待した。しかしフランコ将軍にはべつの思惑があった。この王位請求者の「リベラルな」意見が、独裁者の目には国王候補者として不適切と映った。将来の国王は絶対君主であるべきなのに、ドン・フアンには民主主義者のきらいがある。

こうして「総統《カウディリョ》」は王政復古の企図をつぎの世代に合わせはじめた――一九三八年にイタリアの亡命地で生まれたドン・フアンの長男、フアン・カルロスに。この王子からフランコが期待したのは、自分に好都合な後継者をつくりだすことだった。一九四八年の末、

息子がスペインで通学するのを許可することにより、私の王位請求権が相対化されることはわかっていた。しかしそれでも私はそうせざるをえなかった。王子がスペインで教育を受け、これ以上外国で教育を続行しないことは、必要不可欠なことだった。王政において個人の重要性は二次的であり、本質的なものは機関なのだ。重要なのは王政の復古であり、それを体現するのが私か息子か、ということではない。

ドン・フアン
フアン・カルロスの父

十歳のファン・カルロスはひとりでスペインに送られ、フランコ将軍の庇護下で教育を受けることになった。教師は事前に独裁者によって慎重に選ばれた。「総統《カウディリョ》」が少年と会うのはたまにしかなかったが、王子にかんする情報はすべて耳に入れていた。もっともスペインの独裁者は自分の真意を、ファン・カルロスにも、その父親にも、世間にも長いあいだ明かさなかった。一九五四年に王子は中等教育を終え、そのあと三軍――陸軍、空軍、海軍――の訓練をすべて受けた。同時に彼はこの時期に将校たちと交友関係を結んだ――のちに有益さが実証されるコンタクト。軍事教育を修了すると、ファン・カルロスはマドリード大学で政治学、経済学、哲学、文学史を学んだ。

ぎっしり詰まった時間割にもかかわらず、ファン・カルロスには女性と親しくなる時間があった。しょっちゅう新聞は事実と想像をとりまぜて王子のお気に入りの女性について報じた。しかしこれぞという女性を見つけるのは、ファン・カルロスには不可能に近かった――フランコ将軍が王子の女性関係に拒否権を発動することもあれば、父親が息子の選択に同意しないこともある。まるでファン・カルロスの心情にかかわる問題も、文武の教育と同様きびしい管理下に置かれているかのように。ようやく一九六一年に愛と国益が結びつくことになった。ヨークで行なわれたケント公の結婚式でだれの目にも隠せなかったのは、ファン・カルロスの目がひとりの同席の女性のためにしかないことだった。ギリシアのソフィア王女。彼女は一九三八年、ファン・カルロスと同じ年に、ギリシアの皇太子パウロスとその妃フレデリカの第一子としてアテネで生まれた。

妻の役割は夫を助けることにあると思います。でも自分の自主性を失わずに。私の目的は、夫を幸せにすることと、夫にたいする自分の任務を果たすことです。

ソフィア　結婚について

フレデリカはドイツ皇帝ヴィルヘルム三世の孫に当たり、プロイセンとデンマークの王家と親戚であり、先祖はギリシア、イギリス、ロシアの王族だった。

ファン・カルロスとソフィアとの結びつきは双方にとって有益だった。ギリシアの王家はヨーロッパの宮廷であまり評価されていなかった。どちらかといえば乏しい持参金のせいで、ソフィアは多くの王侯貴族にとって結婚相手として魅力的でなかった。いっぽうスペインの王家は最も古くて名望のある王朝だが、当時その運命はもっぱらフランコ将軍の手の内にあった。ファン・カルロスがいつかスペインの王位に即くかどうかも予見できず、スペインの独裁者の胸先三寸にかかっていた。そのうえブルボン家も財政的に四苦八苦していた。ソフィアの持参金は——それがどんなに少なかろうと——当時のスペイン王家にとってありがたいものだった。フレデリカ王妃は即決し、コルフ島での夏のランデブーをアレンジした。そこでスペイン王子はギリシア王女に予想どおりプロポーズした。そのシーンは、聞くところでは、あまりメロドラマティックではなかったらしい。ファン・カルロスは婚約指輪の入った小箱をソフィアにほうり投げ、「これをきみに！」とさけんだという。たしかに——ファン・カルロスは将来の妻に魅力を感じたにせよ、選択したのはハートよりもむしろ理性だった。なぜならフランコもギリシア王室との結びつきに賛成していたから――フアン・カルロスにとってはスペイン王位への道に立ちふさがる重大な障害が、この結婚によって取りのぞかれた。一九六一年九月十二日、ソフィアとフアン・カルロスとの婚約が発表され、八ヵ月後には結婚の運びとなった。

一九六二年五月十四日、世界じゅうから貴賓がアテネに参集した。最初の婚礼はカトリックの司教座教会で行なわれ、アテネの大司教が新郎新婦を祝福した。つづいてビザンツの儀礼による婚礼儀式がギリシア正教の受胎告知大聖堂で執り行なわれた。誇り高いギリシア人の心情に配慮して、ソフィアは結婚式のあとにスペインの王族として不可欠のカトリックに改宗した。結婚式のあと五ヵ月間フアン・カルロスとソフィアは世界を歴訪し、五大陸の人びとに顔を見せ、スペインの宣伝につとめた。十月に新婚夫婦はマドリードに居を定めた。「総統《カウディリョ》」は好意のしるしとしてマドリードの北西にある修復したばかりのサルスエラ宮を提供し、そこに王族は今日まで住んでいる。フランコがフアン・カルロスを自分の後継者にすることを、いまではほとんどだれも疑わなくなった。それでも王位継承権者とソフィアには、それからも長いあいだスペインでの公的機能がいっさいなかった。

独裁と民主主義のはざまで

不確実な政治上の立場とは裏腹に、フアン・カルロスの私生活はきわめて幸福に営まれた。一九六三年十二月二十三日に王女エレナが、つづいて一九六五年六月十三日に妹のクリスチナが生まれた。そして一九六八年一月三十日に王子フェリペが生まれ、スペイン王室は喜びに沸いた。王朝の存続がこれで保証されたのだ。長いあいだ息子の誕生を待ち望み、やっと念願がかなったフアン・カルロスは、歓喜のあまり我を忘れた。「自分がなにを言ったのか、私は全然覚えていない。いずれにしても私は嬉しくて跳びあがり、だれかれとなく抱擁した」と、のちに彼は打ち明けている。感動の面持ちで彼は息子を抱きあげ、嬉し涙が頬を伝うソフィアに接吻した。はやくも一週間後にフェリペの洗礼式が行なわれることになった。

一年前に八十歳の誕生日を祝った曾祖母のビクトリア・エウヘニアが、子供の代母になりたいと申し出た。そのさい老レディの念頭にあったのは代母役だけではなかった。彼女はこれを機に三十七年ぶりにスペインの土を踏み、「総統《カウディイリョ》」と対話することも望んでいた。それは実現した。独裁者は元王妃の入国に同意し、「エナ」はマドリード空港で歓呼して迎えられた。洗礼式で彼女は曾孫を銀、白石、金でできた貴重な洗礼盤の上にかかげた。マドリード大司教が執り行なった儀式のあと、ビクトリア・エウヘニアは実際にフランコ将軍とことばを交わすことができた。彼女はスペイン王冠の保持のために闘う決意をかためていた。「あのころ、三十七年前には、君臨するブルボン家の王が存在しました」と彼女は一九四七年に制定されたフランコの「継承法」を示唆して言った。「いま、ここに三人のブルボン家の男がいて、そのなかからあなたは選ぶことができるのです。父、子、孫」。たとえエナの勇気がフランコに感銘をあたえたとしても、彼女の強い願いに独裁者が折れたわけではなかった。

ついに「総統《カウディリョ》」がフアン・カルロスを公式に自分の後継者に指名するまでには、あと一年半待たなければならなかった。一九六九年七月二十三日、フアン・カル

フェリペの洗礼式には曾祖母のビクトリア・エウヘニアもスイスから駆けつけた。彼女はフランコを、彼が若い意欲的な将校だったころから知っており、彼女の亡夫、国王アルフォンソ13世は、いつもフランコをひいきにしていた。しかし彼女はフランコをとくに高くは評価していなかった。洗礼式には彼女の息子ドン・フアン——正統の王位継承者——と、孫のフアン・カルロスも同席しており、フランコはこのフアン・カルロスをスペイン王位に即かせるつもりだと言われていた。多くの目撃者の証言によれば、彼女は洗礼式のあとフランコをわきに呼び、命令口調で言ったという。「いまここに3人のブルボン家の男がいて、あなたはそのなかから選ぶことができるのです」と。これによって彼女は、つねにあらゆる可能性を留保しようとするフランコの意図を自分がどのように見ているか、それを非常に明確に表現したのである。

パウル・プレストン　歴史家

ロスはスペイン公の称号を授与され、式典で辞令に署名した。それに先だって独裁者は「コルテ」——スペインの擬似議会、大多数の議員は国家政党——で宣言した。「神と歴史にたいする責任にかんがみ、余は適切かつ公正に、フアン・カルロス・デ・ボルボン・イ・ボルボンの人格にそなわる資質を評価し、彼を国民に余の後継者として推奨することにした」。このことばをフアン・カルロスは二十年以上待ちつづけてきた。こうして彼は文書の上では国家元首に次いで第二の地位を占め、同時に三軍すべての総司令官に指名された。

しかし「総統《カウディリョ》」はフアン・カルロスに国を代表する儀礼上の任務を引き継がせ、外国訪問を許したにもかかわらず、国務からは依然として遠ざけたままだった。スペイン公は閣議に出席できず、枢密会議の議題も知らされなかった。それが変わったのは一九七四年七月、フランコが病気になり、入院したときだった。九月に将軍は国務に復帰したが、八十二歳の高齢では快癒は望めなかった。一九七五年十月二十一日、フランコは危篤状態になった。病名は「冠動脈機能不全」と公式に発表された。あとひと月スペインの国家元首は死と格闘した。フアン・カルロスは十月三十日、国家元首としての全権を移譲された——このたびは法に基づいて、将軍の手からでなく。それでもなお大多数のスペイン人はフアン・カルロスの能力を信じなかった。過去の歳月、あまりにも慎ましく背後にひかえていたので、フランコの後継者の真の人物像はだれの目にも定かでなかった。一九七五年十一月二十日、フランコ将軍が死んだ。二日後にフアン・カルロスは国王として告示された。四十四年ぶりにスペイン人はふたたびブルボン家の王を奉戴した——この先どうなるかは、ほとんどだれにもわからなかった。

「今日、スペインの歴史において、新たな時期がはじまります。私は仲介者、憲法の番人、そして公正の代理人でありたいと思います。国王はわが国の歴史、文化、伝統のなかで、万人の国王であると同時に個々の人びとの国王であることを望みます」。議会の宣誓式でのファン・カルロスの演説は短いけれど明解だった。公正、近代化、共同決定権――これを聞くと、彼にフランコの政体を継続する意図があるとは思えなかった。そして事実――新米の国王はつづく数年のうちにスペインを例のないやり方で民主主義の道へ導いていった。まず最初は国家元首として自分に付与された独裁的な全権を行使して、時代遅れな政治機構に風穴を開けた。しかしはやくも三年後には権力を自由選挙で選ばれた議会の手に譲り渡した。それによってスペインは議会制立憲王政をとる民主的な法治国家になった。その後の歳月、ファン・カルロスはスペインの新国家体制を安定させ、国を近代化に導くために尽力した。

ある王位継承者の見習期間

この展開からフェリペ王子が得たものも多かった。ノルウェー、デンマーク、あるいはオランダの王族がとっくの昔に民主主義の自由を享受しているいっぽう、フェリペの家族はフランコが私は長年にわたり、私の片言隻語が上部に密告されることを知りながら生活していた。それらは事前に、かならずしも私に好意的ではない人びとによって分析され、かれらの感覚で解釈されることもあった。

フアン・カルロス

死ぬまで独裁下で暮らした。「総統《カウディリョ》」が王族を四六時中監視させていることは公然の秘密だった。何人かの家政婦は隠れ情報機関員で、王族のいかなる批判的言辞もすぐさま独裁者に通報した。フェリペはこの緊張を感じとり、はやくから本音を隠すことを学んだ。ごく少数の人間しか信頼できないことを、彼は本能的に悟った。だからフランコの死は彼個人にとっても解放だった。

それからはソフィア王妃のみが王位継承者の教育に当たることになった。彼女は決定した。「私たちは子供たちを公共の学校に通わせます。子供たちはふつうの日常生活を学ぶべきです。とはいえ」と彼女は言い添えた。「フェリペは自分が特別な責任を負うことを学ばなければなりません」。それがフェリペにとって意味するものは、特別授業。クラスメートがはしゃいで遊んでいるときに。すでに小学生時代から彼は放課後に外国語、修辞法、儀礼をたたきこまれた。さいわい彼は勉強が苦手ではなかった——フェリペ王子は知識を海綿のように吸収したと、教師たちは太鼓判を押している。それでも彼には趣味のスポーツにふける時間があった。とくにサッカー、スキー、ヨット、柔道。

ソフィアは涙ぐましいほど末っ子の面倒を見たけれど、ときどき本人がいやがるほど世話を焼くこともあった。一度フェリペがひどくしょげて、あるクラスメートの誕生日祝いに招ばれなかったと嘆いたとき、なんとソフィアはその子供の親に電話して、自分の名前を告げずに言った。「私はフェリペの母親です、彼はとても行きたがっています」。そのあと彼女は車に乗りこんで、息子を連れていった。しかしソフィアがどれほど皇太子に「ふつうの」子供時代を過ごさせようとつとめても、フェリペが王の子供であることに変わりはなく、やはりほかの子供とは別種の存在だった。ふたりの姉との関係も単純ではなかった——フェリペは、皇太子は、つねに意向をたずねられ、いちばんすてきなプレゼントをもらい、公衆の注目をほとんど一身に浴びた。スペインの王位継承法は厳格だった。末っ子がある日王位を継ぐのは、彼が男子だからで、娘たちは指をくわえて見ているだけ。自分の例外的な立場に、ときおりフェリペはひどく苦しんだ。しばしばコミックの世界に逃避した。彼は『ティムとストゥルッピ』の冒険の大ファンだった。いまでもコミックギャラリーが彼のオフィスを飾っている。のちには天文学に夢中になった。子供部屋は長いあいだ望遠鏡、惑星模型、無数の星のポスターでいっぱいの天文台みたいだった。

王妃と私は幸福な両親だ。われわれの子供たちはみんなそれぞれ個性があり、非凡な人間だ。みんな陽気で、屈託がなく、のびのびしているので、ときどきだれがだれだかわからないこともある。

フアン・カルロス

いっぽうフアン・カルロス王は、フェリペが早期に国の代表にふさわしく行動し、公けの職務を引き継ぐよう気を配った。はやくも九歳で皇太子は、名誉職ながらスペイン陸軍のエリート部隊に編入された。その後は父に同行して兵営を訪問し、閲兵に立ち会った。ブルボン王家の父子がサラスエラ宮の入り口で国賓をいっしょに迎えることも稀ではなかった。父親はフェリペにとって最高の模範だった。「私は父を見習うというよりは、むしろ父の決断を理解することを自分の課題にした」と、のちに皇太子は語っている。「そう、私は父が考えること、感じること、行なうことを理解しなければならず、理解しようとした。この観察は将来の国王としての私の見習期間で最も重要な要素となっている」。

国王とスペインの若い民主主義に課された最もきびしい試練のさいも、フェリペは父親のかたわらにいた。一九八一年二月二十三日の午後、二百人の武装した治安警察隊《グアルディア・シビル》員がスペイン議会に乱入した。その指導者、アントニオ・テヘロ中佐は演壇に駆けあがり、武器を手にして議員たちを捕虜にすると宣言した。閣僚をはじめ全議員が出席していたので、反乱者は一挙に政府全体を支配下に収めることができた。「伏せろ、全員床に！」と根っからのフランコ信奉者テヘロは

> 父は私に言った。自分が何者なのかをつねに考え、自分を待ちうける未来にたえず目を向けよと。子供のころは、私はそれがよく理解できなかった。ようやくのちになって、父の言いたいことがわかるようになってきた。
>
> フェリペ

国王のいくつかの決断がなければ、すべてがべつの方向に向かったことは、一点の疑いもない。

ハビエル・トゥセル
スペインの歴史家

私にとってそれは長い夜だった。人生でいちばん長い夜だった。

フアン・カルロス

さけび、ピストルで議場の天井を撃った。同時にハイメ・デル・ボッシュ中将がバレンシアで戒厳令を発令し、権力を軍に移譲するよう政府に要求した。

国王の出番がやってきた。ラジオとテレビは反乱者の手中にあったが、フアン・カルロスには電話が残されていた。回線がヒートした。夜どおし彼はサルスエラ宮の執務室で過ごした——そしてフェリペはずっと父のそばにいた。「私はアストゥリアス公（フェリペ）に、私の執務室で夜を過ごし、仕事中の国王を見ていろと言いつけた」とフアン・カルロスはのちに語った。「何度も——かわいそうに、あの子は十三歳になったばかりだった——彼は安楽椅子で眠りこんだ。だが私はそのたびに彼を起こした。『フェリペ、眠るな！　よく見ていろ、国王がなにをしなければならないか！』と」。三軍の命令系統を熟知している国王は、枢要な地位にある司令官たちに秩序を守るよう呼びかけた。そのさい士官学校時代の古い個人的な関係が非常に役に立った。

「みんな待っていた、私がなにを言うか、なにをするかと」と、のちにフアン・カルロスは、スペイン人が「23-F」と呼んでいる運命の日のことを回想した。「だが他方では、私に服従するのを拒むものもいなわれわれは王よりましなものを自分の手で獲得したと信じたとき、われわれは王を持っていることが判明した。自分の手で獲得したのではない王を。

フランシスコ・ウンブラル
スペインの時事評論家

かった。たぶん何人かは切歯扼腕《せっしやくわん》しながら、それでも全員が服従した」。大多数の王に忠実な司令官に同調を拒否され、テヘロとボッシュは追いつめられた。夜中の二時ごろ国王のテレビ演説が放映され、クーデターは挫折した。簡潔なことばで軍の最高司令官フアン・カルロス一世は誤解の余地なく声明した。「国王は憲法の民主的発展を妨げる行為を許さない」。これが決定的なアウトの宣告となり、反乱者は降伏し、逮捕された。全スペインが安堵して、国王を讃えた。

フアン・カルロスにとってこの夜は、真の国父となるための最終的な突破口を意味した。その決意と貫徹力によって、彼は臣民の心をつかむことに成功した。いまでは彼は歴代のどのスペイン国王よりも愛されている。彼の息子にとっても父の執務室で過ごした夜は貴重な教訓になった。「あの夜フェリペが学んだことは、そのあとの全人生で学ぶことよりも多い」とフアン・カルロスはのちに明言した——そして、すぐさま若い王子に王たるものの義務履行にかんするつぎの課題を負わせた。フェリペは徹夜したにもかかわらず、翌朝ごくふつうに通学しなければならなかった——疲れはてていても、模範的に、規律正しく、王が望むとおりに。

フェリペが父親の行為を讃嘆すればするほど、それは王位継承者にとって重い挑戦となるだろう。王冠は日々新たに獲得せねばならぬ、というのが国王の処世訓だった。フアン・カルロスは民主化政策とクーデターを鎮静したことで国民の忠愛を実際に獲得した。スペイン人は、巷で言われるように、王党派になったのではないが「フアン・カルロス派」になった。しかしフェリペは、いつの日か同じやり方で国民の心をつかむことができるだろうか?

すでに一九七七年、九歳の身空で、フェリペはアストゥリアス公に叙任された――すでに一三八八年以来スペインの王位継承者に授けられた称号。アストゥリアスのコバドンガ修道院で行なわれた式典で、フェリペはダイヤモンドを嵌めた純金の十字架――八世紀初めのアストゥリアス王ペラヨのムーア人にたいする勝利を記念する――を授けられた。「この十字架はきみの十字架でもある。将来の王としてのきみの十字架」と、

息子として、父を誇りにしていると、私は言える。スペイン人として、彼が国に奉仕したこと、いまなお奉仕していることを、讃嘆する。彼は模範にできる人物だと、私は信じている。私にとってそれはとくに、憲法が国家元首に課した義務の履行にかかわっている。たぶんもうひとつの才能も付け加えることができるかもしれない。つまり、とくに鋭い政治上の勘。しかしなによりも大切なのは、彼に托された、スペインとスペイン人に奉仕する使命である。

フェリペ

そのときフアン・カルロスは息子に訓戒した。「きみは誇りと威厳をもって、この十字架がもとめるものを担わなければならない。きみはいっときも休むことは許されず、恐れることなくものごとに立ちむかい、臣民を疑ってはならない。この十字架はきみと、きみが若い世代を代表する全スペイン人にもとめている。スペイン人がきみに期待していることを、つねに行なえと」。まだ子供だったフェリペは、父の言いたいことを実際には理解できなかった。しかし本能的に彼は自分の使命を理解し、父親が敷いてくれた道にしたがった。そのころ彼は、王朝は鎖だと悟ったという。「私の祖父はこの鎖の一環で、同じく父もそうであり、私もいつかそうなるだろう」。

スペイン北西部の牧歌的なアストゥリアス地方に、新任の公《プリンシペ》はとくに深い思い入れがあった。とくにフェリペの声望を高める契機になったのはアストゥリアス公賞の創設だろう。これは卓越した個人的業績のみならず、模範的な行為も顕彰することになっている――隣人愛、協

きわめて礼儀正しい青年は非常に好ましい印象を私にあたえた。彼には偉ぶるところがなく、読んでいないものを読んだなどとは言わなかった（スペインではきわめて賞賛に値することだ）。彼は軽快で、よく笑ったことを、私は覚えている。彼はかなり明朗で、とても信頼できるように見えた。私にわかるのは、なぜわれわれはシェークスピアについて話したのかということで、私にわからないのは、なぜわれわれは愛についても話したのかということだ――彼はまちがいなく情報をきちんと仕入れていた。

ハビエル・マリアス　スペインの作家

和、連帯等々。「神秘的な天才はここでは人づきあいのいい凡人と同じくあまり評価されない」と『フランクフルター・アルゲマイネ新聞』は数年前に好意的に論評した。ときには「スペインのノーベル賞」と呼ばれることもあるアストゥリアス公賞は、この間に八つのカテゴリーに授与されるようになった――文化、政治から科学、スポーツまで。受賞者のなかにはネルソン・マンデラ、ミハイル・ゴルバチョフ、ヘルムート・コール、ウッディ・アレン、スティーブン・ホーキンスなどと並んで、フォーミュラ1の世界チャンピオンのフェルナンド・アロンソやテニスの女王シュテフィ・グラフの名前もある。アストゥリアス地方の首府オビエドで行なわれる授賞式に、近ごろではサッカーやハリウッドの大スターも皇太子の招待に応じて参列するようになった。

もっとも一九八一年秋のころは、まだかなり慎ましい催しだった。オビエドの「テアトロ・コンポアモール」で、そのとき十三歳のフェリペが初めて開会の辞を述べた。事前に何日も練習したけれど、内心の緊張はなかなか解けなかった。オビエドに同行したファン・カルロス王とソフィア王妃も少なからず神経質になった。他の聴衆といっしょに国王夫妻が息を呑んだのは、フェリペがスピーチの途中で急にことばが詰まったときだった。しかし王子はすばやく立ちなおり、人生最初の大役をみごとにこなした。この大役はその後の歳月にもずっとつづくことになる――オビエドでの授賞式は若いプリンスにとって適切な学校になった。ここで彼は才能を磨く機会を見いだした。ここで彼は脚光を浴びること、人びとの手を握ること、スピーチすることを学んだ。ここでスペインの公衆は――しだいに増大する国際的な公衆も――フェリペ王子にかんするイメージを得ることができた。

まもなくフェリペは外交の舞台にも慣れることを覚え、父親からスペイン国内、さらには外国での行事を委任されるようになった。たとえば一九八五年にはルクセンブルクのシャルロッテ大公妃の葬儀や、ブリュッセルで行なわれたヨーロッパ文化フェスティヴァル「エウロパリア」の開会式に、父に代わって参列した。一九八六年一月三十日、十八歳の誕生日に、フェリペは父王の臨席のもと、スペイン議会で憲法への宣誓を行ない、公式に王位継承者として認められた。

「自分がいつの日か国王になることを、私はずっと前から知っていた」と、その前にフェリペは語っている。「そう思っても私は不安にならない」。

アストゥリアスの誇り高き娘

まもなくスペイン人がフェリペを誇りに思うようになったのは不思議ではない――そしてとくにアストゥリア人が「われらのプリンシペ」を熱愛した。経済の構造変化によって凋落したかつての鉱山と重工業の中心地は、フェリペ王子のおかげで新しいポジティブなイメージを獲得した。一九八一年にフェリペがオビエドで初デビューしたあと、アストゥリアスの何万もの学校生徒が皇太子に手紙を書き、彼を讃える作文を書いたり絵を描いたりした。手紙や作文のなかには「あなたが王様になったら、私はあなたのお妃になりたい」というのもあった。

このアストゥリアスに、王子にファンレターを書くなんて考えたこともないひとりの少女がいた。レティシア・オルティス。彼女は両親とふたりの妹エリカとセルマとともに、オビエドの町はずれの小さな家に住んでいた。この娘にとってなによりも退屈なのは、ある日王子様が白馬に乗ってやってきて、お城に連れていってくれるなんていう、少女たちの夢物語だった。妹たちがお姫様ごっこをするたびに、一九七二年生まれのレティシアはくだらないと思った。彼女の最高の模範は王様やメルヘンの王子様ではなかった――それは家族のなかにいた。とくに父親のヘスス・オルティスが彼女に大きな影響をおよぼした――彼は国営放送地方局のラジオ・ジャーナリストで、祖母のメンチュ・アレバレス・デル・バレも、同じく有名なアストゥリアスのラジオ・キャスターだった。この種の職業への憧れは、たいていの場合はかない夢として消えてしまうのだが、オルティス家の娘はすでに小学生時代から、目的を達成するために野心を大きく育てていった。「子供のころから彼女は自分の欲するものをきちんと知っていて、けっして恐れなかった」と当時の教師ホセフィーナ・ディアス・ファクスは言う。

> 私は本のなかにもぐりこみ、精いっぱい勉強しました。
>
> レティシア
> **少女時代について**

レティシアはがんばった。はやくも八歳で地方放送局「アンテナ・ラジオ・3」で彼女の初放送『エル・コルンピオ（ぶらんこ）』の司会をまかされ、学校でのできごとを話し、放送劇を予告し、子供ヒットパレードのディスクジョッキーをつとめた。少女は自分の夢のことも幼い聴取者に語った。「きのうの夜、私は遠い惑星にいる夢を見ました。そこはなにもかもとてもすてきで、森と草原《くさはら》の緑の景色がひろがっていました。人間と動物が大きな幸福な家族みたいに愛し合っていました。そこでは戦争も争いごともありません。先生は採点なんかしません。そうして年に七ヵ月はお休みでした。つぎの土曜日に私はみなさんに、このすばらしい体験のつづきをお話しします……」。人生で初めてレティシアはスターのようなものになった——そして自分が中心になり、賛美されるのを楽しんだ。

十五歳のときに、それはひとまず終わった。父親がマドリードに上京して、そこで自分のキャリアをさらに発展させたくなったのだ。一九八七年の春、家族は首都の周縁に雨後の筍のように増殖した巨大住宅ブロックに移り住んだ。しかしヘスス・オルティスはオビエドでの職業上の成功を引き継ぐことができなかった。彼はフリージャーナリストとしてさまざまな雇い主のもとで働いたが、安定した仕事に就くのはむずかしかった。しかたなく看護婦の教育を受けたレティシアの母親が元の職業に復帰して、家計の大半をまかなった。

レティシアはマドリードでも闘いつづけた。ラジオのキャリアはひとまず終わっていたが、まもなく彼女は新たな趣味を見つけた。学校新聞の「編集長」に抜擢されたのだ。これは彼女にぴったりの任務だった。彼女の部屋には新聞や雑誌が山と積まれ、そこから情報を整理して、重要なものを選びだし、学校新聞の記事に使った。最初に書いた記事はスペインにおける大量動物飼育の惨状にかんするものだった——学校新聞としては異質なテーマ。ふつうなら遠足の報告や休暇の体験、あるいは先生方のお言葉などを載せるのに。しかしレティシアはまちがっていなかった。彼女の記事は生徒たちのあいだに熱心な読者を見いだした。しかし最大のファンは父親で、力のかぎり娘を応援した。まもなく彼女の希望の職業がしっかり決まったのも不思議ではない——彼女はジャーナリストを目ざした。高校を卒業すると、レティシアはマドリードの大学で情報科学を専攻し、とくにオーディオビジュアル・ジャーナリズムの勉強に力を入れた。一九九六年と一九九七年にしばらくメキシコに滞在し、そこで博士論文を書きはじめ、やがてマドリードの日刊新聞で最初の定職に就いた。

ヨーロッパでいちばんもてる独身男

そのころフェリペ王子はまったくちがう人生を送っていた。一九八四年に両親は十六歳の息子をカナダのレークフィールド・カレッジに留学させ、そこでフェリペは国際感覚を身につけ、英語とフランス語を磨きあげることになった。「プリンス・フリップ」——と学友たちはあだ名で呼んだ——にとって、これは初めての両親との比較的長い別離で、息子のほうはすんなりと親ばなれをしたけれど、親はなかなか子ばなれができなかった。たしかにファン・カルロスはきっぱりと、「フェリペはすこしずつ自立しなければならぬ。いまそれをやりぬくのだ」と言ったものだが、末っ子の不在はやはり寂しかった。それはソフィアも同じで、一日に三回もカナダの息子に電話することもよくあった。

一九八五年にフェリペはカナダの高校卒業証書を持ってスペインに帰国した。父親と同じく、つぎの段階として軍事教育がプログラムされていた。フェリペもサラゴサの陸軍士官学校を卒業し、つづいてガリシアの海軍兵学校とムルシア近郊の空軍士官学校に入り、父親と同じく三軍すべてを修了した。軍の学校では王子も公式には他の士官候補生と同じ扱いだったが、いくつかの特権が認められた。フェリペの宿舎には専用の客室があり、週末にはホテルに泊まってもよかった。軍事教育の修了後、一九八八年にマドリードの大学に入り、法学を専攻した。加えて経済学も受講した。一九九三年に法学部卒業。

八〇年代末までは、まだマスコミはこう報じていた。つねに礼儀正しいけれど、いささかおどおどしている王子は、女性には興味がないようだと。それがいま変わった――少なくともゴシップ紙誌の紙面では。フェリペは父親から「女たらしの遺伝子」を継いでいるとゴシップ記者は診断し、王子にまつわる愛の冒険物語を書きまくった。まもなくアストゥリアス公は「ヨーロッパでいちばんもてる独身男」に選ばれた。きわめてもっともな理由で。ともかく週刊誌『シュテルン』の判定によれば。「スペインのフェリペはイギリスの大甘王子チャールズのようなとんがり耳ではなく、ウサギとちがって野菜よりは人間と話したがる。彼はオランダのウィレム・アレクサンデルやベルギーのフィリップと同じようにナイーブだが、あとのふたりが熟成したゴーダチーズやマヨネーズ付きフライドポテトのカリスマを駆使するいっぽう、フェリペはディズニー映画から抜けだしたように若々しく華麗なプリンスだ——すらっとして、軍服でも水泳パンツでも、スーツでもジーンズでも、みごとにさまになっている」。

ゴシップ紙誌が報じる数々のフェリペのロマンスはほとんどでっちあげだが、ブルボン家の御曹子がついに女性の魅力を発見したのは事実だった。もちろん問題はあった。その女性がほんとうに「彼を」愛しているのか、それとも彼の称号を愛しているのか、見分けるのがむずかしい——他のヨーロッパの王位継承者も身をもって知っている問題。だがそれだけではない——フェリペは同時に両親の怒濤のような期待と対決させられた。息子の結婚相手は貴族の出で、もちろん厳格なカトリックで、非の打ちどころのない評判の娘でなければならぬ。つまり、彼女は「純潔」で結婚しなければならない。「スペイン王妃と寝たなどと言う男がいてはならない」ということばで、フアン・カルロス王はフェリペの配偶者選びに指針をあたえた。

ある日フェリペの妻になりそうだと、真剣に期待をいだかせた最初の女性は、八〇年代末ではイサベル・サルトリウスだった。このアルゼンチン女性とスペインの伯爵の娘は、ともかくふたつの基本条件を

> フェリペは祖父の臨終の床で、貴族の女性と結婚すると約束した。これが彼の愛の苦悩の真の原因である。
>
> ホセ・アペサレナ
> 歴史家、作家

満たしていた――貴族で、カトリック。十八ヵ月にわたってふたりは親密な関係にあった。手に手をとって夜の歓楽にくりだし、フェリペのヨットでマリョルカ島沖の帆走を楽しんだ。しかしフェリペはこの関係を終わらせた――噂では、母親に強要されて。厳格な王妃は、イサベルの両親が離婚していることを聞きつけた――彼女の目には重大な戒律違反。イサベル・サルトリウスはひとまず画面から消え――一九九六年になってふたたびマスコミをにぎわせた。フェリペの元恋人がスペイン人のハビエル・ソト・フィッツ＝ジェイムズ・スチュアートとイギリスで結婚したとき、すでに妊娠五ヵ月の身重だった。六月にイサベルはマドリードで女の子を産んだ。悲しげな顔で赤子を胸に抱き、ひとりで病院から出てくる若い母親を、パパラッチが撮りまくった。そのすぐあと離婚の噂がひろまった。スペインの貴族界でひそひそ話が交わされた――子供の父親は夫のハビエルじゃない。たしかにイサベルは戸籍登録に父親の名前を届けている。噂が噂を呼んだ。イサベルはフェリペの子供を懐妊した?

スペイン王、とりわけソフィア王妃にとって、このような新聞の見出しはおぞましいかぎりだった。「君主はクーデターや戦争にも耐えねばならぬ」とフアン・カルロスは息子を訓戒した。「だがけっしてあってはならないものは、スキャンダルだ」。何度も国王夫妻はフェリペの身分にふさわしい配偶者さがしに奔走した。フアン・カルロスは自分が名付け親になったヴュルテンベルク家のフルールに白羽の矢を立てた。彼女の家柄は最高で、しかもカトリックだし、上流社会に慣れていた。両家は親しく交際し、フルールとフェリペは幼なじみだった。このドイツの公爵令嬢は九〇年代半ばにマドリードにやってきた――大学で勉学するため、そしてフェリペに近づくため。ふたりはしばしば会ったけれども、友情以上のものは芽生えなかった。母のソフィアのほうはリヒテンシュタイン家のタチアナ公女を候補に選び、何度か招いて皇太子に紹介した。しかしフェリペは、聞くところによれば、この小さなアルペン公国の美しい令嬢にまったく興味を示さなかった。それに彼は長ずるにつれて、愛情問題に口出しされるのをいやがるようになっていた。

私は息子にときおり言って聞かせている。「王朝が永遠に安泰だと思うな。ここでは俸給を毎日稼がねばならぬ。われわれがのらくらしていたら、かれらはわれわれをほうりだす」と。

フアン・カルロス

ふたたび王子は外国に留学することになった。候補の二十の大学からソフィアのお眼鏡にかなったのは、ワシントンのジョージタウン大学。このカトリックのエリート大学でフェリペは「国際関係論」を専攻した。かれにとってはすばらしい時代だった――故国でつきまとう宮廷儀礼から解放されて。教授たちは彼の称号に重きを置かず、スペイン皇太子はたんに「フェリペ・ド・ブルボン」と呼ばれた。王子は生まれて初めて銀行口座を開き、他の学生といっしょにキャンパスで暮らした。二年後に修士号を取得したとき、フェリペは国際的な学位を有する最初のスペイン皇太子になった。

まったく私的な「国際関係」にも彼は新世界でいそしんだ。

そのころニューヨークにいた、いとこに当たるギリシア王家のパウルスのもとで、皇太子は美しいアメリカ女性、長年フォトモデルを仕事にしているジジ・ハワードと知り合った。ふたりのあいだに激しく火花が散り、たちまち愛のカップルになった。ふたりはいっしょにコロラドの山やカリブの浜で楽しんだ。この恋愛関係が破れたのは、スペインのマスコミが関係を嗅ぎつけたときだった。フェリペがアンティル諸島のサン・マルタン島の浜辺で恋人を抱きあげ、水中に運んでいる写真が公開された。スペインのスキャンダル記者カルロス・ウーゴ・アリアスは賄賂をつかませてニューヨークのジジの電話に盗聴器を付けさせ、フィリップとの会話を聴こうとした。この件は発覚して、くだんのジャーナリストは六ヵ月の禁固刑をくらった。ジジ・ハワードが関係を終わらせたのは、メディアの圧力に耐えきれなかったからだという。

女王のモデルかモデルの女王か?

ジジ・ハワードが王位継承者にとって身分ちがいのパートナーだとしたら、フェリペのつぎの選択はスペインと王室に初めて正真正銘の衝撃をあたえた。一九九八年の夏、フェリペは友人のノルウェー皇太子ホーコンの二十五歳の誕生日祝いに招かれた。うちとけたパーティでひとりのノルウェー娘を紹介され、すっかり惚れこんでしまった。エヴァ・サヌム、彼女もフォトモデルだった。一年以上ふたりは情事を世間から隠しおおせた。たいていはノルウェーで密会し、安ホテルで週末を過ごした。しかしフロリダ、イタリア、インドにもお忍びで旅行して、ふたりはどんどん親密になっていった。ある日フェリペがエヴァをスペインに招いたところ、パパラッチが襲いかかった。ブロンド娘を同伴したスペイン皇太子の写真が雑誌の特集ページに載った。このフェリペの新しい恋人が何者なのか、まだスペイン人はだれも知らなかった。だがその直後にノルウェーのジャーナリストが爆弾を破裂させた。「フェリペはエヴァを愛している、わが国の下着モデルを！」。

こうして、ソフィア王妃がなんとしても避けたかったスキャンダルが、スペインで吹き荒れた。ゴシップ紙は金切り声をあげて憤慨して見せた。「この女はわが国の未来の国王のかたわらで、なにを望んでいるのか？」と社説は声高に問いかけた。「彼女は広告代理店のために下着モデルを務めており、彼女はプロテスタントであり、彼女は外国人である。彼女の両親は離婚している。父親は自動車塗装工。母親は主婦。このような女をスペイン国民は未来の王妃として受けいれない！」。さっそくマスコミは未来の王妃にかんする国民投票を要求した。緊急アンケートの結果は惨憺たるものだった。発表によれば被質問者の九十七パーセントがフェリペと、たしかに目は青いけれど残念ながら血は青くないエヴァ・サヌムとの結婚に反対したという。「おっぱいを見せびらかす女が、王位継承者の花嫁になることはありえない」と有名な王室ウォッチャー、ハイメ・ペニャフィエルはさけび、フェリペに警告した。「こんなことをつづけたら、彼は国王になれない！」。国じゅうが大騒ぎになった。

国王の公式の伝記作家ホセ・ルイス・デ・ビラロンガも議論に介入し、憤激の風は暴風に発展した。彼は保守系の新聞『ABC』で、フェリペとエヴァの関係は「重大な誤り」であり、もしふたりが結婚すれば、それは王朝の終焉のはじまりであると断じた。ビラロンガは主張した。おそれながらこの見解は、国王陛下も支持されている、と。しかしファン・カルロスは同紙に反論記事を掲載させた――ビラロンガが述べていることは、王室の考えを反映していない。おそらく国王はすでにこの時点で、自分と妻が望んだ貴族出身の嫁は実現しないだろうと見きわめていたようだ。「息子は望むときに望む女性と結婚する」というのが、引用された父王のことばだった。王朝は、生き残りたければ、時代と共に歩まねばならぬ。政府寄りの新聞『エル・ムンド』の編集長ペドロ・J・ラミレスも、ビラロンガの意見は「マッチョ的で時代遅れ」だと述べ、女性の人格を外見だけで判断し、当人とひとこともことばを交わさずに、美しい娘はみんな軽薄で無教養

パンティとブラジャー姿でポーズをとり、おっぱいをステージで全世界にさらす女は、皇太子の花嫁になりえない。あらわな体を売ってきた女を、われわれは王妃として受けいれることはできない。

ハイメ・ペニャフィエル
王室通のジャーナリスト
2000年

18歳ならこんな冒険に引きずりこまれることはあっても、30を過ぎたらやめたほうがいい！

ホセ・ルイス・ビラロンガ
ファン・カルロスの伝記作家
2001年

すべてがパラノイアに近かった。こそこそすることに、ときどき耐えられなくなった。四六時中きょろきょろして、藪のどこかでパパラッチがねらってるかどうか心配しなきゃならない。四六時中ひと目を気にしなきゃならない。どんな顔をしているか、なにを着てるか、いちいちコメントされる。たまったもんじゃないわ。

エヴァ・サヌム

と見なしているかのようだと論評した。実際エヴァ・サヌムはけっしておバカではなかった。貴族の称号や大学の学歴はないけれど、彼女は六カ国語をマスターし、スペイン語も流暢に話した。フェリペとの関係が知られたあと、彼女はファッションショーのステージに登場するのをやめ、カトリックの宗教教育さえ受けた。まもなくアンケートでも六十パーセント以上がこのスカンディナヴィア女性を良い選択とみなすようになった。作家のファン・マヌエル・デ・プラダはあけすけに、フェリペはエヴァを守りぬき、「王朝のクロバエども」に屈するなと激励した。

二〇〇一年八月、ノルウェーの皇太子ホーコンとその婚約者メッテ・マリトとの婚礼前夜のパーティで、フェリペとエヴァはまったく公式に顔を合わせた。儀典係は祝宴のさいに、ふたりの席を隣り合わせにした。翌日の新聞の見出し――「次回の新郎新婦！」。だがそうはならなかった。ノルウェーの化粧品チェーンが百二十万枚のポリ袋にエヴァ・サヌムのしどけない写真を刷って客に配ったとき、ついにソフィア王妃は堪忍袋の緒を切った。宮廷筋の噂によれば、王妃はフェリペを呼びつけて、最後通告の

> フェリペはハンサムで、心が温かい。まさに私がいつも望んでいた男性のタイプよ。
>
> グィネス・パルトロウ
> ハリウッド女優

かたちで別れるよう要求した。母子ふたりきりの話し合いで、皇太子は降参した。二〇〇一年十二月、本来は自然と環境がテーマのはずだった記者会見で、フェリペ王子は簡潔に声明した。「双方の諒解のもと、純粋に私的な理由により、われわれはべつべつの道を行くことを、自発的に決した」。

またもやフェリペの恋愛は挫折した。悪循環におちいったかのようだった。三十歳を過ぎた皇太子に、はやく嫁を見つけろという公衆と王室の圧力は、ますます強くなるばかり。いっぽう未来の皇太子妃にかんする両親の明らかな願望は、貴族、カトリック、愛の前歴のない娘。恋愛結婚かどうかは、そのさいかならずしも重要ではない。「心と理性をもって結婚しなければならない」というのがソフィア王妃の言葉だった。彼女とファン・カルロスとの関係も、はじめはたいしてロマンティックなものではなかったではないか。ふたりは歳月とともに親しくなり、すばらしいカップルになったではないか。しかもフェリペは一九九三年に祖父ドン・フアンの臨終の床で、妻には「王族の血」を選ぶと約束していた。しかし長ずるにつれて彼はそのことを忘れたくなった。彼はつねに未来の妻について、ふたつの基本条件を挙げるだけだった。自分はほんとうに愛する前に結婚するつもりはなく、自分の未来の配偶者は王妃の義務を心得ていること。もっとも彼は結婚にかんするジャーナリストの質問に、たいていはおとぼけをきめこんだ。「今日は耳がよく聞こえないんだ」というのが野次馬マスコミにたいする彼の簡潔な返答だった。

ブルボン家の御曹子の愛情生活にたいするメディアの深甚なる関心は、フェリペが実際に女性と落ち着いて知り合い、ほんとうに彼女を愛することをさまたげた。長つづきする、しっかりした恋愛関係は、いたるところにつきまとうゴシップ紙誌のせいで、育つことができなかった。エヴァ・サヌムとの別離のあと、スキャンダルプレスの自称王室通たちは、またもや大忙しになった。まず現われたのは、フェリペはいとこのマリア・スリタの腕のなかで、エヴァを失った傷心を癒しているという秘話だった。つづいてトゥルン・タクシス家のエリーザベト、グロリア公爵夫人の二十歳になる令嬢が、彼の新たなハートのクイーンだという報道があった。

二〇〇二年の夏には、フェリペはハリウッド女優グィネス・パルトロウと恋愛関係にあるという噂がひとしきり燃えあがり、同年秋にはふたたび旧知の女性がかつぎだされた。「スウェーデンの後継王女ヴィクトリア、フェリペと結婚」という大見出しが躍った。「そもそも王室は否認のための部局を設けるべきだろう」とスペインのコラムニスト、カルメン・リガルトはからかった。「あるいは王子の選び抜かれたガールフレンドたちの美人コンテストを開催するとか」。ノミネートの候補者はいっぱいいるのだから。

王子とテレビの女王

エヴァ・サヌムと引き裂かれたあと、フェリペはかたく決意した。つぎはもっとうまくやってやる。彼は有名なスペインのテレビジャーナリスト、ペドロ・エルキシアに会いにいった。彼が皇太子の三十歳の誕生日を機にかなり長いインタビューを行なって以来、ふたりは親しくなっていた。エヴァ・サヌムとの関係があんなかたちで破れたあと、フェリペはプレスとのつきあい方について、エルキシアに助言をもとめた。将来の恋人が宮廷と世間の要求をかなえられそうにない場合、どうすればネガティブ・キャンペーンを避けられるか、それをフェリペは知りたがった。話の途中で王子はひとりの女性に言及し、これまでテレビ画面でしか知らないが、自分はその女性に興味があると言った。レティシア・オルティス。

レティシアはその間にめざましいキャリアを積んでいた。マドリードの日刊紙『ABC』に定職を得たあと、彼女はスペインの通信社EFEと契約を結んだ。高校・大学時代から長年培ってきたジャーナリスト業のための研鑽が報いられた。彼女の記事とインタビューは調査が行き届き、表現も的確で、読者に好評だった。まもなく彼女はテレビ業界にも進出した。すでにEFEで彼女は経済チャンネルのブルームバーグTVスペイン支局を担当し、そのあとニュース・チャンネルCNNで司会者の試験に合格した。積年の夢が現実になった。一九九九年から彼女はCNNで朝のニュース番組を担当した。一年後、キャリアはさらに飛躍した――彼女はスペイン最大の放送局テレビシオン・エスパニョーラ、略称TVEの情報番組に移った。特派員として世界の危険地帯を訪れ、二〇〇一年九月十一日のニューヨーク自爆空襲のさいも現地から報道した。豊かな情報と感情移入の優れたルポルタージュを評価され、彼女はスペイン・ジャーナリスト同盟AMPから二〇〇一年の三十歳以下の最優秀ジャーナリストに選ばれた。担当する放送時間の格もどんどん上がり、ついに独自の放送「週間情報《インフォルメ・セマナル》」のキャスターに起用され、これは毎週日曜の昼間に放送された。さらに男女の同僚と交代で毎日放映される朝のワイドショーも司会した。

> だれもが独自の成功の概念を持っています。ただ決定的なのは、自分の為すことに満足し、誠実であることです。
>
> レティシア

まさにこの女性にフェリペはテレビ画面で注目し、会ってみたいと言いだした。TVEのスターキャスターとのさりげない出会いをアレンジしてくれと王子にたのまれたとき、はじめエルキシアはびっくり仰天してため息をつくしかなかった。結局彼は二〇〇二年十月十七日にマドリードの高級住宅地サラマンカの自宅でトップジャーナリストたちとのディナーを設定した。この「ブラインド・デート」はみごとに成功した。アレンジされているとは知らないレティシアは、フェリペの隣に席をあてがわれ、たちまち皇太子と意気投合した。レティシアのテレビの同僚マヌエル・ルビオがのちに語ったように、ふたりはひと晩じゅう興奮して語り合い、しょっちゅう笑い声をあげ、ほかの客はほとんど眼中になかった。ふたりは数ヵ月前に転居していた――レティシアは郊外のパネル住宅の二部屋のアパートに、フェリペは両親の住むサルスエラ宮のすぐ近くに新築された三二五〇平方メートルの御所に。ふたりの住居にどんなに差があっても、これが会話に熱中するきっかけとなり、まもなく話題は映画、俳優、音楽に移っていった。フェリペのほうもテレビ司会者としての独自の体験を語ることができた。ブルボン家の御曹子は九〇年代半ばに「スペインの自然《ラ・エスパーニャ・サルバヘ》」のプレゼンテーターになったことがある。これはスペインの風景と動物をテーマにしたTVEのシリーズ番組で、ゴールデンタイムに放映された。そこでフェリペは、それまでスペインで継子あつかいされていた自然保護を訴えた。

その晩ふたりのあいだに火花が発したにせよ、さしあたってはふたりともひかえめにふるまった。エヴァ・サヌムとの関係の挫折という苦汁を飲んだフェリペは、ことを慎重に運ぼうと

夢の女性を待って、いつまでも選択を遅らせるわけにはいかない。彼の父のフアン・カルロスは24歳で結婚し、祖父のドン・フアンは22歳、曾祖父のアルフォンソ13世は20歳だった。彼が選ぶことのできる候補の女性は充分にいるし、そのうちのマリア・カロリーナ・デ・ブルボン=パルマはスペイン人でもある。

ホセ・ルイス・ビラロンガ
フアン・カルロスの伝記作家　2003年

スペイン人はソフィア王妃のような女性を望んでいる――知的で、親切で、性格が円満で、ひかえめで、理性的で、ユーモアに富み、困窮者に手をさしのべ、スペインを愛し、宗教的にも身分的にも義務をわきまえている。

ルイス・マリア・アンソン
ジャーナリスト
2003年7月

王妃がどんなふうであるべきか、私には見当もつかない。しかし私の妻がどうあるべきかは、ちゃんと知っている。

フェリペ
2003年

した。レティシアにもためらいがあった。フェリペには好感を持ったけれど、彼のためにすべてをなげうって、懸命に築いてきたキャリアをあきらめるようなことは、やはり彼女にはできなかった。はやくも二ヵ月後にふたりは再会した。このたびのきっかけはあまりロマンティックなものではなかった。石油タンカーがガリシア沖で難破して、環境汚染をひきおこした。フェリペが王室の公式代表として油に汚染された海岸を視察したとき、レティシアはカメラチームとともに現場でルポを行なっていた。ふたりが紹介されたとき、ふたりとも初対面のようにふるまった。

ようやく二〇〇三年五月になって、フェリペとレティシアのあいだにロマンスがはじまった。レティシアはイラク南部から帰国したばかりだった。イラクで彼女は六週間にわたり戦場から報道した。マドリードの特別な客しか入れないバーで、皇太子と美しい女性ジャーナリストは初めてふたりだけで落ち合った。手に手をとってテーブルにすわり、深いまなざしを交わし合った。それから数週間、ふたりは合間を縫っては逢瀬を重ね、たがいに愛を育んだ。だがフェリペにはわかっていた。両親が美しいテレビキャスターを嫁として受けいれるのはむずかしそうだと。レティシアは平民の出身で、カトリックの洗礼は受けていても、その信仰を実践するのはもう何年も前からやめていた――そして彼女には「過去」があった。当時、二〇〇三年五月、彼女はジャーナリストのダビド・テハラと男女関係にあっただけではない。三年にわたりレティシアは彼と同棲してきた。しかしレティシアがフェリペと親しくなる前に、ふたりのあいだは険悪になって、すでに彼女は共同の住居から移転していた。自分がフェリペを愛していると自覚したとき、彼女はテヘラとの関係を最終的に解消した。

しかし彼女の純白のチョッキの汚点はテヘラだけではなかった。レティシアには結婚経験があった！　一九九七年にメキシコから帰国したとき、彼女は両親がますます疎遠になっているのを確認せざるをえなかった。離婚話すらもちあがっていた。新米の女性ジャーナリストにとってこれはショックだった――両親は彼女にとってつねに模範であり、大切な活力源だった。絶望した彼女は崇拝する人物に電話した――アロンソ・ゲレロという名の男性に。ふたりが出会ったのは彼女がマドリードの高校に通っていたころで、そこでゲレロは文学の授業を受けもっていた。もともと彼は作家だった。まもなく彼女は旧師と頻繁に会うようになり、心中の悩みごとを洗いざらい聞いてもらった。ゲレロは彼女より十歳上で、よい聞き手になってくれた。レティシアは彼に救われたと感じた。危機的状況にあって、これほど共感をもって助けてくれる男性に、彼女は急速に深く傾倒していった。彼から結婚の申し出があったとき、彼女はたいしてためらわずに受けいれた。一九九八年八月にアロンソ・ゲレロとレティシア・オルティスはメリダの近くの戸籍役場に結婚の登録をした。

しかし新婚生活はたちまち危機におちいった。どことなく波長が合わなかった――かたや一日の大半を自分の本のために過ごす、かび臭いインテリ、かたやその時期にテレビのキャリアをスタートさせた、生気はつらつとした若い女性ジャーナリスト。はやくも結婚十三ヵ月後にこのカップルは別れた。結婚生活は破綻し、短期間なので無効とされた。「私が結婚に逃避したのは誤りでした」とレティシアはのちに語った。「おたがいの仕事のせいで、私たちは完全にべつの人生を送りました」。この誤りの報いを、いま受けることになるのだろうか？　なんと言っても宮廷がフェリペとイサベル・サルトリウスとの関係を妨害したのは、イサベルの両親が離婚していたからだった。では、みずからも離婚歴のある女性に、いかなるチャンスがあるというのか？

二〇〇三年六月にレティシアは作戦タイムをとって、コスタ・リカに飛んだ――そこで、のちに本人が語ったように、思索と瞑想にふけるため。いまいちど彼女は自分の状況の利害得失をじっくり考えた。彼女はフェリペを愛し、彼は彼女を愛している。レティシアは皇太子の愛情を疑わなかったが、ふたりの関係にたいするあらゆる障害を排除するほど、彼の愛は充分に強いだろうか？　マスコミがふたりの関係を嗅ぎつけたら、どうなるだろう？　国王夫妻が拒否権を行使して、夢がシャボン玉のようにはじけてしまったら？　堅実なテレビキャスターとしてのキャリ

> レティシアは夢想家ではない。彼女は最初の日から知っていた。フェリペへの偉大な愛を貫くには、自由、独立、キャリアの喪失を代償にしなければならないことを。
>
> **ホセ・ルイス・ビラロンガ**
> **フアン・カルロスの伝記作家**

アはきっと終わってしまうだろうし、ジャーナリストとして認められるための長年の闘いはむだになってしまうだろう。自分はせいぜいゴシップ紙誌のかっこうの的になるだけで、皇太子にふられた愛人のレッテルをいつまでも貼られるのではないか。

帰国した彼女はひそかにフェリペと会った。彼の決意は固かった。「うん、ぼくは自分の人生をこの女性と分かち合いたい」。皇太子は彼女にプロポーズしたのだ！　レティシアはこの瞬間を、のちに「信じられないほどロマンティック」と表現した――それ以上のことは語らずに。あらためて彼女は考慮時間を彼に提供し、ひとりでコスタ・ブラバにおもむいた――ふたつの携帯電話をたずさえて。ふつうの通話機と、フェリペとの通信のみを設定したものと。きっと彼女はすぐさまイエスと言っただろう――もしも、そう、もしも愛する男性がスペインの皇太子でなかったら。テレビの有名人ではあっても、彼女はこれまで比較的平穏な、監視されない生活を営むことができた。スペインの首都の文化生活に定期的に沈潜し、夜はバーやレストランで友人たちと会った。そういうことは王室の一員になったとたんにおしまいになる。お供なしでは一歩も外出できず、つねに監視下に置かれるだろう。闘いとったジャーナリストとしての地位は、皇太子の妻としての受け身の役割を優先させるため、放棄しなければならないだろう。そしてもちろん彼女は華やかなロイヤル・ライフの陰の面も知っていた。スペインでいちばん写真を撮られる女になり、批判者のきびしい観察の的になるだろう。イギリスの皇太子妃ダイアナの浮沈が他人事ではなくなった。それでもなお——結局彼女の心は理性に打ち勝った。フェリペが二日後に電話してきたとき、彼女は受話器に向かってさけんだ——相手がなにか言ういとまもあたえずに。「はい、はい、はい！　私はあなたと結婚します！」。彼女は決断した。その晩のうちに荷造りしてマドリードに飛んで帰った。それまでの人生をあとにして——もはや以前のような生活は二度ともどらないだろう。

沈黙作戦

いまや一歩一歩厳密に計画しなければならないことを、王子は知っていた。夏の休暇を彼はいつものように家族といっしょにマリョルカ島で過ごした。しかしこの年は、島の首府パルマ近くの離宮、マリベント宮をたいてい午前のうちに抜けだした。スモークガラスの車で、ふたりの護衛とともに、王子は港に駆けつけ、友人から借りた目立たないヨット「ダナエ」に乗りこむ。船内でレティシアが待っていることは、だれにも知られていなかった。恋人たちの帆走先はカブレラ島、そこは地球に残された天国のような一点で、松林と潟とクリスタルのように澄んだ水、そ噂がどんどんひろまって、彼女の電話は鳴りっぱなしだった。私は彼女にはっきり言ってやった。「私、知ってるのよ、レティ、あなたの秘密のボーイフレンドは王子でしょ」。すると彼女はこう言った。「お願い、マリア、だれにも言わないで。みんなには、彼の名前はフアンで、外交官だって言って」。

マリア・オニャ　レティシアの元同僚

して有名な「青の洞窟《クエバ・アスル》」が華麗な青い光をきらめかせた。そこで午後四時きっかりに目を閉じて接吻すると、恋人たちのあらゆる希望がかなえられるという。

八月半ばにレティシアはマドリードにもどった。フェリペはマリヨルカにとどまったが、めったに公衆の前に姿を見せなくなった。彼はわかっていた――レティシアとほんとうに結婚したければ、その決意をこれ以上両親に黙っているわけにはいかない。マスコミがこの情事を嗅ぎつけたらどうなるかは、言うまでもなく明らかだ。レティシアはさんざんな目に遭うだろう、エヴァ・サヌムがやられたように。早急に王家に受けいれることのみが、彼女を守ることになるだろう。スペインにはむかしから「国王とその家族にかんする悪口はひかえる」というジャーナリストの黄金律があって、それはいまなお生きている。いま公式に婚約すれば、愛する女性はこの庇護を享受できるのだ。

マドリードにもどると、王子は正式に国王夫妻との会見を申し入れた。二〇〇三年八月三十日、フェリペはサルスエラ宮の大サロンフェリペは私に断言しました。自分は王冠を選ぶことに迷っていた。それは自分の義務だ。いま自分は世界一幸福な人間だ、なぜなら自分の為すべきことが、自分の望むことと一致したから、と。

ピラル・ウルバノ　ソフィア王妃の伝記作家

彼は彼女のために王冠をあきらめるつもりだった。

アンヘラ・ペルテロ
レティシアの伝記作家

でレティシアを両親に紹介した。深々とひざまずいて、美しいテレビキャスターはまず国王、つづいて王妃に挨拶した。みんなぴりぴりしていた。コーヒーとミネラルウォーターを前にした最初の会話は三十分しかつづかず、フェリペは恋人をマドリードに連れ帰った。彼がサルスエラ宮で目にした両親の顔は、息子の選択をまったく認めないと語っていた。しかし今回のフェリペは闘わずして退きさがったりはしなかった。彼はレティシアを愛しており、またもや愛情の問題で親に指図されるつもりはなかった。

ひそかに彼はテレビ局ＴＶＥのチーフとのコネを使い、レティシアが夜のニュース番組の司会――テレビジャーナリストの王座――を務めるようとりはからった。放送局がリスクを冒すことはなかった。レティシアがあらゆる資質をそなえていることは、とっくに実証ずみだった。二〇〇三年九月二十九日、レティシアは初めてニュースキャスターを務め、大成功した。あっという間にほぼすべてのスペイン人が「レティシア・オルティス」という名前と、その好感の持てる顔を覚えた。これこそフェリペがねらったことだった。彼が期待したのは、両親がレティシアを認めるこ国民はレティシアを愛している。だがスペインの貴族は未来の王妃にたいする魔女狩りを煽りたてた。レティシアはかつてのダイアナのように、この偏見とひそかな嘲弄に苦しんだ。離婚歴があり、教会に行かない平民女性が、上級貴族に成りあがり、あまつさえスペインの王妃になることを、なんとしても望まない尊王派が存在する。

ホセ・ルイス・ビラロンガ　フアン・カルロスの伝記作家

と、というか、スペイン国民が彼女を支持すれば、認めざるをえないことだった。しかしフアン・カルロス一世とソフィア王妃はそう簡単には意見を曲げなかった。なんと言ってもこれは皇太子の将来、ひいてはスペイン王朝の将来にかかわることだった。

こうなったらフェリペは最後の切り札をくりだすしかなかった。「レティシアと結婚できなければ、私はけっして国王にならない！」。彼は両親に十月三十一日までの期限をつきつけた。だが国王夫妻はこれをただのはったりと見なした。それからも両親はレティシアを拒否する立場を一ミリも譲らなかった。しかしフェリペが国の祝祭日に、通常は全王族が出席する義務のある公式行事に欠席したとき、両親は息子の脅しが本気らしいとさとった。伝統的な閲兵式にじっとがまんして立ち会うのをすっぽかして、フェリペはレティシアといっしょにニューヨークを散策し、映画監督のウッディ・アレンと夕食を共にした。

フェリペの「最後通牒」が期限ぎりぎりになって、ついに国王夫妻は折れた。インサイダーの話によれば、ソフィア王妃は十月末にレティシアを呼んで話し合った。そしてその晩に国王夫妻はフェリペとレティシアの結婚に同意したという。実のところファン・カルロスとソフィアは、宮廷内にひろまる噂が外に洩れそうになったため、もはや同意するほかはなくなっていたのだ。二、三のジャーナリストも王位継承者の新たな愛を嗅ぎつけていた――そしてフェリペがまたもや平民女性を選んだことに、だれもが感激したわけではなかった。そのひとりが手をひとふりするだけで、雪崩をひきおこすには充分だった。

それはあの不吉な金曜日のことだった。二〇〇三年十月三十一日、フェリペがつきつけた最後通牒の期限の日。スペインの朝のテレビ番組で、有名な貴族界専門家ハイメ・ペニャフィエルが意味深長にほのめかした。「フェリペ皇太子に選ばれた女性はスペイン人であり、著名な家の出身であり、貴族ではない」。こうして「沈黙作戦」は破綻した。王宮に警鐘が打ち鳴らされた。緊急会議に追い打ちをかけて、つぎの、とりわけべつの放送局の夜の番組が、このニュースをとりあげた。翌日には未来の皇太子妃の名前も洩れてしまった。いまや早急に手を打たなければならなくなった。十九時三十分、すべての重要なメディアにファックスが届いた。「国王ならびに王妃陛下は大いなる満足をもって、子息アストゥリアス公ドン・フェリペと、ドニャ・レティシア・オルティス・ロカソラーノとの婚姻を告知する」。この通知は爆弾のように炸裂した。すぐさま全テレビ番組が中断された。レティシアの職場TVEではナンセンス番組「きみはぼくの正気を失わせた」を放映中だった。いま画面はレティシアの顔に切り替わった。だれもが優雅なテレビ女性のことをもっと知りたがった。たちまち視聴率がはねあがった。グラフ雑誌『HORA』

のインターネットサイトがパンクした。

ほとんど全国民が婚約の発表に熱狂して反応した。緊急アンケートではスペイン人の七十パーセントが、フェリペ王子の選択は正しかったと答えた。新聞は「二十一世紀のカップル」と論評した。いつもは王朝に批判的な『エル・モンド』さえ「テレビの女王」という見出しで、レティシアを「われわれの時代を代表するスペイン女性。若く、プロフェッショナル、豊かな見聞、自主独立、個人的・職業的経験そなわる」と賞賛した。本来は伝統的に反王政の左翼政党も、このカップルに祝意を伝えた。「これからはそこいらの娘《ムチャチャ》でも王妃になれるのだろうか?」と苦言をつぶやいたのは、ハイメ・ペニャフィエルのような根っからの王党派ぐらいのものだった。

過去のある女

もちろんレティシアの経歴はいまやメディアによってすみずみまで調べあげられた。まず世間が狼狽したのは、彼女がすでに一度結婚していることだった。宮廷のスポークスマンが、これは「今日のスペインにおいてはまったくふつうの状況」であると声明したにもかかわらず、多くの人びとが違和感を覚えた。離婚した女がスペイン王妃に? だがアロンソ・ゲレロとの結婚は戸籍役場に登録しただけだったので、カトリック教会もフェリペとレティシアに青信号を出した。

遅くともマドリード大司教のアントニオ・ロウコ・バレラ枢機卿が、皇太子の婚約の三日後に国王陛下に祝賀状を送ったとき、異議の声は鎮静した。

それでも多くのゴシップ記者が、週刊誌『ブンテ』が言うところの「スペインのアンネ・ヴィル〔ドイツの有名な女性テレビジャーナリスト〕」の過去をほじくりつづけた。しかしセンセーショナルな私事はたいして見つからなかった。王宮の職員たちの隠密行動によって、未来の皇太子妃にとって危険になりそうなもの――写真、手紙、記録文書等――はとっくに押収されていた。レティシアの結婚と離婚の書類は金庫に密封された。結婚式のビデオも回収された。元夫のアロンソ・ゲレロは結婚生活についていっさい語らないと約束した。レポーターが彼から聞きだした唯一の談話は、皇太子夫妻への祝辞だった。ダビド・テヘラも口を閉ざした。

> 私はこの話といっさいかかわらなかった。いつもなら私は夜のニュースや、とくに興味があって選んだ番組を見ている。この数日は一度も見なかった。私はテレビを一度も点けなかった。
>
> **アロンソ・ゲレロ**
> **レティシアの元夫　2003年11月**

しかしレティシアの人生のあるエピソードだけは、王室の熱心な証拠隠滅担当者も隠しおおせなかった。レティシア・オルティスはスペインでジャーナリストのキャリアを開始する前に、しばらくメキシコで暮らし、そこで博士論文を書くかたわら、ある新聞のために働いた。そのころ彼女は亡命中のキューバの画家ワルド・サーベドラと出会い、一発で意気投合した。彼女はその画家に肖像画を描かせることも承諾した。できあがった絵は、裸で水辺に立ち、紙の鳥を手にしている女を描いていた。そのうえ厄介なことに、メキシコのロックバンド「マナ」がのちにその絵をレコードのカバーに使った――しかもそのＬＰはあろうことか「濡れた夢《スエニョス・リキドス》」というタイトルだった。

　このことがスペインで知れわたったとき、スキャンダルは完璧になった。未来の王妃が裸でレコードカバーに？　作者の画家は釈明につとめた。自分はレティシアの写真を撮っただけで、その顔を裸のトルソの上に描いたのだと。「彼女は裸で私のモデルになったことはない」とサーベドラは断言した。しかし画家とレティシアのあいだには友情以上のものがあったという噂は、いまでも消えていない。

　不意をついた婚約発表の二日後、フェリペとレティシアは初めていっしょに公衆の前に現われた。「この決定に皆さんが感じた驚愕を、私は理解しています」と、まだ三日前には夜のニュースを読んでいた女性は言った。「でもそれは熟慮の結果であり、考えぬいた末の決断です。そしてとりわけ、私た

彼女は王妃の器をそなえていない。「マナ」のレコードカバーで半裸をさらし、しかも離婚している。こういう女との結婚はスペイン王朝の品格を引きさげる。いまやふつうの平民と差異がほとんどなくなっている。

ハイメ・ペニャフィエル
王室通のジャーナリスト

われわれはすぐさま共感し合った。われわれのあいだに友情関係が発展した。

ワルド・サーベドラ
画家

ちの共通の愛と、私たちの共通のプロジェクトにもとづいています」。彼女の将来の夫はこう言った。「われわれがここにいるのは、われわれの幸福をお見せするためです。私は確信をもって言います、レティシアは私が共に人生を分かち合い、共に家庭を築きたい女性だと」。彼女は将来のスペイン王妃としての役割を果たすための「あらゆる資質と必要な能力」をそなえている。そして婚約者の信頼のまなざしと赤らめた顔だけでは足りないかのように、フェリペは「われわれはおたがいに惚れこんでいる」と念押しして、疑いの最後の一片をぬぐい去った。

はやくも三日後の二〇〇三年十一月六日に、公式の婚約が告知された。形式どおりフェリペは昼の十二時にサルスエラ宮でレティシアに求婚した――身内だけでカメラはなく。中庭《パティオ》、記者会見、庭園散策でのグループ撮影の第二部がパルド宮でつづいた。そこはかつてフランコ将軍が住んでいたところで、いまは国王の迎賓館になっている。そこなら五十ヵ国から押し寄せた三百人以上のジャーナリストを収容する余地が充分にあった。

しかしレティシアの皇太子妃としての公式な生活へのスタートは、むしろ不運つづきだった。彼女は宮廷風の衣装でなく、軽快な、白いアルマーニのパンツスーツを着ていた。この服装は、多くのスペイン人がそう感じたように、あたかもレティシアが全世界に示しているかのようだった――このパートナー関係においては自分にも発言権がある！　このイメージが固まったのは、レティシアのいささか長すぎる談話を要約しようとしたフェリペを、彼女がさえぎったときだった。「私にもうすこし発言させて！」。これによって彼女は恐るべき失態を犯した。おまけに彼女はしょっちゅう婚約者を引っぱりまわして、自分の贈り物――サファイアを嵌《は》めた金のカフスボタン――をカメラに向けようとした。あまつさえ行儀作法の専門家の目には、国王夫妻へのお辞儀の深さが足りず、まちがった側で皇太子と並んだ。たしかにスペインの女性団体の指導者たちは喝采した。王室に新しい風！　しかし国王周辺の多数のレティシア批判者は親指を下にさげた。なぜ皇太子はまたしても、よりにもよって、平民の女を選ぶのか？

そのあと王子の「婚約者《プロメティダ》」は公衆の前から消えた。再登場は宮廷儀礼を学んでから。「私はけっして平民のお嬢さんに反対ではありません」と、かつてソフィア王妃は予言的に述べた。「でも妃にとってふつうのことを、平民出身の女性はすべて初めから学ばなければなりません。これはたいへんなことで、私にはほとんど不可能に思われます」。レティシアの学習プランはそれ相応に長かった。テーブルマナー、ダンス授業、宮廷儀典が日課になった。そのほかに「クイーンズ・イングリッシュ」の補習、狩猟、スキー練習がある。とくに義父母は宗教教育も重視した――なにしろ義理の娘は事実上とっくに信仰を失っていたから。「レティシアは若者の典型と言ってよく、子供時代の宗教教育のあと、教会にたいして無神論というよりは無関心な態度をとってきました」と、「花嫁教育」をゆだねられたホセ・マヌエル・エスタパ司教は語り、こう言い添えた。「ドニャ・レティシアは勤勉であり、失われた信仰をまもなくとりもどすでしょう」。

そのすこしあと、婚約カップルがアストゥリアス地方コバドンガの聖母マリアの祭壇で祈っているのが見られた。体にぴちぴちの衣装でも、パンツスーツでも、ジーンズでも、ミニスカートでも、すけすけのブラウスでもなく、そのときレティシアは膝下まで長い、ゆったりしたスカートを着ていた。かつては巻き毛にして軽くふくらませた髪はカットされ、引っ詰めた髪型になり、化粧は薄くひかえめだった。活動的な美人アナから皇太子妃の身分にふさわしい女性への変身。「話せと言われれば私は話し、黙れと言われれば私は黙り、動くなと言われれば私は動かない」とレティシアは自分の受けた「訓練」を評した。こうしてスペイン人は二〇〇四年五月二十二日、完璧な結婚式を目にすることになった。「レティシアは教科を修了した」と保守系の新聞『ABC』も、感動の少ない婚礼のあとで花嫁を賞めた。

すべてをスペイン人のために

「陛下、われわれがつねにスペイン人のことを考え、われわれの全人生をスペイン人の幸福のために献げることを、疑わないでください」と、フェリペは二〇〇四年五月二十二日の結婚の祝宴で父親に誓った。この王位継承者の生き方はすでに子供のころからインプットされていた。これからはレティシアも、そのことが意味するものを体験することになる。ハネムーン？　皇太子夫妻にそれはない。そのかわりスペイン各地をめぐる最初の「公務旅行」が予定に組みこまれた。

はやくも結婚式の翌日にふたりはマドリードに近い小都市クエンカに現われた。つづいてサラゴサ、ヘローナ、その他の都市を訪問する。そのすぐあとスペイン王室を代表して新婚夫婦はヨルダンの皇太子ハムザーの結婚式に出席した。その数日後にはバーレーン訪問。二〇〇四年六月初めにはローマ教皇ヨハネ・パウロ二世への表敬訪問がプログラムに入った。

過密な旅行プログラムだけなら、世界を飛びまわったジャーナリストのレティシアにとって、たいした重荷ではなかっただろう。しかし「すべてをスペイン人のために」——これが嫁いだばかりの皇太子妃にとってまっ先に意味するものは、なにがなんでも継承者を産むこと。少なくともふたり、できれば五人は子供がほしいと、ふたりは婚約のさいに冗談まじりで言った。しかしいまになって、三十二歳のレティシアには妊娠への期待が耐えがたいほどのプレッシャーになった。彼女の受胎能力にかんする姦しい憶測がひろまった。何百万というスペイン人がほとんど毎日、「ご懐妊」があったかどうかを話の種にした。数ヵ月が過ぎて、皇太子妃がどんどん痩せると、レティシアは拒食症だとか不妊症だとかいう噂がたった。実際、かつての自信あふれるキャリアウーマンは打ちひしがれ、憔悴しているように見えた。まちがいを犯してネガティブ・キャンペーンの的になるのではないかという不安が、彼女を石のようにこわばらせた。不吉な予感がはやくも結婚後数ヵ月にして当たったかのようだった。ついにフアン・カルロス王が介入を余儀なくされた。記者会見で国王は居並ぶジャーナリストに、これ以上レティシアを悩ますなと警告した。

神から息子を授からない者は、悪魔から甥を授かる。

スペインの俚諺

これは人生で起こりうる最もすばらしいことだ。娘レオノールが生まれて、われわれは歓喜している。

フェリペ
2005年10月31日

だが二〇〇五年五月八日にスペインのテレビ放送が番組を中断し、「本年のニュース」――レティシアの懐妊――を報じたとき、ようやく不快な憶測は鎮静した。そのかわり新たなヒステリーがスペインに蔓延した。レティシアが娘「しか」産まなかったらどうなるか？　男女の双子だったらどうするか？　メディアに煽られて、多くのスペイン人がにわか栄養士や婦人科医になった。「妃殿下《ス・アルテザ》はもっとお食べになるべきです！」とスペインの臣民は要求し、妊婦のヒールの高さを懐疑の目で注視した。レティシアにたいするプレッシャーは弱まらなかった――かたちを変えただけで。妊娠の経過はつねに順調だったわけではない。レティシアは吐き気と上気の症状に苦しみ、早産のおそれがあるので早めに入院させられた。二〇〇五年十月三十一日の夜、ようやく帝王切開で子供が生まれた。女の子、身長四十七センチ、体重三千五百四十グラム。誕生から丸一週間後、両親は誇らかに王女レオノールを初めて公衆に披露した。二〇〇六年一月十四日、マドリードのサルスエラ宮の礼拝堂で洗礼式が行なわれた。

　洗礼式がスペイン王と王妃の居城で執り行なわれるのは、これが初めてではない。しかし今回はまったく特別なことがあった。そのことは約事態が正常に進めば、レオノールはいつの日か女王になる。それを私は非常によいことだと思う。

ホセ・ルイス・ビラロンガ
フアン・カルロスの伝記作家

千年前から伝わる洗礼盤がはっきり示していた。これはドミニコ会の創立者、聖ドミニクスまでさかのぼるもので、皇太子とその後継者のみに使われ、ふだんは修道院に保管されている。最後に使われたのはレオノールの父親の洗礼式で、三十八年前のことだった。

この特別待遇にもかかわらず、その時点ではこの女児が王位継承順位の第二位――フェリペ皇太子のすぐあと――を占めるかどうかは定かでなかった。スペインの現行法によれば女性も王位に即けるけれども、それは男性の王位継承者がいない場合にかぎられる。しかしこれは男女同権を規定した憲法の他の条項と矛盾する。多くのスペイン人が、遅くともレオノールが生まれてからは、女子に不利な制限規定の廃止に賛成するようになった。王室も改革に賛成しており、「時代の論理」がそれをもとめていると、フェリペは分娩室から出てきた直後に表明した。フェリペの父親は依然として改定に抵抗していると言われているが、儀典にくわしい観察者の目には、伝統を重んじるスペインの君主が考えを変えたらしいことを示唆するものが見えている。すなわち、フアン・カルロス国王とソフィア王妃はレオノールの洗礼式で初めていっしょに孫の代父母の役割を演じた。そして親しい貴族のみならず、スペイン政界のトップたちも式に参列した――未来の国家元首のための儀礼にふさわしく。もっともそこまで進むには、まだいささか時間がかかるだろう。というのは、憲法改定を実現するには、いくつか手順を踏まなければならないからだ。まずはスペイン議会の上下両院で三分の二の賛成が必要になる。そのあと両院を解散して、新たに選挙を行なわなければならない。そこでまた両院の三分の二の賛成を得たあと、さらに国民投票に付さなければならない。

二〇〇六年九月末にいまいちど事態が動いたのは、レティシアの二度目の懐妊を宮廷が発表したときだった。その数週間後にフェリペ王子は前代未聞の一歩を踏みだした。「皇太子夫妻は大いなる喜びをもって、来年五月に生まれる予定の第二子が、女子であることを公表する」と、一一月末に王宮は発表した――出産予定日の半年も前に。これは保守的なカトリックのスペインではとんでもないことで、そこでは子供の性を決めるのはただひとり、神様なのだ。王室ウォッチャーはこの告知を、フェリペのレティシアにたいする深い愛のあかしと解釈した。生まれてくる王位継承者をめぐる不快な詮索が、またしても妊娠中の妻を苦しめないようにとの配慮。

> 微風が吹いても転びそうになるほど、レティシアは痩せ細った。
>
> ディアリオ・デ・マリョルカ
> 2006年8月

娘レオノールの誕生のあと、レティシアは見るからに元気になった。二〇〇五年末のクリスマス休暇を過ごしたランサロテ島で、ベビーといっしょに姿を見せた彼女は、とても美しく、リラックスしていた。そのひと月あと、王位継承者の妻は義母のソフィア王妃とともにマドリードの劇場を訪れ、二〇〇六年二月末にはロシア大統領プーチンの歓迎宴を華やかに彩った。しかしそのすぐあと、いまや流行になった彼女の健康いかなる状況のもとで彼が父親の跡を継ぐことになるか、われわれにはわからない。仮にそれが「平和的」な枠内——フアン・カルロスが退位するか、死亡する——で起こるとすれば、スペイン人は言うだろう。なんのためにわれわれはなにか変えなきゃいけないんだ？　しかし彼が実際に好かれたとしても、実際に王冠を勝ちとった父親の人気には、けっしておよばないだろう。

パウル・プレストン　歴史家

にかんする謎解きゲームが再燃した。街頭で、居酒屋で、カフェで、インターネットフォーラムで、テレビで、スペイン人は皇太子妃のいわゆる拒食症について議論した。身長一メートル六十八センチにしては体重四十五キロは痩せすぎだと、マスコミは騒ぎたてた。第二子懐妊の発表後に彼女がさりげなく朝の吐き気を訴え、そのあといくつかの行事予定をとりやめると、二、三の紙誌は命にかかわる重病説まで持ちだした。

それよりも実際にレティシアが受けた衝撃は、妹エリカの訃報だった。エリカは二〇〇七年二月初めにマドリードの住居で死んでいるのを発見された。あらゆる徴候が自殺を示唆していた。検死の結果、薬物の過剰摂取が判明した。家族への遺書も見つかった。彼女は二〇〇六年夏に夫のアントニノ・ビゴ——六歳の娘カルラの父親——と別れたことを克服できなかったらしい。そのあとずっとエリカは鬱病と不安状態におちいった。しかしいまはとりわけレティシアが、妹のめんどうを充分に見られなかったことで自分を責めた。世間ではしばしばエリカが、レティシアを攻撃するのははばかられたので、身代わりの山羊として批判の的になった。死の二日後に行なわれたエリカの葬儀には、全王族が参列した。義姉のクリスチナに抱擁されたとき、レティシアは泣きくずれた。宮廷医は妊娠七ヵ月の皇太子妃にとって最悪の事態を危惧した。ショックのせいで早産を惹き起こすのではないか。死産すら話にあがった。レティシアのすべての公務予定がとりやめになった。しかし経過は順調だった。二〇〇七年四月二十九日、皇太子夫妻のふたりめの娘が生まれた――やはり帝王切開で。名前は祖母ソフィアの名をもらった。誕生の五日後に幸せな両親がベビーを披露したときには、皇太子妃の顔にも笑みがもどっていた。

フェリペとレティシアの道はどこへつづくのだろうか？　まだその運命は決まっていないように見える。たしかに多くのスペイン人が結婚の前に想像した呪いは、ふたりの人生に降りかかってはいない。しかし結婚生活に差しているのは明るい陽光ばかりではない――そこには公衆からの永遠の圧力、平民出身のレティシアのスペイン王室への適応困難に起因する陰もある。まだフェリペとレティシアの前には遠い道が待ちうけている。日刊紙『エル・パイス』のアンケートによれば、スペイン人の八十パーセントがファン・カルロス国王を支持しているが、フェリペを君主に望むものは二十パーセントしかいない。「ファン・カルロス派」を「フェリペ派」にするのは、いまのところ容易ではないだろう。根っからの王党派もスペイン王家の未来には悲観的だ。「ファン・カルロスで終わる」と歴史家フェルナンド・グラシアは言う。神授の王がふつうの人間とたいして変わりないとしたら、なんのために王朝が必要なのか？　それにたいして多くの若いスペイン人は皇太子夫妻を二十一世紀の近代的な王朝にふさわしい配役と見なしている。「自由な市民のスペインにおいては王朝は共和主義的になるだろう。そうでなければ消え失せるだろう」とコラムニストのエンリク・ソペナは明言する。同業のピラル・ウルバノはそれを補完してこう述べる。「王というものは定数である。王は時代に適応するだけでよい。そしてまさしく適応している」。いずれにしてもフェリペとレティシアは闘うことを学んできた。ふたりは王冠を目ざし、国民の心をつかもうとしている。

NORWAY

シンデレラと王子

メッテ・マリトとノルウェーのホーコン

皇太子邸で、国民の日を祝うパレードを見る一家。メッテ・マリトとホーコン、姉のイングリド・アレクサンドラと弟スヴェレ・マグヌス、右端はメッテ・マリトの連れ子のマリウス。
（2009 年 5 月 17 日、アスケー、ノルウェー）
（Photo：dpa/PANA）

「きみの心のなかは激しく燃えている……メッテ・マリト、きみは多感で、すぐ熱狂し、こまかく気を配り、ときどき無関心になり、熱中して関与し、情熱的で、勇敢で、謎めいている。きみは拒否的にも果敢にもなれる。きみはあふれるユーモアと大きくて温かいハートをそなえている。きみはまったくファンタスティックなひとだ。ぼくがこれほど激情にかられた人間はきみしかいない。きみといっしょにいるときほど、ぼくがこんなに弱く、またこんなに強くなったことはなく、これほど愛に満たされたことはない。きみはぼくからすべてを引きだしてくれた……メッテ・マリト、ぼくはきみを愛している！」。

花婿のこの言葉に涙を流して感動したのは花嫁だけではなかった。百五十万を超えるノルウェー人と、さらに多くの世界じゅうのテレビ視聴者が画面の前で感動した。ノルウェー皇太子の結婚式がヨーロッパの王侯貴族のなかでも異例の婚礼になったのは、花婿の感動的なスピーチのせいだけではなかった。ノルウェー王室の王位継承者は平民の若い女性と結婚した。だがそれだけではない。そのとき二十八歳のメッテ・マリト・ティエッセム・ホイビは平民出身であるだけでなく、なんとひとりの息子をかかえたシングルマザーだったのだ。長年オスロのパーティ界に入りびたり、麻薬もたしなんだという美しい花嫁の数々の罪状には、いつもはとてもリベラルなノルウェー人でさえ眉をひそめた。結婚式の直前にノルウェーの日刊紙『アフテンポステン』が公表したアンケートによれば、回答者の六十五パーセントしかノルウェーの君主制を支持しなかった。ほんの十年前には九十六パーセントもあったのに。ノルウェー王室の成立以来、初めて玉座がゆらいだかに見える。ノルウェーの住民にとって、王政はアイデンティティのよりどころであり、スカンディナヴィア隣国からの国の独立を象徴するものであったのに。

> 人は共に生きたいと感じる相手と結婚すべきだ。私は彼女と共に残りの人生を過ごしたい。これはあれこれの貴族の称号よりもはるかに重要なことだ。身分にこだわるのはまったく時代遅れだ。
>
> ホーコン

ヴァイキングの後裔

西暦九〇〇年ころまで人口まばらな国土には多数の小豪族が割拠していた。最初の全ノルウェーの支配者とされるハーラル美髪王が、初めて全土をひとつの大王国に統一した。無数の地方豪族による激しい抵抗がくりかえされたが、後継の王たちは統一王権を維持しつづけた。この王や豪族こそ、同時代のヨーロッパを震撼させたヴァイキングだった。アラブ人が「北方の深紅の海鳥」と呼んだ船でヴァイキングは海を支配し、異国の富を略奪した。ホーコン・ホーコンソン王のもとでノルウェーは勢力の絶頂に達した。一二四七年には皇帝位まで提供されたが、ホーコンは拒否した。彼には自国でなすべきことがいっぱいあった。北方の植民、文芸と文化の振興。ヴァイキング王はトリスタンとイゾルデの悲恋物語をノルウェー語に訳させ、中世ノルウェーのもっとも重要な文学作品『王の鑑』を編述させた。ベルゲンにあった彼の王宮は大陸を志向する上層階級の輝かしい中心になった。ホーコンの統治下でノルウェーは史上最大の領土拡張をなしとげ、領土はグリーンランドとアイスランドまで包含した。

このノルウェーの最盛期は、十四世紀半ばに住民の大部分が犠牲になったペストの流行によって終わりを告げる。一三八〇年に死んだホーコン六世の未亡人で、デンマークの王家から嫁いだマルグレーテが、年少の息子オーラフの摂政となり、一三八七年にオーラフが夭逝すると、デンマーク、ノルウェー両国の支配者に昇格した。二年後にマルグレーテはスウェーデンの王位も支配下に収め、スカンディナヴィア三国の連合を成立させた。それによってノルウェーはその後五百年にわたって独立を失うことになる。十九世紀までヴァイキングの後裔はデンマークの王冠に服従しつづけた。

デンマーク人がナポレオンと結んだとき、その敗北の結果も背負わされた。一八一四年、スウエーデンの皇太子カール・ヨーハン十四世（元フランスの将軍ベルナドット）がデンマークに隣国のスウェーデンへの譲渡を強要した。いっぽうノルウェー人は、数百年にわたる異国支配を終わらせ、ふたたび独立を勝ちとる好機到来と見た。一八一四年五月十七日、選挙で選ばれた全国からの代表がオスロから遠からぬエイスヴォッルに参集し、独自の憲法を採択して、世襲王政と国民を代表する立法府たる国会《ストルティング》の開設を決定した。しかしスウェーデン皇太子カール・ヨーハンは闘わずして隣国領土をあきらめるつもりはなく、軍を率いてノルウェーに侵攻した。一八一四年十一月に彼はノルウェー人に強要して、スウェーデン国王カール十三世を君主に選ばせた。デンマークの王冠に代わって、今度はスウェーデン国王がノルウェーの国王を兼ねることになった。もっとも、妥協としてスウェーデン国王は、エイスヴォッル会議で採択された憲法を承認した。だがノルウェー住民のあいだには不穏な空気がみなぎっていた。いちいちストックホルムから指図されることへの憤懣は高まるばかりだった。繁栄する海運業のおかげでノルウェー経済は急速に発展し、それが国としての自意識を強めた。

一九〇五年に独立への最後の一歩が踏みだされた。同年六月、国会《ストルティング》はスウェーデンとの不人気な同君連合からの離脱を採択した。ノルウェー人の大多数が国民投票で議会制立憲王政に賛成し、共和制に反対した。歴史に押し流されて、スウェーデン人は独自の国王候補を出せなくなっていたので、他国から招ぶことにした。皮肉なことにその王様は、よりにもよって十四世紀にノルウェーから独立を奪った国からやってきた。デンマークのカール王子、デンマーク王フレゼリ君主制は安定をもたらすものと、私は信じている。われわれは国を統合する接着剤のようなものである。なにがあろうと、われわれは背後にひかえている。

ハーラル

われわれは若い王朝だ。1905年にひとりのデンマーク王子によって創始された。彼はホーコン7世としてスウェーデン国王になった——私の曾祖父。この若い王朝を生きながらえさせ、同時に——できるだけ直《ちょく》に——現代の一部になること、それがわれわれの役割だ。

ホーコン

ク八世の次男。五百年以上たってノルウェー人はふたたび独自の国王を戴き、カールは即位とともに、最初にノルウェーを統一した王にちなんで、ホーコン七世と称した。

以来ノルウェーは百年を超える独立を謳歌しているが、第二次世界大戦中にそれが中断したことがある。ノルウェーは中立を宣言したが、一九四〇年四月九日にドイツ軍が侵入し、国土を占領した。侵入したナチスはノルウェー国王ホーコン七世を人質として捕らえようとした。ドイツ軍の飛行機や落下傘部隊に追われての国王の逃避行は、深いフィヨルドや人跡稀な高地をへめぐり、ほとんどノルウェー全土におよんだ。ホーコン七世は行く先々でノルウェー国民の抵抗精神を鼓舞し、イギリスの遠征軍とともに戦った。長く熾烈《しれつ》な戦闘ののち、五月にはナルヴィックをドイツ軍から奪回したとき、イギリス遠征軍がダンケルクからすべての重兵器を遺棄して撤退したとの悲報が入った。六月十日、ノルウェー軍は降伏し、国王ホーコン七世は転戦をやめ、文字通り最後の瞬間にイギリス巡洋艦に救出された。

王妃マウドと子供たちはアメリカに仮の宿を見いだし、ホーコン王とオーラフ皇太子はイギリスに逃れ、ロンドンで亡命政府を形成し、うまずたゆまずノルウェー国内の抵抗運動を支援した。ナチスが設置したクイスリングのファシスト傀儡《かいらい》政権の承認を、王室は拒否した。ノルウェーでハーケンクロイツ下の暗い占領時代がはじまった。四万のノルウェー人がドイツの強制収容所に入れられたり、ナチスに処刑されたりした。連合国の勝利ののち、一九四五年六月七日に国王がノルウェーに帰還したとき、ノルウェーの民衆は熱狂的な歓呼をもって迎えた。「ノルウェー人にとって王室はとても大切で重要なものです」と女性エンターテナーのウェンケ・ミューレは説明する。「私たちはみんな王様を愛していて、王朝のないノルウェーなんて、ほとんどだれにも想像できません」。

歴史はくりかえす

ノルウェーの宮廷が二〇〇〇年十二月一日に皇太子ホーコン・マグヌスとメッテ・マリト・ティエッセム・ホイビとの婚約を発表したとき、少なからぬノルウェー人が断言したものだった

――「これでノルウェーの君主制はおしまいだ」。若いカップルへの世間の圧力は強まるいっぽうだったが、ホーコンは迷うことなく自分の決断を固守し、それをあるインタビューでみずから「勇気ある」決断と呼んだ。この花嫁選びによって王位継承者は、ノルウェーの王朝を二十一世紀に導き、従来の伝統を投げ捨てる決意を固めたことを内外に示した。

国王ハーラル五世と王妃ソニアは息子の配偶者選びをそれほど喜んだわけではなかった。しかしそれはある意味で国王夫妻が子供たち――娘マルタ・ルイーゼと息子ホーコン――にほどこした、王侯の尺度からすると異様にリベラルな教育も反映していた。しかもホーコンと平民の婚約者メッテ・マリトの歴史は、両親の歴史をくりかえしたかのようだった。なにしろソニア王妃もヨーロッパの上級貴族の出身でなく、ただの「お針子」――とうじ当時のノルウェーのマスコミは呼んだ――だったのだから。そのとき現国王の父親オーラフ五世王は、息子と平

ここではっきりわかったのは、われわれは自分たちの人生をこの任務に献げたいということです。ここに坐って、われわれが王政を信じていることを知るのは、こころよい感覚です。

ホーコン
婚約の記者会見で

あのころ政府要員以外はみんな、オーラフの死後、王朝は破滅すると確信していた。ハーラルとソニアの結婚による負荷はあまりにも大きかったから。

ペル・エギル・ヘッゲ
ジャーナリスト

民女性ソニア・ハーラルセンとの結婚に同意するのを長いあいだ躊躇した。一人前のドレスメーカーだったソニアはさらに教養を積み、スイスで高校教育をやりなおし、大学で美術史を学んだにもかかわらず、ノルウェー国王は身分ちがいの結婚による議会とのいざこざを恐れた。

一九五九年のある夏の夜のパーティで、内気なハーラルは快活なソニアと知り合った。好きになった男性の正体を知ったとき、若いノルウェー女性はひとまず自分の感情から逃れようとした。彼女は外国のファッション・デザイン学校に通い、一時期スイス、イギリス、フランスで暮らした。ひそかにソニアは外国で手に入るかぎりのノルウェーの新聞を買いあつめ、愛する男にかんする報道をむさぼり読んだ。ハーラル王子は陸軍士官学校を卒業したあとオクスフォードで勉学を開始し、経済学、政治学、歴史学を専攻した。一九六五年にノルウェーのメディアは皇太子とギリシアの王女イレーネとの婚約が間近いと報じた。しかしこれは誤報だったことが判明した。ハーラルはとっくにべつの女性に決めていた――ソニアに。「彼女か、だれとも結婚しないか」と、そのころ彼は父親の国王オーラフ五世に選択を迫ったという。王子が平民女性を選ぶことには、それなりの確固たる論拠があった。「私がノルウェー女性と結婚するのなら、相手は貴族ではありえない。なぜなら国会《ストルティング》が一八二一年にノルウェーにおけるすべての貴族の称号と特権を廃止したから」。父親がなおも躊躇したとき、ハーラルはきわめて巧妙な手を使った。王位に即かないといって父親を脅すのでなく、ソニア以外の女性と結婚することを断固として拒否したのだ。そうなると、たとえハーラルが父の死後に国王になっても、世継がいないのでノルウェー王朝は断絶してしまう。

息子が本気だということを、オーラフ五世は見てとった。それでも国王はこの結婚に同意するのをためらった。彼の妻のマルタはスウェーデンの王女だが、一九五四年に五十三歳で亡くなっていた。そのため皇太子の妻が結婚後ただちにファースト・レディとして、義父のかたわらで数々の公務を引きうけることになる。若い平民女性が厳格な宮廷儀礼にのっとって、ヨーロッパの王侯貴族との交際に慣れることができるかどうか、国王は疑った。しかしソニア・ハーラルセンをみずから子細に観察して、その懸念は消しとんだ。一九六八年三月二十日、ふたりが知り合ってから九年後、宮廷はついにハーラルとソニアとの婚約を発表した。ノルウェー国民の反応は老王をびっくりさせた。ノルウェー人は熱狂して皇太子と平民女性との間近な結婚を祝福した。「われわれだけでなく、大部分のノルウェー国民も非常に安堵したという印象を私は受けた」とハーラルはのちに回想している。同じ年の八月二十九日に皇太子とソニア・ハーラルセンはオスロの大聖堂で結婚式を挙げた。約千人の招待客と数十万の観衆が新郎新婦に喝采した。式をつかさどったフリチョフ・ビルケリ主教は祝福の説教で心中を吐露した。「今日、王家と国民のあいだに、新たな、確固たる絆が結ばれた」。王室が開かれることと、現代に適応することのみが、王朝の生き残りを長く保証することを、ハーラル皇太子が納得させたのは父親だけではなかった。

ハーラルとソニアは子供たちができるだけ「ふつうの環境」で育つよう心がけた。一九七一年九月二十二日にマルタ・ルイーゼが生まれ、二年後の一九七三年七月二十日に皇太子ホーコン・

マグヌスが誕生した。姉と同じくホーコンは公共の幼稚園に通った。子供たちの教育は両親がみずから引きうけ、養育係まかせ——王侯貴族の家ではそれがふつう——にはしなかった。オーラフ五世王が長男ハーラルの結婚プレゼントに贈ったスカウグムの別荘で、マルタ・ルイーゼとホーコンは育った。いまではホーコン皇太子とその家族の御所になっている王室の住居は、オスロの町はずれにある。十四ヘクタールの庭園、果樹園、草地、耕地、森林が、明るい瀟洒《しょうしゃ》な家屋をかこんでいる。ここでホーコンとマルタ・ルイーゼはのびのびとした子供時代を過ごした。ノルウェー人にはふたりの「王の子供たち」と親しく接する機会が何度もあった。たとえばオスロの子供劇場やスカウグム近辺での乗馬遠足などで。ハーラルとソニアは子供の教育にあたって、ホーコン・マグヌスとマルタ・ルイーゼが同年代の子供たちと接触することをとくに重視した。そのためいつの日かノルウェー国王になるホーコン・マグヌスはアスケルの小学校に通い、そのあとオスロのキリスト教系のギムナジウムに進学した。

こういう庶民的なところは、豪奢な宮廷生活を営まず、簡素なライフ・スタイルをつねとしているノルウェー王室の全般的な気質にふさわしい。一九七〇年代のエネルギー危機のさいにオーラフ国王がオスロの市街電車で移動したことは、ほとんど伝説になっている。そのころ王は多くのノルウェー人と同様リムジンをガレージにとど

> 私はしょっちゅう大さわぎをして、たしかに宿題はあまりやらなかったな。
>
> **ホーコン**
> **2005年**

め、公共の交通手段を使った。冬にはホルメンコレンのジャンプ台で国王に会えた。そこで老王は楽しげに雪を踏みしめながら、びっくりしている臣民に「シー・ハイル！」と陽気に呼びかけたものだった。ハーラル国王とソニア王妃も庶民性の伝統を引き継いだ。一九七七年に赤十字の催しで、王妃はウェンケ・ミューレとデュエットを歌った。この歌はミリオンセラーになり、収益は障害児施設に寄付された。「国王と王妃は温かく、まごころのこもった人たちです」とウェンケ・ミューレは言う。「おふたりはとてもオープンで、市民と親しく接します。それでもおふたりは尊厳ある距離を保っています」。

王位継承者

ホーコン・マグヌス皇太子も、はやくから公けの役割にたいする準備をさせられた。両親が心がけたのは、内気な王子が他人から見つめられても気おくれしないようにすることだった。ホーコン・マグヌスは親の期待に応えた。彼はまじめで、努力家で、責任を自覚する人間に育った。オスロのキリスト教系ギムナジウムは国でも有数の名門校だが、そこで王子は優等生のひとりに数えられた。「私にはとくに得意な学科はなかった」と彼は学校時代をふりかえる。「ノルウェー語とかかわるものはなんでも好きだった。つまり歴史、文学、詩、なかでもノルウェーの戯曲、それもとくにイプセンの作品が。あまり好きでなかった学科は数字とかかわるもので、たとえば数学がそうだった。だれだってわかる学科は好きになる。でも私は最後にはちゃんとやった。だから学校はそれほど悪くなかった」。

一九九二年の春にホーコン・マグヌスは高校を卒業した。その半年前の一九九一年七月に皇太子は成年に達した。息子の十八歳の誕生日を祝って両親は大舞踏会を催し、そこにヨーロッパの上流貴族が参集した。その同じ日にホーコンは初めて枢密会議に出席した。そこでは彼の宣誓式が最も重要な議事次第になった。国王は枢密会議の議長なので、国王が不在のときは皇太子が代行することになる。成年に達するとともにホーコンはさまざまな公務に就き、将来のノルウェー国王の役割への予備訓練を重ねていった。それには君主が玉座から行なう毎年の国会《ストルティング》開会宣言もふくまれる。民主主義国の国王に直接的な権限はない。それでも政権交代のさいに首相に組閣を委嘱するのは国王なのだ。そして選挙で明確な勝者が決まらない場合は、国王がみずからイニシアティブをとることができる。国家元首として国王は同時に国教会の長と、軍の最高司令官でもある。

もっとも、間一髪でホーコンは王位継承順の第一位の座を失うところだった。皇太子が十七歳になったとき、ノルウェー議会の多数が王位継承法の改定に賛成した。一八一四年以来、ノルウェーでは男系の王位継承が適用され、長男のみが死んだ国王の跡を継げることになっている。しかし一九八〇年代に多くの国会議員がそれを時代遅れと見なし、男女を問わず第一子が王位を継ぐ、いわゆる長子相続法を主張した。王位継承法が改定されればマルタ・ルイーゼが将来の国王となり、第二子のホーコンはその後塵《こうじん》を拝することになる。当時の国王オーラフ五世は、この男女同権に原則的には反対せず、当時まだ皇太子だったホーコンの父親ハーラルも、この改定に賛成した——限定付きで。改定は自分の子供たちには適用しないほうがよい、なぜならかれらは幼年時から将来の役割にそなえて準備させられてきたから、と。「いわば生まれたときからそれを知っていれば、まったくなんの支障もない。しかしこっちからあっちに取り替える、つまり役割を交代するのは、私は困難だと思うし、そもそもアンフェアだと思う」と、そのころハーラルはあるインタビューで言った。

ホーコンとマルタ・ルイーゼのあいだでもこれが話題になった。姉弟は了解し合い、王位継承問題で一致した。「われわれふたりは、いつの日か私が即位することを意識して育ってきた」とホーコンはプレスに説明した。「突然それが逆になるなんて、われわれには考えられないことだ。だから王位継承順位を変えるなんてことは、われわれのあいだではまったく話にもならなかった。そもそも、そういう考えにはすこしづつ慣れていかなければならないだろう。人生計画がすべて変わってしまうのだ、それも激変するのだから!」。議会は一九九〇年に憲法改定を可決したが、妥協も伴なった。将来はスウェーデンでも女性の王位継承が適用されることになるが、それはこの時点のあとで生まれる王の子供たちに該当する。

伝統にしたがってホーコンは中等教育を終えると軍事教育を修めた。皇太子としての特権で彼は兵科を決める前に、各兵科を試してみることを許された。こうしてホーコンは重戦車で練兵場を駆け抜け、落下傘で飛び降り、ジェット機のコックピットにもすわった。結局王子が海軍を選んだことを、彼の血管に流れる「ヴァイキングの血」のせいにする声もあれば、海洋スポーツにたいする彼の偏愛を云々するものもいた。父親と同じくホーコンは熱狂的なヨット乗りで泳ぎ手だった。ホーコン自身こう言っている。「生まれたときから私は海にかかわるものがなんでも大好きだった。空軍についていては、私の目は軍務についていけるほど充分に良くないと言わざるをえない」。ベルゲン、ホルテン、スタヴァンゲルで海軍予備士官の訓練を受けていた四年間、皇太子が公衆の前に姿を見せることはめったになかった。儀礼上の任務で出席がもとめられるときは、皇太子は訓練地から飛行機で首都に飛んだ。しかし王室はつねに皇太子の教育を優先させた。

> 海軍時代には基礎訓練でも海上勤務でもつねに私の部屋は共有だった。
>
> ホーコン

ヨーロッパの王侯貴族の多くの御曹子とちがい、ホーコンが世間を騒がすことはほとんどなかった。ノルウェー皇太子の私生活にはまったくスキャンダルがないように見えた。もちろん恋愛関係はあったにしても。セリナ・ミデルファルト――そのころ死んだ「化粧品王」フィン・エリク・ミデルファルトの娘――と、ホーコン・マグヌスはつかの間のロマンスがあった。しかし物静かな青年王子はいつも長持ちする真剣な関係をもとめた。カトリーネ・ブルスタズとはオスロで高校卒業の直前に知り合った。このブロンド娘は彼が初めて大いに愛した女性だった。ホーコン・マグヌスは彼女の両親に自己紹介し、旅行でオスロにいないときは、カトリーネに自分の黒のプジョー205を自由に使わせた。彼がスカウグムの宮殿で両親に紹介した最初の女性も彼女だった。だがいつしかこの恋愛は破れた。つづいてホーコンは、カトリーネ・クヌッセンと三年にわたって付き合った。このバエルム出身の娘は当時ノルウェーで指折りのモデルだった。「彼女はほんとうに魅力的だった」と、のちにホーコンの伯母、ラグンヒルド王女はカトリーネを回想している。シッキルスダーレンでの王家の復活祭の祝典にもホーコンのガールフレンドは参加を許され、その後はメディアから未来の王妃と目された。しかしこのたびも永遠の愛にはならなかった。カトリーネ・クヌッセンとは知り合いのモデル、モナ・ウォル・ハーランが皇太子のつぎなるガールフレンドになった。その間にホーコン・マグヌスは軍事教育を修了し、カリフォルニア大学のバークレー校で政治学を専攻することになったが、この留学先の選択は宮廷にひと騒ぎを引きおこした。かつて父親も祖父も留学したオクスフォードを、ノルウェー皇太子は選ばなかったのだ。他の伝統的な大学もホーコン・マグヌスは拒否した。

若い王子がアメリカ合衆国カリフォルニア州のバークレーの大学を意識的に選んだのは、そこがフレキシブルで、リベラルで、クリエイティブだと聞いていたからだ。北方の故郷から遠く離れたバークレーでの学生時代は、若い皇太子に鮮烈な影響をあたえることになる。そこではだれもホーコン・マグヌスに「殿下」の称号付で話しかけることはなく、数千の学生のひとりになりきり、学友たちは「マグヌス」としてしか彼を知らなかった。以前から彼には「まったくふつうの生活」を送ることほど憧れていたものはなかった。高校卒業式で彼がふざけて「ストヴネルのジョニー」と自称したのは、ほかの人びとのような名前を持ちたいからだった。バークレーで彼は初めて、生身の王子を前にしているとは知らずに、人びとが自分に対応するのを体験した。「それがどんなことなのか、それまで私は実際には知らなかった」とホーコン・マグヌスはノルウェーのジャーナリスト、ペッテル・ノーメに告白している。「ここの人びとの反応は故郷とは全然ちがう。あそこでは人びとの念頭に、すでに私についての一定のイメージができている。ここではまったくオープンに私に接して、私にたいする質問もまったくちがっている」。

アメリカ留学時代に書きとめられた詳細な対話のなかで、皇太子は同性愛者の権利を熱烈に擁護し、自分はまったく偏見のない現代青年だと述べている。このインタビューはノルウェーのテレビ局NRKで放映され、遠い故国でひと波乱を巻きおこした。ヨーロッパの王族が政治的立場をこれほど鮮明にしたことは、いまだかつてなかった。三年後にノルウェーに帰国したとき、皇太子はぐんと成熟していた。ノルウェーの社会ではつ

私の祖父と父はイギリスで学んだ。しかし私もオクスフォードに行けとは、だれも強制しなかった。私はオスロ大学に協力をもとめた。われわれは世界じゅうの大学をつぎつぎに思い浮かべた末、私はバークレーに行くことに決めた。

ホーコン

私の同室者が私の正体を知ったとき、最初の反応はこうだった。「ノルウェーにも王様がいるのか？」

ホーコン

ホーコンはごくふつうの学生として、無名のままでいたかった――それはイギリスでは無理だろう。

ペル・エギル・ヘッゲ
ジャーナリスト

ねに自分の特権的地位と苦闘してきたホーコンは、皇太子としての自分の役割を達観したかのようだった。

モナ・ウォル・ハーランは何度かバークレーに皇太子を訪ねた。友人たちはふたりの関係を非常に真剣なものと見て、ホーコンが西ノルウェーからやってきた娘をとても愛していたと語っている。しかし意外にもモナは、一九九九年の春にホーコンと別れた。初めて青年王子は失恋の苦悩を味わった。それまでは関係の終焉を決めるのは自分であり、相手ではなかった。しばらくホーコンはモナとの離別を嘆き悲しんだ。痛手を受け、いつもより生まじめになり、人を寄せつけなくなった。だが一九九九年の夏にひとりの娘と出会い、それが彼の人生を変えることになる。

ほとんど毎年ノルウェー皇太子は、七月にクリスチャンサンで催される「クォルト・フェスティヴァル」を訪れていた。ノルウェー南端の穏やかな夏に開かれるロックコンサートは、いつも何千という――たいていは若い――観衆を引きつけた。ホーコンと友人たちも熱烈な音楽ファンで、フェスティヴァルのくつろいだ雰囲気を楽しんだ。すでに一九九六年から皇太子はそこの常連だった。そのとき彼は、友人のモルテン・アンドレアセンのもとに止宿していた。モルテンは海軍時代からの知り合いで、そのころフェスティヴァルの企画にたずさわっていた。そのモルテンが親しい女の友人、メッテ・マリト・ティエッセム・ホイビをホーコンに紹介した。ホーコンと美しく陽気なメッテ・マリトは一発で意気投合した。フェスティヴァル開会中、ふたりはたびたびいっしょに踊り、笑った。そのときは短いけれど激しい夏のロマンスで終わるはずだった。ともかくノルウェーのスキャンダルリポーター、ホーヴァル・メルネはそう主張している。きわどい推測。なぜならその時点で魅惑的なメッテ・マリトは、すでに妊娠三ヵ月の身重だったから。

パーティ・クイーン

子供の父親は――のちにゴシップ記者たちがひろめた噂とちがい――けっしてホーコン皇太子ではなく、オスロの写真家モルテン・ボルグだった。メッテ・マリトはこのハンサムな男と一九九六年の復活祭のころに知り合い、長いあいだいっしょに暮らした。もっともふたりの若い男女はしっかりした関係を保ちつづけたわけではない。オスロの高級地区ビィグドイで育ったモルテン・ボルグは、ノルウェーの首都のトレンディな音楽と麻薬の世界でかなり知られた存在だった。金は「パーティと享楽、とりわけ……コカイン」に注ぎこんだと、ホーヴァル・メルネは非公式のメッテ・マリトの伝記で述べている。事実モルテン・ボルグは一九九〇年代の初めにコカイン・スキャンダルに巻きこまれ、麻薬所持のかどで懲役二年六ヵ月の判決を受けている。当時この青年はアメリカ・ジャマイカ系の歌手グレース・ジョウンズと関係があり、彼女は「このブロンドのノルウェー男にぞっこん」惚れこんだ。

一九九六年にメッテ・マリトと知り合ったころ、モルテン・ボルグの身辺は比較的穏やかだったが、結婚して落ち着くつもりはまったくなかった。メッテ・マリトもそれまでだれかと長つづきする関係を結んだことはなかった。

この若い女性は一九七三年八月十九日にクリスチャンサンで生まれた――ノルウェー皇太子と同じ年に。そのころ母親のマリト・ティエッセムは五人家族の家事を切り盛りしていて、メッテ・マリトが生まれたときは十四歳の長男エスペン、十一歳の次男ペル、九歳の長女クリスチンがいた。夫のスヴェン・O・ホイビはもともとジャーナリストで、のちにコピーライターとして金を稼いだ。幼少のメッテ・マリトはこぢんまりとした街区スレッテイアでのびのびと育った。「兄と姉がみんなであの子の教育にかかわった」と父親のスヴェンはのちに回想している。

週末と休暇には冬のリゾート地ホヴデンに行った。そこにホイビ家はスキー山荘を持っていた。メッテ・マリトはすでに四歳でスキーに熱中し、急な坂も怖がらずに滑降した。いっぽうヨットはスヴェン・O・ホイビがいくら誘っても、末娘は「退屈」だと言って興味を示さなかった。八月末にメッテ・マリトは近くのスレッテイアの小学校に入学した。級友たちは彼女が「活発な少

兄や姉たちはみんな彼女の教育にかかわった。たぶんかれらは私とマリトよりきびしかっただろう。われわれおとなはいささか経験があり、多少は手心を加える感覚をそなえているが、エスペン、ペル、クリスチンは小さな妹をぎりぎりまでしごいた。

スヴェン・O・ホイビ　メッテ・マリトの父親

女」だったのを覚えている。よく白昼夢にふけることがあったけれども、それでも優秀な成績通知書を家に持ち帰った。メッテ・マリトの屈託のない子供時代は、両親が別れたときに終わった。

兄や姉はその時点ではとっくに成長して、独自の人生を歩んでいた。末っ子はいきなりみんなから見放されたと感じた——たとえ両親はできるだけ摩擦のない別離を心がけたとしても。十一歳の末娘は母親のもとにとどまって、ごくふつうの生活を送り、二週間ごとの決まった曜日に父親が訪ねてきた。「われわれがもういっしょに暮らさないことが、あの子にはどうしても納得できなかった」とスヴェン・O・ホイビはその時期を回想する。「離婚はたしかに彼女の心を傷つけた」。しかし学校でのメッテ・マリトに問題はなかった。成績はまあまあで、それは実業学校に進んでからも変わらなかった。しかし元気な笑顔の可愛いブロンドの少女が容姿端麗なティーンエイジャーに成長したころから、メッテ・マリトは校外活動にだんだん興味を持つようになった。ダンス、男の子といちゃつくこと、ポップミュージック、スポーツ——同年代の若者ならほとんどだれもがそうなるように。オデルネスの実業学校の授業が彼女には退屈になってきた。一九八九年の末、そのとき十六歳のメッテ・マリトは学校にうんざりして、作戦タイムをとることにしたと両親に告げた。ノルウェーでは、たとえば外国に行くために、通学を一年間中断することが許されている。メッテ・マリトの念頭にあったのは、交換留学生として一年間オーストラリアで過ごすことだった。はじめ両親は懐疑的だったが、少女は意志を貫いた。

一九九〇／九一年の学期に、ノルウェー娘は地球の反対側への旅に出た——初めて両親も友だちもなく、完全にひとり旅。はじめティーンエイジャーが望んだのは、シドニーやメルボルンのようなオーストラリアの大都会に留学することだった。しかし選択はワンガラタに落ち着いた——オーストラリアの南端ヴィクトリア州にある人口約二十万の眠ったように静かな町。メッテ・マリトの最初の印象はショックだった。ほこりっぽい道路、そこをがたがた揺れながらのんびり走るピックアップ、小さな農家、それをかこむたくさんの牛の群れ。ノルウェーのティーンエイジャーを受けいれた家族はグリーンといい、町の外の小さな家に住んでいて、広い庭には鵞鳥《がちょう》が放し飼いされていた。通学にはバスで半時間あまりかかった。だがホームステイ先のエヴァとマイケルのグ

> メッテ・マリトは自分の感情をいつも隠さずに率直に示した。私がべつの女性といっしょに暮らしはじめたとき、兄と姉たちの反応は非常に異なっていた。いっぽうメッテ・マリトは私のパートナーにたいして非常にオープンで、ふたりは良い関係を築きあげた。
>
> **スヴェン・O・ホイビ**
> **メッテ・マリトの父親**

リーン夫妻とは初対面から気が合った。メッテ・マリトほか七人の交換生徒を受けいれたワンガラタの高校にも、ティーンエイジャーは驚くほどすばやく順応した。「異なる文化に接し、しばらくオーストラリアで暮らすことは、彼女にとって良い経験になったと思う」と、当時ワンガラタ高校でメッテ・マリトの体育と生物学の教師だったロバート・フィンドレーは言う。「彼女は大勢の友人と知り合い、すばやくここの生活になじんだ。ノルウェー訛りもなくなるほどだった。三ヵ月あまりで彼女はすっかり順応した」。ただオーストラリアの食習慣が、はじめノルウェー娘には苦手だった。ワンガラタでは――オーストラリアではどこでもそうだが――バーベキュー、肉の網焼きが好まれた。ところがメッテ・マリトはむしろベジタリアンだった。

> おそらく両親の離婚が主な原因で、彼女はしばらくノルウェーから出ていきたかったんだろう。
>
> **マイケル・グリーン**
> **メッテ・マリトがホームステイしたオーストラリアの家の主人**

ここではなにかといえばバーベキュー、網の上でじゅうじゅう焼かれる大量の肉を見るだけで、彼女は胸が悪くなった。割り当ての量を食べきることはめったになかった。しかしこの土地の風習にもだんだん慣れて、肉を盛られた皿を果敢に空にするようになった。ホームステイ先の家族は町の外に住んでいるので、メッテ・マリトはしばしば週末をワンガラタの新しい友人のもとで過ごし、女友だちの家に泊まって、外出したりスポーツをやったりした。「彼女はとても活発な人柄で、人とよく打ちとけて、いつも上機嫌に見えた」とロバート・フィンドレーは当時のメッテ・マリトを描写する。「彼

メッテがここですてきな時間を過ごしたことはたしかです。彼女が唯一嘆いたのは体重です。彼女はうちで暮らした一年のうちに、10キロは太りましたね。

エヴァ・グリーン
メッテ・マリトがホームステイしたオーストラリアの家の主婦

彼女はクラスでいちばん熱心な生徒ではなかったけれど、交換生徒たちがあの年齢でオーストラリアに来るのは、そういうことが理由なのではありません。かれらは新しい文化を知るために来るのです。

ロバート・フィンドレー
メッテ・マリトのオーストラリアの教師

女はノルウェー女性から想像するイメージ——そう、どちらかといえばひかえめで、ちょっととっつきにくい——とは全然ちがっていた」。

留学期間はどんどん過ぎていった。何度もメッテ・マリトは、オーストラリアにとどまって、ここで人生を築くことを考えた。しかし結局ノルウェーにもどった。一年後にノルウェーの彼女の家を訪問したロバート・フィンドレーは回想する。「彼女の母親と私はいろいろ話し合ったが、母親は明らかに戸惑っていた。メッテ・マリトは少女としてオーストラリアに行ったのに、帰国したときは突然おとなになっていたから」。

メッテ・マリトはノルウェーの現実に慣れるのがむずかしかった。オーストラリアでの一年で彼女は非常に自立的になっていたので、ふたたび順応して規律にしたがうのが困難だった。両親や教師にたいする反抗はこの時期の服装や髪型にも表われた。ある日メッテ・マリトはスキンヘッドで登校した。級友たちはこの新しい「ルック」に喝采したが、両親にはショックだった。マリト・ティエッセムは娘と接する手だてを失ったような気がした。初めて若い娘は真剣な恋をした。相手の男は二歳年上で、詩と小説を熱愛し、熱狂的なジャズファンだった。この若者は大学で経済学部に籍を置いていたが、たいていの時間はローカルバンド「ブラエセン」とともに過ごし、そのマネージメントを引きうけていた。「ブラエセンは陽気な連中で、パーティと試飲会にうつつを抜かした」とスキャンダルレポーターのホーヴァル・メルナエは書いている。数人の楽団員とメッテ・マリトのボーイフレンドはハシシの常習者だった。仲間がパーティや「試飲会」に集まると、しばしばマリファナ・タバコがまわし飲みされた。メッテ・マリトもこの時期に初めて大麻を試したようだ。だが彼女と恋人の男とはいさかいも絶えなかった。理由は彼とその友人たちが大麻をやりすぎるから。はやくも数ヵ月後にふたりは別れた。

そのころメッテ・マリトと仲間たちはしょっちゅうパーティをやっていた。それが数日間にわたることもあり、アルコールが大量に消費され、べつの嗜好品も持ちだされた。クリスチャンサン

私が行動していた環境では限界が試されており、私はその限界も超えたのです。

メッテ・マリト
結婚前の記者会見

1972年にオーラフ王は市電に乗車した。1992年にメッテ・マリトはエクスタシーを服用した。時代が変わり、庶民性にもいろいろあることを、思い知らされる。

新聞『ダグブラデット』への投書
2001年7月

はノルウェーにおける麻薬の集積地だった。多くの若者が誘惑に抗しきれず、メッテ・マリトもそのひとりだったという。それでも彼女は一九九四年に高校を卒業した。そのすこし前にメッテ・マリトは、東ノルウェーからやってきた十五歳年上の男、ジョン・オグンビと知り合った。彼はノルウェーのパーティと音楽の世界をディスクジョッキーとして渡り歩いていた。ふたりは惚れ合った。ジョンがオスロ東方のリレストレムに移ろうと提案したとき、メッテ・マリトはためらわずに承知した。一年あまり、ふたりはいっしょに暮らし、このころがメッテ・マリトの人生でいちばん乱脈な時代になった。ほとんど毎日ふたりは奔放なパーティにとびこみ、そこでは麻薬も出まわった。服用すると何時間でも疲れずに踊れるエクスタシーや、LSDその他の幻覚剤もレパートリーに入っていた。

だがいつのころか、メッテ・マリトは目が覚めた。人生は永遠のパーティではなく、将来の職業を考えなければならないことに気がついた。彼女はオスロのビョルクネスにある私立ギムナジウムに入学して、高校卒業（大学入学資格）試験をやりなおし、前よりも良い成績を取りたかった。彼女はボーイフレンドの家を出て、関係を断った。ジョンは失恋の苦しみと絶望にわれを忘れた。ひとりの女友だちとともにオスロのグリューネルロッカ地区に移ったメッテ・マリトに、彼は何ヵ月も復縁を迫った。ついに若い娘は電話ストーカーのかどでジョンを告発した。そこで男は最終的に切れた。ナイフを手にして路上で元の女を脅迫した。死の恐怖におののいて、メッテ・マリトはあらためて元恋人を警察に訴えた。二十四時間の拘留のあと、ジョン・オグンビは釈放された。「われわれは婚約したんだ」と彼はホーヴァル・メルナエの本のなかで主張している。当時すでにメッテ・マリトは婚約指輪を買って、近く結婚することを両親に告げていたという。ふたりはラスベガスで結婚式を挙げるつもりだったと。だがそんなことにはならなかった。

メッテ・マリトはべつの人生を歩むことにした。

一九九六年にモルテン・ボルグと知り合い、彼の子供を妊娠したことは、彼女が計画した道と明らかにずれていた。彼女はあちこちのカフェでホステスとして働き、そのかたわら学校教育を修了しようとした。あいかわらず彼女は不安定な、パーティと逸楽に明け暮れる生活を送った。それでも彼女は子供を産む決心をかためた。母親のマリトと状況を話し合い、母親は妊娠中絶をしないよう娘をはげました。マリト・ティエッセムはその間に再婚していた。夫のロルフ・ベルンゼンと彼女はメッテ・マリトに、できるかぎりの援助をすると保証した。最後にはモルテン・ボルグも事態を受けいれ、子供のために力になると約束した。一九九七年一月十三日、メッテ・マリトはオスロのアーケル病院で男の子を出産した。子供はマリウスという名をもらった。

メッテ・マリトとホーコンがクリスチャンサンのクォルト・フェスティヴァルであらためて出会ったとき、マリウスは二歳半になっていた。メッテ・マリトはその間に大学入学資格を取得して、マリウス誕生の数ヵ月後にオスロ大学の在籍試験に合格した。一九九八年の秋から彼女はグリムスタードの工科大学に通った。しばらく若い娘はパートナーなしに暮らしたが、一九九七年の夏に十歳年上の、ディスクジョッキーと「ライフ・アーティスト」として食いつないでいる男と同棲した。マリウスはその時期しばしば祖父母のマリトとロルフ・ベルンゼンにあずけられた。はやくも一九九八年の春にメッテ・マリトはこの関係を終わらせ、クリスチャンサンに移った――新たなボーイフレンドとともに。ふたりはマリウスの祖父母の家に近い小さな地階住居に住んだ。だがこのロマンスも数ヵ月で終わりになった。この若い母親がホーコン・マグヌスと再会したとき、彼女は事実上ホームレス状態だった。グリムスタードの工科大学に一年間在籍したあと、メッテ・マリトは学業を中断して、ふたたびオスロに移ることにした。大学で社会人類学を専攻するつもりだったが、彼女には泊まるところがなかった。「ぼくのうちに入居すればいい」とホーコンはとっさに申し出たという。皇太子はアメリカから帰国したあとオスロで暮らし、ウレヴァルスヴェイエン七番地に広い独身者住宅を構えていた。この申し出によって、若い王子はたいへんなリスクを冒すことになる。もちろん彼は、両親と宮廷が了承するなんて幻想は、まったく抱いていなかった。皇太子が――婚姻証明書もなく――若い女性といっしょに暮らし、しかもその女は未婚の母だなんて。しかしホーコン・マグヌスはクリスチャンサンの美女にぞっこん惚れこんで、若い母親がどんな状況にあるのか聞いたとき、保護者本能がむくむくと湧きあがった。メッテ・マリトのほうも、ノルウェー皇太子が住居を自分と分かち合うということが、並大抵のことでないのはわかっていた。それでも彼女は申し出を受けいれた。一九九九年八月から十二月にかけて、マリウスはたいてい祖父母のマリトとロルフ・ベルンゼンのもとにあずけられた。

この時期にはメッテ・マリトとホーコン・マグヌスはまだ愛のカップルではなかった。たしかに住居は分かち合ったが、まだベッドは別々だった。「メッテ・マリトにとって、これはひと目惚れではなかった」と、ふたりの共通の友人は語る。「彼女は彼を好ましく思ったが、共感が愛に変わるには時間が必要だった」。すでに何度もメッテ・マリトは恋愛関係で挫折していた。これまでいっしょに暮らした男たちは、彼女の支えにならなかった。それにたいしてホーコンは思いやりと責任感にあふれていることを実証した。とくに彼が幼いマリウスを相手にするときの愛情に満ちたようすが、だんだんメッテ・マリトの心をとらえていった。それでも彼女は皇太子との関係が多大な困難をともなうことを知っていた。ホーコンは時間をかけて辛抱づよく、自分の妻としての役割と、それによってノルウェー王室の一員になることに、愛する女性が魅力を感じてくれるようつとめた。「王室なんてくそくらえ」と、メッテ・マリトはある女友だちに打ち明けたという。「私がいっしょに暮らしているのはホーコンで、皇太子じゃない。私が王族みたいに生きなければならないとしたら、子供を産むなんて想像もできなかったでしょうね。檻のなかの動物みたいに。いつも護衛や、マスコミや、一般大衆に監視されて。そんなことはまっぴら！」。ホーコンのほうは固く決意していた。「メッテ・マリトはぼくの生涯の女性だ。彼女としかぼくは結婚しな

私たちの場合、ひと目惚れではありませんでした。私たちは対話を通して親しくなったのです。ホーコンはとても思慮深くて、まじめなひとです。彼は私をいつも受けとめてくれます。

メッテ・マリト　2003年

い」。

さしあたりメッテ・マリトとホーコンはまったくべつの問題と闘わなければならなかった。ハーラル王、ソニア王妃、あるいはほかの親族が訪問を知らせてくるたびに、メッテ・マリトはホーコンの住居から消えなければならなかった――同居がばれそうな痕跡はいっさい残さずに。裏口からこっそり出ていって、危険がなくなるまで待ちつくす。いつまでもこんな重荷に耐えられるわけがない。ホーコンはメッテ・マリトに、そろそろふたりの関係を「明白」にするよう迫った。だがシングルマザーにとって、すべてはあまりにも急速に進んだ。

一九九九年十二月二九日からメッテ・マリトと皇太子の恋はもはや秘密でなくなった。南ノルウェーの新聞『ファドレランスヴェネン』の記者ブリギッテ・クラエケンは、かなり前からホーコンと新たなガールフレンドの噂を追っていた。いま彼女は同僚に先がけて、未婚の母メッテ・マリト・ティエッセム・ホイビがノルウェー皇太子の意中の女性だと報じた。友人の結婚式に出席したときのメッテ・マリトの写真が見出しの横を飾った。女性ジャーナリストはこの写真をたまたま自分自身のアルバムのなかに見つけたのだ――かくも南ノルウェーの世間はせまい。

関係を知られたことで、若いカップルの地獄の時代がはじまった。ホーコン皇太子はわかっていた。これから世界じゅうのジャーナリストが恋人の過去をほじくり返すだろう――そして火種はいくらでもあった。メッテ・マリトの乱脈なパーティ時代、ディスコでの奔放な行状、あるいはテレビ番組『快楽の家』に「淫奔女王」として登場したこと――一九九六年秋に放映されたこの番組で、百人の独身男が臨月間近の美女メッテ・マリトの争奪戦を演じた。

メッテ・マリトとホーコンは私的な写真やビデオがマスコミに流出しないよう、友人や家族から回収していった。ジョン・オグンビにもメッテ・マリトは一九九九年末に問い合わせた。この元ボーイフレンドとの奔放な時代に、いくつかの危険な写真とビデオが撮られ、そのなかにはミュージックバンド「ポゴ・ポップス」のプロモーション・ビデオもあり、そこでメッテ・マリトは女友だちとレスビアンシーンを演じたという。あれはもう処分したと、ジョン・オグンビは言い張った。元恋人は嘘をついているとメッテ・マリトは思ったけれど、それ以上の追及はできなかった。じつはリレストレムの男は潮時を待っていた。元ガールフレンドがノルウェー皇太子と結婚する直前になって、彼は「内密の写真とビデオ」を売りに出した――こうして雪崩が勃発することになる。

しかし当初はメッテ・マリトとホーコンの写真回収作戦は成功するかに見えた。たいていの友人、親戚縁者、クラスメートたちは理由も聞かずにアルバムを差しだした。そのかわりジャーナリストとカメラマンの大群がたえず若いカップルを虎視眈々とねらった。公園での喫茶中も、散歩中も、スーパーでの買い物中も――いたるところでメッテ・マリトとホーコンは撮影され、とりかこまれた。こ

ふたりがしばしば見受けられるようになったとき、プレスからのさまざまな憶測やデマが飛び交ったので、彼女ははやくから態度表明を迫られた。

ペッテル・ノーメ
ジャーナリスト

の大騒ぎにメッテ・マリトは文字通り圧しつぶされた。彼女はほとんど家から出なくなり、街路を歩くのをこばみ、衰弱し、銷沈した。ホーコンは恋人の身を案じて、彼女からプレッシャーをとりのぞく方策を考えた。彼はオスロの大学で政治学を専攻していたが、一時期スペイン語の講座にも出ていた。バルセロナの大学に転入するのが良策と思われた。外国留学は一石二鳥ではないかと彼は期待した。ひとつには、自分とメッテ・マリトはスペインで「ふつう」のカップルとして生活できるし、いまひとつには、ふたりの関係が本物かどうか、生涯つづくほど強いものかどうか、それがスペインでの生活で実証されるだろう。どこからかマスコミはホーコンの意図を嗅ぎつけた。二〇〇〇年の春にゴシップ紙『セ・オグ・ヘル』が、王子は国外逃避を計画していると報じた。この報道はとりわけ宮廷に爆弾のような衝撃をあたえた。

その間にハーラル王とソニア王妃はひとり息子の意中の女性と会っていた。国王夫妻はメッテ・マリトを丁重に遇したけれど、けっしてこの若い女性がホーコンにふさわしいと納得した

> プレスに操作され、メッテ・マリトにたいする信じがたいほどの先入主があった。ホーコン皇太子がこの女性と別れるつもりのないことがはっきりしたとき、彼女の麻薬がらみの過去、未婚の母であること、その他もろもろの事柄にもかかわらず、ノルウェー国民も目を覚まし、こう言った。「いま、21世紀にあって、こういう色合いの市民も受けいれていいんじゃないか」。
>
> ニーナ・ルーゲ　ZDFの社交界専門家

> ホーコンにガールフレンドがいることを、私は喜んでいる。王妃と私はかれのガールフレンドを非常に好いている。息子が彼女といっしょに暮らすことを、私は支援する。
>
> ハーラル

> ええ、私にはガールフレンドがいます、メッテ・マリト。われわれの関係を発展させるには、ちょっと時間が必要です。
>
> ホーコン
> テレビ・インタビュー
> 2000年8月

わけではなかった。しかし息子の気性は知っていた――はっきり拒否したら反抗心をつのらせるばかりだろう。そのかわりに両親はホーコンに、生涯の伴侶をもとめるなら、もっと時間をかけなさい、そんなにあわてることはないと言い聞かせた。しばらく国王夫妻は、皇太子がまたアメリカに渡り、一定の距離を置いて事態を見つめることを望んでいた。だからメッテ・マリトとマリウスといっしょに外国へ行くというホーコンのひそかな計画は、両親にとってまったくの不意打ちだった。慎重に国王夫妻は息子を説得しようとした。スペインにはひとりで行きなさい。しかしホーコンは頑固だった。三人でなければ、ひとりも行かない。

「感情を発散する祭典」

メッテ・マリトをめぐる騒動はこれで最高潮に達したわけではけっしてなかった。二〇〇〇年四月に『セ・オグ・ヘル』

が、メッテ・マリトにかんする警察からの情報を掲載した。メッテ・マリトは皇太子と知り合う前に、犯罪界の連中とコンタクトがあった、というのがその内容だった。彼女自身は犯罪にかかわっていないが、皇太子の新たなガールフレンドがかような過去を有することは、王室に多大な安全上のリスクをもたらすものと、警察は考えている。それだけではなかった。数日後にマスコミは、メッテ・マリトの未婚の子供の父親モルテン・ボルグが、コカイン所持のかどで告発され、有罪判決を受けたことを暴露した。スキャンダルは完璧になった。王宮で緊急会議が召集された。意見が分かれた。事態を黙殺するのが良策とする意見も二、三あったが、ホーコンはあえて攻勢にでることにした。皇太子は国営テレビ放送NRKの独占インタビューで恋人を弁護し、メッテ・マリトとの関係を公然と認めた。「彼女にかんすることは、すでに読んだり聞いたりしているでしょう」と彼はテレビジャーナリストのテリエ・スヴァボに語った。「九〇年代の初めにオスロである若者文化が発生し、それはしばしば〝ハウス世界〟と呼ばれています。そこでかなり感情を発散する祭典が催されたことは明らかです。メッテ・マリトはあの時代、この世界のアクティブな存在でした……あたえられた機会にこの世界でコントロールを失うことは、彼女にとって意識的な決断であったと、私は思います……現在の彼女の状況はまったくちがっています」。メッテ・マリトとはどのような関係なのかという質問に、皇太子はこう答えた。「われわれの関係が公式になれば、当然われわれはノルウェー国民にそのことをお知らせします。しかしわれわれの関係と、われわれがたがいに抱いている愛情を発展させるには、時間を必要とします。愛の弟が、皇太子が、愛する女の子を見つけたのは、私はとてもすてきなことだと思います。彼女が皇太子妃の役割を果たすのに必要な時間と可能性を、あなた方が彼女にあたえてくれることを、私は望みます。私は自分の経験から、それには時間が必要であることを知っています。

マルタ・ルイーゼ　2000年

関係を根づかせ、成熟させるには、時間が必要です……」。

このインタビューはノルウェー国民のあいだにセンセーションを巻きおこした。恋人が過去に「コントロールを失った」ことを、ホーコンは認めたのだ。「感情を発散する祭典」という表現は二〇〇〇年の「本年の言葉」にさえ選ばれた。

ホーコン皇太子の衝撃的な登場にもかかわらず、メッテ・マリトにとって状況はたいして変わらなかった――それどころか。このときから彼女は「感情を発散させる祭典」という概念とつねに結びつけられることを恐れて暮らし、自分の過去を恥じた。以前にもまして、けっして未来の王妃にはなるまいと心に決めた――どんなにホーコンを愛していても。この時期に皇太子のほうも、メッテ・マリトに自分の運命を背負わせてよいものか、背負わせたいのかどうか、ずいぶん迷ったらしい。宮廷と公衆が未来の王妃に課すであろう高度な要求に迫られて、メッテ・マリトは崩壊するおそれがある。この王冠のための代償はあまりにも高すぎる。

二〇〇〇年の夏――あるいはそのすこしあと――ホーコン・マグヌスは姉のマルタ・ルイーゼに、自分が愛のために王位を放棄したら、女王になるつもりがあるかどうか訊いてみた。しかし王女にはべつの人生計画があった。彼女自身も熱烈な恋愛中で、惚れた相手はデンマークの作家アリ・ベーン、その「半ばポルノ風」の小説のせいでノルウェーのマスコミから「地獄からきた婿」などと呼ばれていた。彼を撮影したビデオも知られていて、そのなかで王女のボーイフレンドは、ラスベガスの売春婦たちとコカインを吸飲していた。アリ・ベーンはこの気まずい映像を「若気のいたり」と弁解したが、世間はこの出たがり屋のポップ文学者にしてテレビ作家を猜疑の目で見た。そのうえ彼がアメリカ大統領ジョージ・W・ブッシュを声高に「信用できないやつ」と呼び、ドイツ人をまとめて「悪党」に貶めたときは、国際的な波紋も呼びおこした。だがマルタ・ルイーゼ王女は迷うことなく愛する男の肩を持った。二〇〇二年五月二十四日、マルタ・ルイ

王女も後継王子ホーコン・マグヌスもいささか特殊な背景を持つパートナーをもとめている。未来の王妃の場合、それは「いささか感情を発散させる祭典」と表現される。それは環境、人物、麻薬の服用をふくんでいる。ベーン氏にいたっては麻薬の服用を自慢すらしている。厩番でも馬泥棒でもかまわない。しかし歯医者やビジネスマンが教養や収入のゆえにはじめから除外されてはいけない。あるいは居住地のせいで。おそらくハーラル王とソニア王妃には言いたいことがいろいろあったにちがいない。アリ・ベーンとくらべればホーエンツォレルン家の愚かしい御曹子のほうがまだましな選択だろうに。

トリグヴェ・ヘグナル　ノルウェーのメディア経営者

ーゼはアリ・ベーンとともに結婚式の祭壇に進んだ――あらゆる確執は忘れられたかのように。

弟が提供した王位を姉がことわったのは、べつに意外なことではなかった。ノルウェー国王夫妻の子供たちははやくから各自の役割の準備をさせられた。ソニア王妃はある宮廷記者に、「マルタは喜んでいますよ、王位をまぬがれて！」と打ち明けている。

息子がメッテ・マリトひと筋なのを見て、王と王妃は反転攻勢に出て、これ見よがしに息子の恋人をかばった。メッテ・マリトは「とてもすばらしいひと」です、とソニア王妃はあえて発言した。私は息子のガールフレンドを初めから好きでした。あるインタビューで王妃は、自分にはメッテ・マリトの状況がよくわかると明言した。私自身ハーラルと結婚する前に同じ苦しみを味わいましたから。「過去が自分を追いかけてくるというのは、奇妙で苦痛な体験でした」と彼女はのちにある女性宮廷記者に告白している。

ハーラル王も職権をもって介入し、息子とそのガールフレンドをつけねらうパパラッチを批難した。二〇〇〇年十月にメッテ・マリト、マリウス、ホーコンはオスロのウレヴァルスヴェイエン六七番地のマンションに引っ越した。それまでもカップルは同棲していたが、公式にはホーコンとメッテ・マリトの住所は別々だった。

ふたりの「野合」は世論を分裂させた。大多数の若い世代は、愛のカップルが婚姻証明書なしにいっしょに暮らしても、なんとも思わなかった。しかし古い世代には受けいれがたかった。皇太子ホーコンは将来は国王として国教会の世俗の首長にもなるので、このたびは教会も事態に介

オスロ市内を散歩する、恋人時代のホーコンとメッテ・マリト
(2000 年 4 月頃)
(Photo：SCANPIX/PANA)

入した。「ホーコンにとって良策は結婚することである。皇太子が結婚されるよう、私は神に祈る」と、ある有名な牧師は意見を述べた。オスロ大学神学部長ハルヴァル・ノルドハウグは、教会が認可しない共同生活のかたちを選んだことを批判した。「われわれは若い人びとが人生のパートナーを選ぶのを尊重しなければならない。私は、かれらが結婚への道に歩を進めることを期待している」と、キリスト教国民党の元首相キエル・マグネ・ボンデヴィクは語った。しかしハーラル王は息子を弁護した。「なによりもまず言いたいのは、皇太子が恋人を見つけたことを、私は喜んでいるということだ。王妃と私はこのところメッテ・マリトを非常に評価するようになった」と、国王はニューヨークの国連会議中に記者団の質問に答え、ふたりがまもなく結婚することを望んでいると言いそえた。

二〇〇〇年十二月一日、ノルウェーの宮廷は皇太子とメッテ・マリト・ティエッセム・ホイビとの婚約を発表

唯一の話題でこれほど大々的に議論が沸騰したことは、いまだかつてなかっただろう。ホーコンとメッテ・マリトは全ノルウェー国民の関心の的になった。国の南端のリンデス岬から北端のノール岬まで。とくに議論が激しかったのは、ふたりが同棲したときだった。

エリーザベト・セリゲル
新聞『VG』の記者

結婚前の同棲は大部分のノルウェー人にとってまったくふつうのことだった——そして教会は住民の小部分にすぎない。

カール・エリック・グリムスタッド
政治学者

した。多くの人びとが不可能と見なしたことが、いまや公認の事実になった。メッテ・マリトはホーコンと結婚し、いつかは彼のかたわらでノルウェーの玉座にすわるのだ。若いカップルの友人たちでさえ、この歴史の転換は意外だった。むしろかれらの多くはふたりが別れることを予期していた。

ほんの数ヵ月前までメッテ・マリトは、けっしてノルウェーの王族とは結婚しないと断言していたではないか。だがメッテ・マリトとホーコンが直面させられた抵抗は、ふたりをいっそう固く結びつけるだけだった。ホーコンが悪しきときにも彼女の味方になることは、一度ならず実証された。「これよりいいひとは見つからない」と、若いシングルマザーは何度も女友だちに話している。皇太子はまったくべつの方向からも、メッテ・マリトの心に迫っていった。マリウスを通して。恋人の小さな息子をホーコンは実の子供のようにかわいがった。涙ぐましいほどマリウスの世話を焼き、幼稚園に連れてゆき、いっしょに散歩し、夢中になっていっしょに遊んだ。まもなくマリウスもホーコンに実の父親のようになついた。

「ホーコンはすばらしいひとで、私はとても尊敬しています」と、皇太子との婚約にさいして王宮で行なわれた記者会見で、メッテ・マリトは熱をこめてホーコンのことを語った。「彼はとても思いやりがあり、私にたいして、でもとりわけ私の子供のマリウスにたいして、気を配ってくれます」。だが記者会見にはべつの色合いもあった。「ティエッセム・ホイビさんの過去は、王朝にとって重荷になりませんか?」と、ひとりの女性ジャーナリストが未来のノルウェー王妃に恐るべき圧力がのしかかることはわかっていたが、それでも彼女は公衆の前に出て、自分には過去があることを告白し、国民に許しを乞うことを決意した。それによって彼女は人びとの心をつかんだ。

ペッテル・ノーメ　ジャーナリスト

質問した。返答はおどろくほど如在のないものだった。「国民が私の過去を熟考することは理解できます。でも私は、人びとがいまある私を受けとめてくれることを望みます。私たちはみんな、前を見ることを学ばなければなりません」。まちがいなくメッテ・マリトは、公衆の前で「王侯」のようにふるまうすべを学んだ。つづいて、ほやほやの婚約カップルが王宮のバルコニーから民衆にすがたを見せたとき、花嫁は見るからにほっとした表情を浮かべていた。

愛が勝利した

ふたりの結婚式は二〇〇一年八月二十五日と決まり、全ノルウェー人がこのできごとに熱中した。王朝にたいするノルウェー人の賛否を問う世論調査の結果は、支持率がどん底まで落ちこんだにもかかわらず、多くの人びとが絢爛豪華な絵巻を見せてくれる婚礼を楽しみにした。とはいえホーコンとメッテ・マリトは結婚式の直前に、いまいちど困難な試練を切りぬけなければならなかった。かなり前から、メッテ・マリトの元ボーイフレンドのジョン・オグンビが、元愛人の厖大な写真とビデオをもっているという噂がひろまっていた。このリレストレムの男は、数々のいかがわしい映像を売りたがっているらしい。取引がはじまったが、ジョン・オグンビが値段をどんどん吊り上げるので、この前科ある男との商談は打ち切られた。顧客の依頼で交渉にあたった弁護士が、ノルウェー首相イェンス・ストルテンベリにこの旨を通知し、首相はそれを国王に知らせた。宮廷の緊急会議で対抗策が決定された。マスコミの急襲を受ける前に、メッテ・マリト本人が事態に敢然と立ちむかうほうがよい。こうして八月二十二日、結婚式の三日前に、王宮で記者会見が行なわれた――それはメッテ・マリトの公開の懺悔になるだろう。

懸命に涙をこらえ、たえずホーコンの手を握りながら、美しい花嫁は波瀾にとんだ過去を詳細に告白した。「青春期の激動が私の場合は大げさに取りざたされ、ほかの人たちよりもはるかに強烈に表現されているとは思いますが、そのころ私にとって重要なのは、世間が受容することと対立して生きることでした」とメッテ・マリトは居並ぶジャーナリストに語った。「それはまた、かなり放埒《ほうらつ》に生きることにもなりました。私が行動していた環境では限界が試されており、私はその限界も超えたのです。それは私にとってひどく高くついた経験であり、それを処理することに、長

> 彼女は多くのあやまちを犯したが、結局それが彼女に有利にはたらいたのは、民衆が彼女に同情したからだ。自分自身がこんな立場になったらどう反応するか、多くの人びとが想像できた。
>
> ペッテル・ノーメ　ジャーナリスト

いあいだかかりました。そして疑いを払拭するために、私は今日ここにいます。私が言いたいのは、私は麻薬とかかわっていないということです」。外国からの特派員をふくむ、大多数のメディアの代表は、この花嫁の告白にびっくり仰天した。結婚式直前の記者会見といえば、ふつうはべつのテーマが話題になる――たとえば花嫁衣装とか、新婚旅行の行き先とか。花嫁が「放埒に生きた」と告白するなんて、思いもよらないことだっただろう。だがこの王室の戦略はうまくいった。感情に打ち震える若い女性が、公衆の面前でみずからを責める情景は、多くの人びとの胸を打った。のちにメディアの専門家が「広報活動の傑作」と呼んだ記者会見は、メッテ・マリトが皇太子の問題をかかえた愛人から「ノルウェー王冠の歓喜」に昇格するきっかけになった。

> これはシンデレラの物語ではなく、ノルウェー社会の鏡である。メッテ・マリトの背景は欠点というより、むしろ利点であった。
>
> **カール・エリック・グリムスタッド**
> **政治学者**

多くの人びと、とりわけ若者が、この平民出身の若い女性に一体感を覚えた。彼女はまったくふつうの女の子じゃないか、彼女の犯したあやまちは、だれにでもあることじゃないか。

全ノルウェー人が興奮したかのようだった。新聞社に投書が殺到し、婚約直後に急落したノルウェー王室の支持率は、これを機に急上昇した。

ホーコンとメッテ・マリトが二〇〇一年八月二十五日にオスロの大聖堂で結婚式を挙げたとき、歓呼の声はとどまることを知らなかった。愛はすべてに勝つ、という人間の太古からの夢が、現実になったようだった。それを示すかのように、ノルウェー国民のみならず、ヨーロッパの王侯たちもメッテ・マリトを受けいれ、王冠を戴く元首たち――オランダのベアトリクス女王、スウェーデン、デンマーク、ベルギーの国王と王妃、スペインの王妃とフェリペ皇太子が――オスロでの婚礼に列席し、若いカップルを祝福した。

「未婚の母として、あなたは他の母親たちにも道を示しました」とグンナル・スタルセット主教は婚礼の説教で花嫁に語りかけた。「あなたがたは抵抗の軽微な道を選ばなかった。しかし愛が勝利しました。あなたがたは多くの人びとを勇気づけました――『すべてに耐え、すべてを信じ、すべてを望み、すべてを許す』愛をもとめる、多くの人びとを」。メッテ・マリト――ノルウェーのデザイナー、オヴェ・ハルデル・フィンセットの手になる簡素な白の花嫁衣装は、かのグレース・ケリーの不朽の思い出を呼び覚ました――は、このことばに涙をこらえきれなかった。

王族の婚礼としては異例な式次第は、この主教の発言だけではなかった。新郎新婦は独自の音楽の趣味もセレモニーにもちこみ、国際的に知られたジャズサックス奏者ヤン・ガルバレクが、オスロ大聖堂合唱団とともに、音楽の構成を担当した。さらにサーミ人の女性歌手マリ・ボイネが古来の伝統唱法で感動的な祝婚歌を唱った。それによってメッテ・マリトとホーコンは政治的メッセージも示唆した。少数民族のサーミ人

> われわれはマリウスに言った。われわれ3人で土曜日に結婚すると。
>
> ホーコン

はいまなおノルウェー社会で不利な立場に置かれることが多かったから。「私はそれをものすごく具体的はサインだと感じました」とマリ・ボイネは言う。「それはメッテ・マリトとホーコンが私たちの文化を高く評価していることを示しています」。

すでに大聖堂内でのできごとが異例づくめだとしたら、それにつづく祝典の経過もきわめて異例だった。メッテ・マリトとホーコンがノルウェー国民の歓呼を浴びてオスロの最も繁華な街路「カール・ヨーハン通り」をパレードしたあと、喜びにあふれるカップルは王宮のバルコニーに姿を現わした。だが新郎新婦だけではなかった。花嫁の腕の上に幼いマリウスがすわり、なかばおずおずと、なかばびっくりして、王宮の前に集まった厖大な群衆を見おろしていた。おそらくヨーロッパの王族の歴史上、いまだかつてない情景だった。

われわれの結婚式でいちばん重要なことは大衆の熱狂ではなく、奇妙に聞こえるかもしれないが、われわれが結婚しているという事実だった。われわれはあの日、メディアの大騒ぎを尻目に自分たち自身に集中したかった。みなさんが信じようと信じまいと、あれはわれわれにとって内輪のできごとだった――われわれふたりと、教会に列席した人たちとの。

ホーコン

それは世代の問題だった。ふたりが結婚したとき、どんなに多くの人びとが街頭にくりだしたかことか――とりわけ若い人びとが。年配者はむしろひかえめだった。

ペル・エギル・ヘッゲ
ジャーナリスト

煉獄の日常

メルヘンならたいていこのあたりで物語は終わる。「そしてふたりが死んでいなければ、ふたりの日々が終わるまで、幸福に生きることでしょう」と結ばれて。だがメッテ・マリトとホーコンの物語はメルヘンではない――そしてまだまだ終わらない。たとえクリスチャンサンの若い女性が皇太子との結婚によって王族の世界にたどり着いたとしても、そこが彼女のくつろげるわが家になったわけではけっしてなかった。つづく三年間は彼女にとって、しかしまたノルウェー皇太子にとっても、きびしい試練の日々になった。まるで新婚夫婦は呪いに追われているかのようで、まっとうで平穏な生活は望むべくもなかった。すでに新婚旅行からして暗い影におおわれた。隠密行動によってメッテ・マリトとホーコンはほとんどパパラッチにわずらわされずにハネムーンをニューヨークで過ごすことに成功した。しかしそれが幸福な記憶として胸にとどまることはないだろう。若いカップルがまだアメリカにいたとき、九月十一日のワールド・トレード・センターにたいするテロ攻撃が勃発し、それによって世界が変わった。悲嘆、茫然自失、極度の恐怖がメッテ・マリトとホーコンをも麻痺させ、私的な幸福は大災厄を前にして陳腐で些末なものになってしまった。九月十八日、事件後ニューヨークを飛び立つことを許された最初の飛行機で、皇太子夫妻はそそくさと帰国の途についた。

故国ではじまった王族としての日常に、ほやほやの皇太子妃が慣れるのは困難をきわめた。自分の新たな役割に適応できないのではないかという不安が、彼女に重くのしかかった。皇太子妃の一挙手一投足、片言隻句がメディアからこまかく観察された。気まずいシーンがくりかえされ、それでなくても不安定なメッテ・マリトの神経をずたずたにした。二〇〇二年一月にマスコミは「怒り狂う皇太子妃」について報道した。彼女はオスロからハウゲスンへの五十分の飛行のあと、秘書の女性を荒っぽく罵倒し、なだめようとしたホーコンを乱暴に突きとばしたという。メッテ・マリトは飛行恐怖症と格闘しなければならなかった――彼女の「仕事」には重大なハンディキャップ。夫や義父母とともに公務を果たすため、しばしば空を飛ばなければならないから。

新入り王族の父親も悩みの種になった。元ジャーナリストでコピーライターのスヴェン・O・ホイビは心臓を病み、アルコール依存症とされ、数年前から社会福祉にたよって暮らしていた。娘がまだノルウェー皇太子と恋愛中のころから、彼は「メディアとの対話」が金になることを体験していた。メッテ・マリトの青少年時代のこと、彼女の強いところと弱いところ、彼女の好き嫌いや友人のことを、父親は世間にしゃべりまくった。そのさい彼は――意識的にか無意識にか――娘にかんする数々の私事をさらけだした。たびかさなるスヴェン・O・ホイビのメディアへの厄介な登場は、好奇の渦を静めようとしているメッテ・マリトに悪夢をもたらした。彼がプラチナブロンドのストリップダンサーと結婚し、孫のマリウスにかんする本を書くと予告したとき、厄介ごとは頂点に達した。何度も父親を正気にもどそうとして失敗したメッテ・マリトは、ついに父親との交際を絶った。ようやく父と娘が再会したのは父の臨終の床でだった。スヴェン・O・ホイビは数年前から肺ガンを病み、二〇〇六年九月にオスロの病院で悪性腫瘍を肺から剔出した。痩せほそり衰弱した彼は最後の日々を病院で送り、そこで二〇〇七年三月二十一日に死んだ。

二〇〇二年の五月、ノルウェー皇太子夫妻はドイツのジャーナリスト、サンドラ・マイシュベルガーとのインタビューに応じた。それは晴天の野外で照りつける太陽の下で行なわれたので、メッテ・マリトは顔の皮膚に重い火傷を負った。強い日光がテレビチームの照明とあいまって、美しいノルウェー女性の白い肌と眼窩の皮膚を痛めつけた。ホーコンも火傷を負った。宮廷の公式発表はこう述べた。「皇太子夫妻がこうむった日照

私は陽気な性格だが、アルコール王とのつきあい方は百パーセント心得ている。私は何日間も祝うことができるが、何週間も完全に静かに過ごすこともできる。

スヴェン・O・ホイビ
メッテ・マリトの父親

スヴェン・O・ホイビはアルコール中毒でまったく無節操だった。われわれはそれを利用しつくした。

ホーヴァル・メルナエ
元スキャンダル・ジャーナリスト

による火傷は一度であるが、皇太子妃の皮膚のところどころに二度の火傷にあたる水疱疹も生じた。このような重度の皮膚傷害はこの二十年来、大学病院の皮膚科において二例しか確認されていない……この皮膚傷害のゆえに、皇太子妃は紫外線に当たるのを避けなければならない。そのため皇太子妃は曇天においても屋外に出ることをひかえなければならない」。皮膚を損なわれたノルウェー皇太子妃の写真が世界に出まわった。若いカップルで行なう予定だったドイツ親善訪問は、皇太子がひとりで務めるしかなかった。

皇太子妃のすることなすことが裏目にでるようだった。メッテ・マリトとホーコンの別居の噂がひろまり、はやくも離婚さえ話題にのぼった――メッテ・マリトが逃げだしたがっているという筋立てで。そのころ多くのノルウェー人が確信した。メッテ・マリトはけっしてわれらが王妃にならないだろう！

この時期にノルウェー王宮の壁の奥でどんなことが演じられていたのか、それは当事者以外にだれも知らないことだろう。しかしメッテ・マリトの精神的負担が長くは耐えられなくなったことは想像できる。妻の繊細な性格を知っているホーコンは、メッテ・マリトの絶望的な状況をひしひしと感じた。彼女は皇太子妃としての役割を果たそうと懸命になっている。だがなんの準備もなかった宮廷の日常に挫折をくりかえしている。いまやホーコンも結婚生活に、とりわけメッッ

まちがいなくあれは大災厄でした。国家訪問がわれわれのインタビューのせいでだめになったことを、私はひたすら悔やんでいます。

サンドラ・マイシュベルガー

テ・マリトに不安を覚えた。あらためて若いカップルは王と王妃に相談した。ホーコンは両親に作戦タイムを願いでた――外国での。皇太子は確信していた。しばらくノルウェーのプレスのいないところで自由に行動できれば、メッテ・マリトは平静にもどれるだろう。このままノルウェーにいたら、最悪の事態も危惧される。二〇〇二年八月に新婚夫婦はロンドンへ移住した――宮廷の公式説明によれば「留学目的」で。メッテ・マリトはスクール・オブ・オリエンタル・アンド・アフリカン・スタディーズに入学し、ホーコンはロンドンのスクール・オブ・エコノミクスに籍を置いた。ロンドン滞在に要する高額の費用は月に一万三千ユーロと噂され、宮廷における皇太子夫妻の不在はノルウェー人の不興を買った。

> 宮廷自体は世論調査にコメントしなかったが、もちろん宮廷は国民の気分を注視している――国民が王朝に反対することになれば、王族は退場しなければならない。
>
> ペル・エギル・ヘッゲ
> ジャーナリスト

またもや世論調査の結果はどん底に下落した。メッテ・マリトが批判の的になっていた結婚前の調査でも、まだ三十六パーセントの回答者が、皇太子と未来の妻はいつか王と王妃として「正常な仕事」をするだろうと答えていたが、今回は二十二パーセントに落ちこんだ。マリウスの実父モルテン・ボルグがしばしばロンドンで見うけられたことも、いろいろ問題を投げかけた。これにはいつもは温厚なホーコンも堪忍袋の緒を切って、二週間ごとの訪問しか許さないとボルグに言いわたした。二〇〇三年四月の復活祭にメッテ・マリトとホーコンが故国にすがたを見せず、ブラジルで休暇を過ごしたことは、ノルウェー人の不満をいっそう声高にした。しかし国王は息子夫婦を弁護した。勤勉な学生には「学習からの息抜き」があってもよい、と国王は記者会見で述べた。湿っぽく寒いロンドンで半年以上も過ごせば、太陽に憧れるのも理解できるではないか。しかしノルウェーの臣民はメッテ・マリトとホーコンの行動にそれほど理解を示さなかった。皇太子夫妻は五十七万ユーロの歳費に見合った義務を果たすべきだと要求する声が強くなった。その声がひとまず静まったのは、メッテ・マリトとホーコンが二〇〇三年の夏にノルウェーに帰国したときだった――朗報をたずさえて。皇太子妃が懐妊した！　誕生予定日は二〇〇四年一月。安堵のため息をついたのは宮廷だけではなかった。ようやくすべてが好転しそうに見えてきた。

だが同じ年の末に、またもや暗い影がノルウェー王室をおおった。二〇〇三年十一月に医師がハーラル王を膀胱ガンと診断した。腫瘍は初期段階で発見されたので、快癒の見込みは充分にあった。それでも国王はかなり長期の治療を受けなければならなかった。父が恢復するまでホーコン皇太子が職務を引き継ぐことになった。長年にわたる王位継承者としての教育が実を結ぶかどうか、問われるときがきた。ホーコン・マグヌスはみごとに対処した。ノルウェーでは一般的な

ロンドンでの1年はメッテ・マリトと私のためになった。われわれはたくさん学んだ。去年の末に病気の父に代わって公務に就いたとき、私は以前よりずっとうまく任務を処理できることに気がついた。

ホーコン　2004年

第一子誕生後の父親の育児休暇も、公務をなおざりにできないといって辞退したことが、最終的にノルウェー人の心をとらえた。二〇〇四年四月にハーラル国王が職務に復帰したとき、すでにホーコンは将来において国王の役割を果たせることを実証していた。

新世代

二十一発の礼砲が、二〇〇四年一月二十一日、イングリド・アレクサンドラ王女の誕生をオスロ市民に告げ知らせた。新王位継承法にもとづいて、この女児が六百年以上の歴史を経て、ノルウェー初の女性君主になる見込みは充分にある。いまではイングリド・アレクサンドラは臣民の心をすっかりつかんでいる。はやくも三歳半でおどろくほど自覚的に公衆の前にすがたを現わす小さなお姫様を、ノルウェー人は愛してやまない。遅くともこの魅力的な娘の誕生以来、メッテ・マリトとホーコンにたいする批難はほとんど影をひそめた。二〇〇四年二月に、よりにもよって身内から皇太子夫妻にたいする冷淡な批判がなされたときも、ノルウェー人の顰蹙《ひんしゅく》を買っただけだった。ブラジルで暮らしているハーラル王の姉、ラグンヒルド王女があるインタビューで、甥があんな女と結婚したのは理解できないと、辛辣《しんらつ》な口調で語ったのだ。

いっぽうノルウェー人は各層別の世論調査で、結婚三年後のメッテ・マリトを「王室の堂々た憲法が改定されたので、女性も、つまりわれわれの孫娘も、息子ホーコンのあと、王位に即くことができる。

ハーラル

メッテ・マリトはホーコンの悪い選択でした。彼女は王家にふさわしくありません。

ラグンヒルド王女
ハーラル王の姉

る一員」と認めている。この間に多くの人びとが、華麗な皇太子夫妻の「市場価値」を認識するようになった。数十年にわたって遠い北国の王朝はひっそりとして、ヨーロッパの王室の輪舞のなかでもノルウェーはいつも脇役だった。ホーコンとメッテ・マリトのロマンティックな恋愛物語のおかげで、この国はふたたび脚光を浴びるようになった――増大する観光客と、多大なイメージアップによって。いまや皇太子カップルは若い進歩的なノルウェー人を体現して、伝統と現代のあいだのギャップを埋めるべく努力している。そのさいホーコンとメッテ・マリトが目ざしているのは、たんなるロイヤル・ポップアイドルになることではない。結婚を機に皇太子夫妻は人道的な援助基金を設立し、エイズ問題や環境問題のプロジェクトに邁進している。メッテ・マリトも最初の困難な歳月を経て、いまでは皇太子妃の役割にすっかりなじんだかのようだ。以前のように硬直してカメラにひきつった笑みを見せることもなく、夫の側にいることの喜びを全身で語るようになった――公式の場においても。かつてはバーのホステスが仕事だった皇太子妃は、この間に王族の公務もこなしている。二〇〇五年二月にはマラウイを訪問し、二〇〇六年十月にはハンブルクの総領事館の開設式に出席した――皇太子妃はノルウェー王室の卓越した大使に昇格し、その自然な魅力で、どこでもまたたく間に人心をつかんでいる。

過去の醜聞はまだ忘れられていないにせよ、いまではゴシップ紙誌のほうが批難の的になっている――メッテ・マリトにとっては遅きに失した勝利。二〇〇七年の初めにスキャンダル・ジャーナリストのホーヴァル・メルナエは、当時どんなやり方で若い女性の過去を嗅ぎまわったか、その手口を著書で公開した。レポーターたちはメッテ・マリトの元ボーイフレンドに麻薬の費用を提供することも、警官や銀行員を買収することも辞さなかったという。「われわれに良心の呵責はまったくなかった」と、いまになってメルナエは告白する。だがこの遅きに失した悔悛でスキャンダル記者が免罪されるわけではないだろう。

五回目の結婚記念日に、メッテ・マリトは公開の愛の告白によって夫をびっくりさせた。「ホーコンは私に力をあたえてくれます。彼は私の知っている、最もオープンなひとです……私はホーコンを心底から愛しています。彼には特別なユーモアがあります。私たちのあいだには笑いが絶えません。私たちが結婚した日を、わたしはけっして忘れないでしょう」。だがもっとすばらしい愛の証明が二〇〇五年十二月三日に誕生した。スヴェレ・マグヌス、「偉大なる野人」とも訳せる名前だ。オスロの王宮の礼拝堂で行なわれた洗礼式で、このノルウェー王室の最年少者は名前に恥じないところを見せた。洗礼盤の上に抱えあげられたとき、小さなスヴェレはじたばた暴れ、野獣のように泣きわめいた。いっぽう姉のイングリド・アレクサンドラはしきりに花飾り私たち小さな家族はとても幸福です。私たちはわずかな自由時間を交友のために使います。でも私たちにとっていちばん大切なのは、ホーコンと私がふたりの愛のための時間をつくることです。私たちはおたがいを必要としていて、それができることに感謝しています。私たちは毎日できるだけ相手に目配りできるように、つとめています。

メッテ・マリト　2006年

を調べ、異父兄のマリウスはちょっと退屈そうに式の次第をながめていた——絵本のような家族風景。

「メッテ・マリトがいてくれるのは、すばらしいことだ」とハーラル王は二〇〇六年の国の祝祭日に述べて、嫁を大いに賞賛した。初めて王族が全員でスカウグム城の階段に現われ、伝統にのっとってノルウェー国民の前に登場した。世代の交代はとっくにはじまっていた。二〇〇七年二月にハーラル王は七十歳の誕生日を祝った。この数年、健康状態のせいで国王の出番は少なくなり、かわって皇太子夫妻が多くの公務を引き継いでいる。「われわれはよく『四人チーム』と言っている」と先ごろ国王はあるインタビューで語った。「われわれは毎週会議をして、そこでだれがなにをするかを決める。息子と嫁を私はますます友人とみなすようになり、もうそれほど自分の子供とは見ていない」。それでも国王は自分の職務を「終生の任務」と理解している。「わが国には『王は瞑目するまで王なり』という伝統がある」。いずれにしてもハーラル国王が跡目の心配をすることはない。準備は万般とどのっている。

DENMARK

ヴァイキングの宝

デンマークのフレゼリクとメアリ

かつての王室狩猟所、鹿公園内のエルミタージュ城で狩りを見物。
前列はメアリ、娘のイザベラと兄のクリスチャン。後列はフレゼリクと父ヘンリク公、フレゼリクの弟ヨアキムの息子ニコライ（右）とフェリクス（2010 年 11 月 7 日）（Photo：dpa/PANA）

彼はここに立っている。涙が滂沱《ぼうだ》と流れても、彼は恥じない。この男はいつの日か、ヨーロッパで最も古く、最も伝統ある王国の王になる。彼はデンマーク陸軍の特殊部隊のエリート兵士として、最もきびしい訓練に耐え抜いた。彼は凍てつくグリーンランドを四ヵ月かけて犬橇《ぞり》で横断した。彼はハーバードで政治学を専攻した。そしていま彼はここに立って、泣いている。そして全国民がそれをながめている。

「きみがぼくにあたえてくれる喜びと力は、昼の太陽のように、その光ですべての疑いを、地上のすべての暗黒を溶かし去る。そして夜の月のように、注意深い目とやわらかく優しい光ですべての災いを、すべての迷いをぬぐい去る」。

この言葉をフレゼリク、デンマークの皇太子は、二〇〇四年五月十四日にメアリ・エリザベス・ドナルドソン、地球の裏側からやってきた花嫁に献げた。彼にとってこの日は長く憧れてきた新たな始まりであり、彼女にとっては別離も意味した――家族からの、故郷タスマニアからの、職業的自立から、オーストラリアのシドニーにおけるPRマネジャーとしてのキャリアからの、したいことをしたりさせたりできる、監視のない自立した人生からの。彼女の新たな役割は非常に多くの代償を彼女に要求するだろう。しかし「あえて行なえば、いっとき支えを失うが、あえて行なわなければ、自分自身を失う」――このデンマークの哲学者キルケゴールの言葉をもって、かつてフレゼリクは彼女に決断をうながした。いまメアリはその心がまえができている。

「私は自分の運命をもっともっと受けいれるようつとめています――私は自分の状況を、私がここにいるのは理由があることを、信じなければなりません。ほんとうに私はここにいるに値するのか？　私は使命を果たせるのか？　私は自分の運命をもっと信頼することを学ばなければなりません。それはなにものにも代えがたいものですから。そして私はフレゼリクといっしょになって、ほんとうによかったと心から感じています。それが有意義であり、すべてがそうなるべくしてなったことを、信じなければなりません」と、彼女はフレゼリクとの結婚を決意することで直面した、人生の激変をかえりみて述べた。

　結婚式をながめていた国民は感動した。全デンマーク人が皇太子とその新妻を、この日最終的に心から愛するようになった。この結婚によってフレゼリク皇太子が自分自身への長い探求をついに終えたことを、全国民が見て、知っていたから。二〇〇二年七月にフレ

メアリとフレゼリクはファンタスティックなチームである。結婚式のさいに見てとれた愛が、ほんとうにそのままつづいているかのようである。

ハンス・ボンデ
歴史家

王室はデンマーク史のシンボルである。そもそも奇妙なことに、王族の多くがデンマーク人ではない。女王の夫君はフランス人であるし、皇太子妃はタスマニア人で、彼女はやがて王妃になるのである。家系全体がスウェーデンの王室から発していて、しかもスウェーデン王室自体がフランスの将軍の後裔なのである。

ベニト・スココッツァ　歴史家、王朝批判者

ゼリクが人生のパートナーについて自分の観念を語ったインタビューを収録した本のタイトルは、それを「人生への旅」と表現した。そのとき皇太子は自分の言葉を補うためペンと紙をとり、男と女を象徴するふたつの円を描いた。ふたつの円は交差しており、まさにその接点こそ光だとフレゼリクは述べた。

インタビューの時点ではだれも知らなかったこと――フレゼリクは光の源を、最愛の女性を、見いだしたばかりだった。二〇〇〇年夏のオーストラリア、シドニー・オリンピック大会のさなかに、ある晩彼は、友人たちとくりこんだバーでメアリ・エリザベス・ドナルドソンと知り合った。十五ヵ月間、ふたりの関係は人に知られずにすんだ。その間にふたりは親しくなり、手紙、Eメール、長電話が交わされ、フレゼリクはお忍びでシドニーを訪ね、そこで数週間を他の恋人同士と同じように過ごすことができた。ジャーナリストにわずらわされずに、手に手をとって海辺を散歩し、カフェに入り、帰るところはポーター通りのメアリの住まい。ふたりだけの貴重な十五ヵ月は、フレゼリクの負った人生の陰がついに消えはじめた時間でもあった。

メアリとフレゼリクの物語――現代のメルヘン。自分に欠けているものを相手のなかに見いだしたふたりの人間は、それによって全国民に君臨する玉座での夢のカップルになるだろう。

孤独な王子

「愛するからこそ懲らしめると、人は言います。あなたの愛を、ぼくたちはけっして疑わなかった」。この言葉でデンマークのフレゼリク王子は一九九二年、両親の銀婚式のテーブルスピーチで自分と弟ヨアキムの子供時代を要約した。そのとき彼は二十代半ばになっていた。この告発にたいする父親の直接の反応は、善意で見れば呵々大笑と解釈することもできるだろう。息子のこの言葉がぐさりと胸に刺さったかどうかは、本人しか知らないことだ。しかしヘンリク公が子供の教育について一貫して口にしたことから判断すると、そん

フレゼリクは正直であろうとし、デンマークの公衆に自分の感情を伝えようとした。それを彼は機転とユーモアをもって語ったので、デンマーク人はそれを受けいれた。父親のヘンリク公が俎上に載せられたという感じはなかった。もちろん父親は公衆の面前でちょっぴり非難されたのである。そうされても仕方がないところがヘンリク公にはあった。皇太子はきびしく限界まで迫るけれども、それを越えることはない。

ハンス・ボンデ　歴史家

父がデンマーク人だったら、きっとわれわれはべつの教育を受けただろう。あれがいささか古めかしいフランス式教育法だったことを、弟と私は感じとっていた。

フレゼリク　1996年

なふうにはならなかったのではなかろうか。

「王族には特権よりも義務のほうが多い。子供たちがそれを理解するのは、非常に重要なことだ。義務が特権より重要であることを」とヘンリク公は何年も前から言っていた。他の関連で彼はもっと極端なことを言っている。デンマーク王子の父親は子供の教育を子犬の調教になぞらえた。「どちらも強い手が必要だ」。

アーカイブに収められた映像には、この父親の厳格さが見ていて苦痛になるほどのシーンもある。フレゼリクが六、七歳のころ、弟は一歳下。カメラは家族の馬の遠乗りに同行を許された。白いポニーに乗ったフレゼリクは、見るからにいやがっている。やがてフレゼリクはもうがまんできなくなる――悪天候のせいなのか、落馬するのがこわいからか。しかし父親は容赦しない。藪《やぶ》に逃げこもうとしたフレゼリクは鞍にもどり、がんばり通さなければならない。父親は息子を馬に引きもどし、どんなにこわがっても馬の背にかかえあげる。見ているものはこのとき、これはちょっと冷酷ではないかと思う。幼い息子にたいする父親のきびしさに、泣いている子供を撮りつづけるカメラの目に。馬に乗っても幼いフレゼリクは涙をぽろぽろこぼし、鼻水を垂らし、上唇を噛んで、恥ずかしさと絶望に必死に耐えている。

ヘンリク公は「かなりきびしかった」とマルグレーテ女王は夫のことを評し、その理由をデンマークとは異なる文化的背景に帰した。ある意味で夫はフランス式教育を奉じるフランスの父親なのだと、フレゼリクの母親は言う。

両親の異なる気質は繊細なフレゼリクをしばしば苦しめた。まさに彼が両親の銀婚式のテーブルスピーチで強調したように。「年少のころはデンマークとフランスの文化衝突のさなかでどう対処すればよいのか、ときどき混乱しました。でもぼくと弟のヨアキムは寛容を大いに学び、地平線はコペンハーゲンのむこうで終わらないことを理解しました」。

のちの夫にして子供たちの父親と、後継王女マルグレーテは一九六五年、ロンドンのスクール・オブ・エコノミクスに留学中に知り合った。ド・ラボルド・ド・モンプザー伯爵アンリ・マリ・ジャン・アンドレはフランス貴族の息子で、インドシナで成長し、パリのソルボンヌで最高の教育を受け、フランスの外交官としてイギリスに赴任し、外交官としての絶大なチャンスと卓越したキャリアを約束された、輝くようにハンサムな長身の青年だった。

女王の夫君であることは、かならずしも夫にとってたやすいことではありませんでした。

マルグレーテ　2003年

女のほうが新しい国になじみやすい。男より優しくしてもらえるから。

ヘンリク

娘の選んだ男性がフランス人だという事実は、マルグレーテの両親にとって基本的にはなんの問題もなかった。その反対。「われわれの家族では外国人と結婚するのが通例であることを忘れるな」と両親は後継王女に言い聞かせていたし、かれら自身もそうだった。マルグレーテの母親、イングリド王妃はスウェーデン人だし、祖母はドイツのメクレンブルク・シュヴェーリン家から嫁いできた。マルグレーテの父親、フレゼリク九世は、とくにリベラルな君主として知られており、娘の配偶者選びにべつの選択肢もあたえていた。婿の身分や社会的背景自体に決定的な意味はない——要は「きちんとした人間」であること。というわけで、ほんの四十年後にデンマーク人が、オーストラリアからきた平民のメアリを心から歓迎したのも不思議ではない。

メアリのみならず、マルグレーテ王女にとっても両親の開放的な考え方はとくに重要な意義があった。「私がとてもとても気がかりだったのは、結婚をアレンジされるんじゃないかということでした」と、のちに彼女は打ち明けている。「はっきり言って、熱烈に愛さずに結婚するなんて、私には想像もできないことでした」。このいちばん大切な前提条件を満たす男性を、彼女はアンリのなかに見いだした。それだけではない。彼はこの結婚によって妻の陰に隠れる人生を歩

> 白状しますが、子供たちは私とあまり話しません。子供たちと理性的に話ができれば、もっとおもしろいと思うのですが。
>
> マルグレーテ

子供たちが幼いころ、私はあまりかれらの相手ができませんでした。でもふたりとも立派な人間になりました。私たちはもうひとり女の子がほしいと思っていました。でも手術のあと、私は子供を産めなくなりました。いま私はふたりのすばらしい義理の娘を得て、もう家族のなかで唯一の女ではなくなったことを楽しんでいます。

マルグレーテ

む覚悟もできているように思われた。

こうして一九六八年六月十日の結婚により、フランス人のド・ラボルド・ド・モンプザー伯爵アンリ・マリ・ジャン・アンドレはデンマーク人になった。デンマークのヘンリク公に。とはいえ実際にはこれがうまくいったわけではなかった――いまでもデンマークの新聞は、ヘンリク公のフランス訛りのデンマーク語をからかっている。いっぽうヘンリク公自身も女王の夫君という役割を、過小評価されている、軽視されている、いつまでたってもデンマーク人に理解してもらえないと感じて、たびたび故郷フランスにある一族のブドウ園にひきこもってしまう。

結婚してまもなく子供をさずかった。フレゼリクが一九六八年五月二十六日、ヨアキムが一年あまりあとの一九六九年六月七日に生まれた。宮廷の孤独のなかで、ふたりの兄弟は幼いときからきわめて親密な関係をはぐくみ、マルグレーテが母親の役割を充分に果たせないだけに、それはいっそう重要なことだった。「私は幼い子供たちと格別うまくつきあったわけではありません。でも自分の子供たちとの関係が、はしごの最後の段階になって、いま一度はじまることになりました。二十歳を超えた子供たちとつきあいなおすというのは、簡単なことではないでしょうね」と一九八九年にマルグレーテは述懐し、自分の母親としての役割を自己批判している。この言葉は、王室の全員と数十年にわたり詳細なインタビューをつづけてきたデンマークの女性ジャーナリスト、アンネ・ウォルデン・レティンゲの編述した『職業・女王』という本に収録されている。

すでに女王が職業になる前から、マルグレーテは子供の養育をしばしば他人の手にゆだねており、そのことを彼女はのちに何度も悔やんだ。子供たちと過ごす時間が充分にとれないのが、いつも悩みの種でした。学校時代が終わり、ふたりの子供が親の愛情不足にはっきり苦情を述べたとき、初めて事情は変わりました。「まさしく私の両親が私と妹たちにしたように、私たちは子供の教育と扶養の大部分を他人にまかせ、その結果として私たちと子供たちから多くのものが洩れ落ちました」。

この失敗をフレゼリクはけっしてくりかえすつもりはない。子供時代に両親のたびかさなる不在によって孤独に苦しんだことを、フレゼリクは何度も公言しており、メアリとの結婚式のスピーチでも、自分には多くの可能性があったにせよ、自分の世界はしばしば孤独だったと嘆いている――子供時代に深く根づいた感情の吐露。そしてマルグレーテも知っていたのは、フレゼリクが弟を大きな支え、たよれる味方として必要としたことだ。ふたりは顔も性格もまったく似ていない兄弟であるにもかかわらず。

「たしかにふたりはとてもちがっているのに、いつも仲がよかった」と母親は回想する。むしろ内向的なフレゼリクを、元気で外向的なヨアキムはいつも励ましていた、と。「フレゼリクはかなり内にこもるほうで、とくに幼いころは、そんな自分自身にいらだっていたようです。ヨアキムはフレゼリクと彼を苦しめるものとを、いつもうまくとりなしました」。

幼いフレゼリクを苦しめるものがいくつかあった。デンマークの後継王子を知っているものはみな、彼は自分の限界を追及する強い男ではあるけれど、同時に非常に感じやすく、センシブルで、内省的だと述べている。「フレゼリクはたえず自分自身と闘っています。彼にとって大切なのは、自分はなにをなすべきかということです」と、不断に成長していく夫をよく知っているメアリは言う。「彼はとても温かい心をそなえていて、忠実で、誠実で、誤りや欠点のない人です。彼といっしょにいると気分がさわやかになります。彼は好奇心旺盛で、意外性に富んでいて、まったく多面的な人です。彼には非常に多くの面があります。彼は自己を開発し、生涯成長することを望んでいます。彼は愛情に満ちています。フレゼリクは人の心を動かすと、私は信じています。こう言うと、きっと彼はいやがるでしょうけど、彼は孤独な人でもあります」。皇太子の子供時代は、つねにきびしさを感じさせられる父親と、つねに職業上の義務を負わされた母親と相まって、感じやすくて柔和な少年にとって、けっして楽なものではなかっただろう。

両親が公務旅行に出かけ、フレゼリクと弟が門の前や、波止場や、タラップの下で手を振って私の娘とその子供と孫が幸せな家庭を築き、つねにデンマークの幸福のために最善を尽くすことを知っているので、私は安らかに目を閉じることができます。

イングリド 1999年

お別れするたびに、いつもひとりのレディがふたりの少年に寄りそっていた。マルグレーテの母親、イングリド王妃。二〇〇〇年秋に――ちょうどメアリとフレゼリクの恋がはじまったころ――九十歳で亡くなるまで、イングリドは家族の中心にいて、その柱石になっていた。彼女は一九七二年から南ユトランドのフレンスブルク・フィヨルドに近い夏の離宮グラステンか、いまはメアリとフレゼリクの住居になっているフレデンスボー城に住んだ。ふたりの王子はなにか問題があるたびに、この老レディに話を聞いてもらった。とくにフレゼリクにとって彼女は生涯ずっと大切な人で、大小の悩みごとをかかえたときのよりどころだった。

「私がいまでもいちばん欲しいもの、それは彼女の本質をなす基盤だ」とフレゼリクは祖母の死後に語った。「あの盤石の重みをそなえた師匠――それが正しいと言ってくれるわけではないけれど、インスピレーションをあたえ、自分のかかえる問いに、自分で答えを見いだせるようにしてくれる人物。まさに禅の師匠のように。これは禅の心髄だろう。いっしょにすわって語っているうちに、ほんのすこし、だが根本的に、自分自身の問いにたいする答えが見えてくるというのは」。

まさにこのようにしてフレゼリクは祖母から多くのことを学び、彼女から多くのものを引き継いだ――公衆にたいする基本的な態度にいたるまで。イングリドはあまり人前に現われず、庶民的とはとても言えないが、それが彼女の人気を損なうことはなかった。「人びとと親しく接して、しかも距離を保つこと」と、彼女はある短いインタビューで述べた。

これも彼女の見識のひとつで、それは若いフレゼリクにのちのちまで刻みこまれ、彼自身の行動指針になったようだ。「ある種の事柄が存在すると思う。『ここまで、それ以上はだめ』とでもいうようなことが。私はますますそうしている」と、フレゼリクは二〇〇二年に前述のデンマークのジャーナリスト、アンネ・ウォルデン・レティンゲに語り、そのさい片手で自分のまわりに想像上の円を描いた。「最大の個人的な危険は、はめをはずすことじゃないだろうか。すっかりはめをはずしてしまうこと――なにしろ外の世界はあの手この手で（われわれの世界に）入りこもうとするから。ある程度の不可侵性がなければならない――謎めいたところとか、神秘性とか」。これによってフレゼリクは、いまなお王室への熱狂を呼び起こすものを、よく理解していることも示している。この考えは、生まれたときからつねに観察されてきた人生の結果でもある。

重い遺産

フレゼリクと弟がメディアの全面的な注目に対処しなければならなくなったのは、母親マルグレーテ自身の予期に反して早かった。フレゼリクが三歳、ヨアキムが二歳のときに、国王フレゼリク九世が亡くなり、その長女が――「王は死んだ。女王ばんざい！」――マルグレーテ二世として王位に即いた。マルグレーテとその家族に多忙な時代がはじまった。

息子のフレゼリクとちがい、マルグレーテは生まれながらの王位継承者ではなかった。彼女の生誕の時点では、デンマークで王位に即けるのは男子にかぎられていた。国王夫妻に男子の跡継ぎの生まれる見込みがなくなってから、デンマーク議会は一九五三年に憲法を改定し、マルグレーテがデンマークの国王になれるようにした。したがって厳密に言えば一世だが、先祖に同名の女傑がいるので二世になった。そのマル

1953年までの私は、いつか自分が女王になるなんて思ってもいませんでした。その年にデンマークで新しい王位継承法が可決され、国王に息子がいなければ、娘でも王位を継げるようになりました。そのとき私は13歳で、まだ子供でした。私は愕然《がくぜん》とするばかりでした。父がいつかは亡くなるということはわかっていても、王位を継ぐということの意味がわからず、それを考えることもいやでした。でもだんだんその考えに慣れてきて、二つのことが私を気楽にしてくれました。第一に、私はけっしてデンマークから出ていかないことがはっきりしたこと。第二に、自分がいつか女王になることがわかっているので、人生が単純になったこと。私と同世代の人たちは、将来なにをしたいか見つけださなければならないのに、わたしはその必要がない。

マルグレーテ　2003年

クリスチャン10世は、王朝が占領中に獲得した人気の波に乗った。

ステフェン・ハイベルグ
歴史家

フレゼリク9世は庶民的だった。60年代には「王立デンマーク社会民主主義」と言われるほどだった。

ステフェン・ハイベルグ
歴史家

グレーテ一世は一三七五年から一三九三年まで実質的にデンマークを統治した女性で、まだ幼少の息子に代わって国務を遂行したのだが、その業績は赫々《かっかく》たるものだった。彼女が君臨した時代に、デンマーク、ノルウェー、そしてスウェーデンがカルマル連合に統合され、マルグレーテはデンマーク史に威名を刻んだ。

しかし、この同名の先祖のみが若い女王に重い遺産を残したのでなく、直近の先任者、父親のフレゼリク九世と祖父のクリスチャン十世も、かなり人気の高い国王だった——庶民性、業績、人望によって。すでに少女のころからマルグレーテはこのふたりと比べられるのを恐れた。とりわけクリスチャン十世は、一九四〇年から一九四五年までつづいたドイツ軍によるデンマーク占領時代に示した毅然たる態度によって、デンマーク人が今日まで王室に寄せている親愛、高い評価、尊敬の源になった。国外に亡命した他の多くのヨーロッパの王族とちがい、クリスチャン十世は妻と皇太子夫妻とともに戦時中ずっと国内にとどまった。それだけではない。毎日国王はコペンハーゲンの街路を、武器もなく護衛もなく、馬に乗って巡回し、この恐れを知らぬデモンストレーションによって国民に勇気と自信をあたえた。ついにドイツ軍は一九四三年、国王を宮廷に軟禁した。さらにクリスチャン十世は地下の抵抗運動もなしうるかぎり支援した。それによって彼は、のちに王位を継ぐものに高度な基準を設けたのだ。

「占領前のデンマークの君主制はそれほど強力ではなかった。しかし占領中にクリスチャン十世は、まさしく国民の結晶点になった」とデンマーク国立博物館の学芸部長ステフェン・ハイベルグは言う。「戦前は、老王が毎日コペンハーゲンを馬で散策するのは迷惑しごくな交通妨害になったとすれば、一九四〇年四月九日からは、馬上の王はまちがいなく国民の結集点になった。こうして王朝が占領中に獲得した人気が、ある意味で今日まで保たれていることに疑いの余地はない」。

マルグレーテが一九四〇年四月十六日にコペンハーゲンで生まれたのは、ドイツ軍の侵入からほんの一週間後のことで、王女――三人の娘の長女――の誕生は暗い時代をほのかに照らす曙光として、デンマーク人を勇気づけた。それから三十一年後、彼女は国王の重い任務を受け継ぎ、職責を果たし、それに新たな、独自の色合いを付与する立場になった。当初はデンマークの国民も政府も、王位に即いた若い女性に懐疑的だった。

「国王は気さくな人である。政府と国王との協議はほんの二十分しかかからない」とデンマーク首相イェンス・オットー・クラーグはフレゼリク九世が死ぬ前の日記に書いている。「新しい女王との協力はむずかしいものになりそうである。彼女は政治教育を受けており、それはかならずしも利点ではない」。かてて加えて称賛されてきたデンマークの福祉国家が七〇年代初めに危機におちいり、これまでのような規模での福祉は財政的にまかなえなくなってきた。どこを削り、いかに増大する負担を市民と企業に配分し、どうやって失業を食いとめるか、各政党間になかなか一致がみられなかった。さらに全土を沸騰させたのは、ヨーロッパ経済共同体（ＥＥＣ）への加入の是非をめぐる議論だった。国民投票で市民の約三分の二が加入に賛成したあと、ようやくデンマークは一九七三年一月一日にＥＥＣに加盟し、それは今日のヨーロッパ連合（ＥＵ）につながることになる。この政治的混乱の時期に、一九七二年一月十四日、国王フレゼリク九世が在位二十五年にして亡くなった。庶民的な王様として臣民に愛されたフレゼリク九世は、定期的に自転車でコペンハーゲンを走りまわって市民と親しく接したものだった。

たとえ国民の90パーセントが王朝を是認し、王室記事が売り物の週刊誌を買うにしても、王族をばかにするようなことを口にしても、とがめられることはない。

ベニト・スココッツァ
歴史家、王朝批判者

というわけで、即位当初のマルグレーテ――どちらかといえば内気で、メディア慣れもしていない――は山積する難問を前に、息つぐいとまもなかった。王位に即いたとき、マルグレーテはデンマーク人の四十二パーセントしか支持を得られなかった。三十年後にはそれが九十パーセントを超えている。ヨーロッパの他の王国でこれほど多くの国民に愛されている王や女王はいない。マルグレーテはそれをやってのけた。国民への徹底的な献身によって。そのための代価を支払って。一九七二年一月十五日、マルグレーテがクリスチャンボー城のバルコニーにデンマーク女王として国民の前に現われたとき、彼女の人生は根本的に変わり、それによって家族全員の人生も変わった。フレゼリクの人生も。

「父母に同行するのは、ふたりにとってかならずしも楽しいことではありませんでした」とマルグレーテ女王はのちにふたりの息子について語った。「あれはヴィボルグでのことだったと思いますが、ふたりが警察署長と生真面目な顔で話していたのを覚えています。ふたりの子供が着ているのは空色のコートで、そんなものを着せられることに抗議することも、まだ思いつかない年ごろで！」。このようにフレゼリクと弟は幼いころから母親の公務に同行し、延々とつづく儀礼にお行儀よく耐え、いつ終わるとも知れぬあれこれの演説を聞いていなければならなかった。そのとき自分たちは「まだおもちゃの消防自動車で遊びたいだけの子供だったのに」とフレゼリクは幼いころを回想する。

だがマルグレーテは自分自身の体験から、王族の子供が大人になったときにそなえていなければならない特性を知っていて、息子に忍耐と自制を教えるときは、夫に負けず劣らずきびしかった。子供たちが公式行事の途中で逃げだしたがったりすると、母親はいつもこう言い聞かせた。「退屈な演説を聞くことよりも、もっと退屈なことがひとつだけあります。それは、演説をちゃんと聞かずに演説が終わるまですわっていること！」。

幸福な末っ子

幼いフレゼリクにきびしい人生がはじまったあの寒い冬の日、地球の反対側はおだやかな晩だった。その、フレゼリクの世界とはまったくの別天地で、ひとりの女の子が生まれた。一九七二年二月五日、メアリ・エリザベス・ドナルドソンは、ジョン・ダルグレイシュとヘンリエッタ・クラーク・ドナルドソン夫妻の四番目の、最後の子供として、オーストラリアの一州タスマニア島の州都ホバートで誕生した。

メアリの両親はほんの十年前に移住してきた――ふたりともスコットランドはエディンバラの東にある小さな漁村ポート・セトンの出身で、すでにティーンエイジャーのころから恋仲だった。メアリの祖父は漁師で、腕のいいスキッパーだったので、オーストラリアの商事会社から招請を受けた。地球の反対側での新たな出発のチャンスを逃したくなかった祖父は、提供された職を受けいれ、メアリの祖父母はジョンのきょうだいとともに一九五九年にホバートに移住した。メアリの父親ジョンはその時点ではスコットランドのエディンバラの学生で、学業を終えると同時にヘンリエッタと結婚し、一九六三年、いっしょにホバートの家族のあとを追った。ふたりはタスマニアの大学に職を得た。ヘンリエッタは秘書として勤務し、ジョンは応用数学の教授としてキャリアを開始した。

ジョンの教育研究活動は彼に国際的な展望を開いた。こうして家族は一九七四／七五年にテキサスのオースチンにおもむき、そこでジョンは客員教授に迎えられた。しかし結局ドナルドソン家はのどかなタスマニアに帰ることにした。新鮮な空気、きれいな水、夢のような自然に恵まれた、人口まばらな島は、子供たちの家郷として理想的な土地だから。一九七五年にジョンとヘンリエッタはオーストラリア国籍を取得した。この時点では父親のジョンは、末娘への愛が三十年後に自分を新たな故郷へ導くことになるなんて、思いもよらなかった。そこはタスマニアよりも、本来の故郷スコットランドにはるかに近いところになるはずだ。

三十年を待つまでもなく、ドナルドソン夫妻には三人の娘とひとりの息子ができた。ヘンリエッタ、通称「エッタ」は献身的な母であり妻であり、自分にとってすべてである家族に身も心も献げ尽くし、一九九七年に死ぬまで一家の要となって家族をたばねた。メアリの両親の家はホバートの郊外タルーナにあり、ドナルドソン家の子供たちは同じ年ごろのたくさんの友だちと、戸外で存分に遊びまわることができた。ジョンは妻の死の数年後にその家を売りはらったが、いまでも出入り口の周縁に、生前のエッタご自慢のバラの茂みがピンクの花を咲かせている。

フレゼリクとはまったく逆に、メアリと母親との関係はとても良好で親密だった。「思い出はありあまるほどある」と父親のジョンはこの母と娘のまったく特別な関係を回想する。家族内でのきびしい教育者の役割は父親が受けもった――そのさい末っ子のメアリはあまり手がかからず、兄や姉よりも摩擦はずっと少なかった。

「大方の私の友人は、私が子供たちに非常にきびしかったと思っているでしょう」とジョン・ドナルドソンはのちにデンマークのテレビで自分の教育法について語った。「たぶんそのとおりでしょう。私はできるかぎりのことをして、子供たちに宿題をきちんとやらせました。安定した生活のためには、しっかり勉強しなければならないことを、子供たちは学ぶべきでしょう」。

それが父親にたいする子供たちの愛情を損なうことはなかった。エッタとジョンは子供たちのなかに連帯感、安心、温かさ、安定の強い感情をはぐくむことを心がけた。今日まで四人のきょうだいは親密な関係を結んでおり、なかでもメアリは十八ヵ月年上の兄ジョン・ステュアートととくに親しくしている。とはいえ一番上の姉で薬剤師のジェーン・アリソンとも、看護師になった姉のパトリシアとも、いまなお親密な関係にある。一九九七年に母親が死ぬまで、ドナルドソンきょうだいはそれぞれの配偶者と子供ともども、日曜日にはできうるかぎり実家に集まり、ドナルドソン家の定例行事「グリルの夕べ」をともにした。これはヘンリエッタにしかできないことで、家族の結束に

メアリはフレゼリクと出会う前の写真や経歴を隠している。彼女は王子様とキスして優雅な白鳥に変身したオーストラリアの田舎者と見られるのを好まず、生まれつき気品、優美、スタイルをそなえた女性以外のなにものでもないという印象を、呼び起こそうとしている。

ヴァンダ・カーソン　オーストラリアのジャーナリスト

大いに寄与した。

家から十五分ほど歩いたところにタルーナ・ハイスクールがあり、メアリは小学校を卒業すると、一九八三年から一九八六年までそこに通った。そのあとホバート高校で大学入学資格を取得した。この時代の教師たちは例外なく、この優秀な女生徒のことを覚えている。学友たちは、さまざまなスポーツ競技に活発に参加して好成績をおさめ、生徒会長として生徒の利益を代弁した美しいティーンエイジャーの思い出を、熱中して語る。

メアリはまちがいなく学校で一番人気のある女生徒のひとりだった。もちろんボーイフレンドもいた。十五歳のときにグレン・マリオットという若者と知り合い、三年間つきあった。もっとも――のちに重大な意味を持つのだが――思春期のメアリの「十代の暴走」をうかがわせる報告はいっさい見いだせず、不都合な写真もなく、おしゃべりな男友だちや嫉妬した女友だちが言いふらす「裏話」もない。かくしてメアリの人生史も完璧な皇太子妃にふさわしく、義母を大いに安堵させることになる。

知力とならんでメアリは、フレゼリクとまったく同じように、子供のころからスポーツにも秀でていた。はやくから定期的にランニングに励み、バスケットボールとホッケーにいそしんだ。しかしとくに子供のころから熱中したのは乗馬だった。馬は娘の人生における「最初の偉大な愛」だったと、メアリの父親は娘の結婚式の晩にも回想している。そしてウインクしながら、この愛をかなえるために両親は、数え切れないほど何度もお抱え運転手にさせられたと愚痴をこぼした。

自分の馬を駆ってメアリは地方の跳躍競技大会で何度か入賞している。

　動物への愛を職業に生かしたくて、メアリは、多くの少女と同じように、獣医になろうと思った。しかし、これまた多くの少女と同じように、それは夢にとどまり、メアリは経済学と法学を学ぶことにした。家族のみんなと同じくメアリはタスマニアの大学に通い、一九八九年から一九九四年まで学生時代を故郷の町ホバートで過ごし、経済学士、法学士として好成績で大学を卒業した。

　大学教育の修了とともにメアリのタスマニア時代も終わった。当時はまだ知るよしもなかったが、それは子供時代を過ごした土地との別離でもあった。多くの若い、高等教育を受けたタスマニア人と同じく、メアリにとっても小さな島は、未来を希求する職業上の挑戦の場を提供できなかった。どっちみち、のちに本人がインタビューで述べているように、当時の彼女は国際的なキャリアを夢見ており、いつかは国際コンツェルンの経営者になりたいと思っていた。それにはタスマニア島は適切な出発点ではなく、オーストラリア本土のメルボルンのほうがはるかに可能性があった。メルボルンはホバートから飛行機でほんの一時間あまり、フェリーボートで通えるほど近い。それでも最初の住所移転はメアリの人生における大きな第一歩であり、とりわけ、みなタスマニアに残った姉兄たちと、母エッタとの別れでもあった。メアリがタスマニアを離れる前後に母親と交わした「無数の電話」を、父親はまだ覚えている。

「母は私に、どんな人間でも大切な人間として理解する能力をあたえてくれました」と、メアリは母親が彼女のために演じた大きな意味と重要な役割を語る。「どんな生きものも大切です。私に子供ができたら、私は母のようになりたいと思います。母親は、とくに人生の一定の時期においては、なによりも重要な存在だと思います――人間の最大の愛」。こうしてメアリは一九九五年、若いフレゼリクに欠けていたものをすべてあとに残して、世間に第一歩を踏みだした――満たされた子供時代と母親の思い出を胸に詰めこんで。とりわけその母親は、子供のために使えるものを持っていた。時間を。

自分自身への途上にある男

この母の時間こそ、子供時代のフレゼリクが欲しくてたまらないものだった。「私の子供の教育は、ちがったものになるだろう。もっと柔和に」とフレゼリクは九〇年代半ばにテレビのインタビューで語った。「いずれにしても私はもっと多くの時間を子供とともに過ごし、もっと子供といっしょにいるだろう」。この発言によって皇太子は公然と、意図的に、自分の両親の教育法に痛烈な判定を下したのだ。その勇気を得るため、フレゼリクは刻苦勉励を重ねてきた。

一九九五年はふたり――メアリとフレゼリク――にとって、大きな意味のある年だった。ふたりにとってそれは門出の年であり、ふたりの人格的発展に大きな一歩を印した。メアリは故郷の

私は母親として失敗しました。私は幼い子供とうまくつきあうのが苦手です。でも初めから21歳の子供を産むことはできないでしょ?! 子供の教育は夫にまかせました。私は息子たちと遊んでいるほうが好きでした。

マルグレーテ 2000年

町ホバートと、とりわけ愛する家族に初めて背を向け、フレゼリクは初めて公然と両親にたいして距離を置き、家族と教育にかんする両親の見解とはっきり一線を画した。たぶんそれは自分自身の限界の認識であり、とりわけきびしい軍事訓練で示した自分自身の能力の認識でもあっただろう。軍事訓練はフレゼリクに、自分にずっと欠けていた勇気、鬱積したいらだちをぶちまける勇気を獲得させた。一九九六年に『ある家族とその女王』という本に収録された、アンネ・ウォルデン・レティンゲとのインタビューで、フレゼリクは以前よりも詳細に自分の受けた教育について語り、それを愛情に欠けるもの、温かみの少ないものと断じ、子供のころの孤独を語り、ときには自殺も考えたと初めて告白した。マルグレーテ女王は息子の批難にたいして沈黙した。ふたりの息子を大いに誇りに感じているマルグレーテは、自分の子育てが若い母親の模範にはなりえないことをとっくに認めていたし、悔やんでもいた。

親の思いやりのほかにフレゼリクが渇望したのは、ごく簡単だが皇太子としてはきわめて困難なことだった。すなわち、ごくふつうの子供でいられること。ひとまずこの願いがかなえられたのは学校時代だった。ごくふつうの子供たちといっしょに、フレゼリクとヨアキムは一九七四年から、つまり初等教育の初めから、(ほとんど)ごくふつうの学校、コペンハーゲンのクレブス学校に通った。外国語と歴史に重点を置く私立校として、クレブス学校は名声を博していた。運転手付きの車が校門に迎えにくるまで、ふたりの兄弟はここで何時間か自分の特別な立場を忘れることができた。父親ヘンリク公のたっての希望でフランスの言語と歴史を学ぶため、フランスのノルマンディーにあるエリート校、エコール・デ・ロシュで一年間勉強したあと、ふたりの王子はデンマークでの学校生活にもどり、首都の北にあるオレゴルド・ギムナジウムに入学した。ここでフレゼリクは一九八六年、十八歳で大学入学資格を取得した。

十八歳の誕生日とともにフレゼリクの生活はいやおうなく公的なものになった。いまや成人した皇太子は、枢密会議の一員になった。いまから彼は母親とともに定期的に大臣と会見し、デンマークの新しい法律に署名することになる。そしていまから彼は儀典において父親より優位に立つことにもなった。この日からヘン

> 王族はふつうのデンマーク人と同じようなものになってはいけない。そうなったら彼らは緊張しなくなるから。
>
> ベニト・スココッツァ
> 歴史家、王朝批判者

> 女王がこれほど人気があるのは、われわれが彼女に人間として共感するからである。
>
> エミリア・ヴァン・ハウエン
> 社会学者、王室専門家

リク公でなく、フレゼリクが、女王が公式行事に出席できない場合、王室を代表することになる。ヘンリク公はそういう差別待遇と折り合いをつけるのがむずかしいほうなので、これもまた父子間の葛藤の種になった。

皇太子の役割に、やがて自分に課される職務に、少年時代のフレゼリクは一度ならず大きな不安を覚えた。

「初めは〝王になる〟ということが、ものすごいこと、恐ろしいことに思えた。なにか暗いこと、陰鬱なことに。まるで重い毛布をかぶせられるような、自分の可能性を、世界を探求する喜びを、制約されるような感じがした」と、二十歳代の末にフレゼリクは少年期の不安感を描写している。

マルグレーテと同じくフレゼリクにも、ことのほか優れた先任者がいた。曾祖父クリスチャン十世と祖父のフレゼリク九世、そして母親もまた大成功をおさめていた。マルグレーテは女性の君主の能力にたいする最も辛辣な懐疑派をも沈黙させ、女王として君臨するスタイルを確立した。それは庶民的であると同時に威厳にあふれ、親しみは覚えるけれど、つけいるすきはあたえない。すでに述べた高い支持率でわかるように、いまやマルグレーテはデンマーク国民から父王に勝る人気を得ている。若いころの彼女が父親の人気の高さに萎縮したのも過去の話になった。

三十年後のいま、フレゼリクも刻苦して重圧を乗り越えてきた。皇太子としての役割を自然に受けいれ、もはや不快とは感じずに、逆に人格形成の潜在力と認識するようになるまでには、自分の限界と可能性との、長い、集中的な対決を経なければならなかった。

自己と自分の運命との和解をフレゼリクはまさしく闘いとった。ことばの真の意味で――まず軍のエリート兵士として、ついで酷寒のグリーンランドで二千八百キロの道のりを犬ぞりで踏破する氷雪との闘いのなかで。フレゼリク皇太子はこの二つの体験を、メアリと知り合う前の、自分の人格的発展における決定的な瞬間だったと述べている。軍隊とともに自分の人生は初めて本格的にはじまったと、のちにフレゼリクは語った。軍事訓練がはじまったのは一九八六年、中等教育の修了直後のことで、母親の、女王の親衛兵になった。一九八八年にみずから希望して近衛軽騎兵連隊に転属し、そこで士官教育を修了した。二〇〇四年までにフレゼリクは海軍、陸軍、空軍の中佐に昇進し、デンマーク王立士官学校の戦略研究所で講師を勤めた――三十五歳にしてはかなりのキャリア。

しかしフレゼリクの真の挑戦はデンマーク軍の潜水攻撃兵部隊に志願したことだ。これは困難な秘密作戦のために特別の訓練を受けた猛者たちの小部隊で、人質の解放や反テロ戦闘に出動する。たとえば二〇〇二年にはアフガニスタンにもデンマークの潜水攻撃兵は出動した。

他の三百人の志願者とまったく同じ条件で、皇太子は過酷な採用試験に挑んだ。卓越した運動能力――二・八キロメートルを十二分以内に走るとか、十キロの荷を負って七十キロを行軍するとか――のみならず、最高度の精神的負担に耐える能力も基本的な前提条件とされた。これは未来の国王にとっても必要な資質だろう。わずか十三人の志願者が採用試験に合格した。訓練に最後まで耐え抜いたのは四人――フレゼリク皇太子はそのひとりだった。

「ペンギン王子」というニックネームで、彼はあらゆる点でデンマーク軍において最もきびしい訓練を修了した。かつて初めてのマラソンに「苦痛とは弱さが身体を離れること」と書いたTシャツを着て参加したフレゼリクは、身体の辛苦に耐える強靭な精神をそなえていたようだ。こうして彼はパラシュート降下、呼吸器を付けた潜水と付けない潜水、格闘技、その他多くの戦闘技術を習得した。

どれほど辛くても――潜水攻撃兵部隊への採用は皇太子にとって夢の実現になった。潜水攻撃兵の訓練は、そのことをみんなに、とりわけ自分自身に示す好機をフレゼリクにあたえた。「緊張と大いなる挑戦はつねに私を魅了し、軍隊において夢のいくつかを実現することができた」と、彼はのちに語っている。歴史家のハンス・ボンデ――その著書『汝の身体を知れ、男よ』にフレゼリク皇太子は序文を寄せ、身体フィットネスの重要性を強調した――は、自己の限界を徹底的にテストしたいというフレゼリクの願望を、つぎのように説明している。フレゼリクのように王族として生まれ、生涯ずっと真綿にくるまれ、いかなる生活上の心配もない人間にとって、このような挑戦は、自分が生きていることを感じとれる、唯一の可能性なのだ、と。

「身体が試練を課され、痛めつけられ、限界に達したとき、われわれが真に挑戦を受けたとき、初めてわれわれのなかに強い力が呼び覚まされる。皇太子がこの試練を通過しなければならなかったのは、自分が生きていることを感じとるためである」とハンス・ボンデは述べる。そしてこの軍隊時代は王室の声望とフレゼリクの人気を高めることにも役だった。とりわけ、フレゼリクが特別あつかいを拒否し、他の全兵士と同じ辛苦を引きうけたことによって。「国民は、ここにひとりの男がいる、その男は安易な道を選ばず、挑戦をもとめる、という印象を受けたのである。この男なら嵐のときも統治できるであろう。奉戴する国王が、お天気のときしか通用しない王様ではないということは、きわめて重要なことである」とボンデは言う。「王室はしばしば危機におちいることがある。だからこそ、国王が限界状況においてしっかりしていることが重要なのである」。

こうして潜水攻撃兵の訓練はフレゼリクに独自のプロフィールを、そしてまた皇太子としての自分の役割における新たな自意識を獲得させる原動力になった。「どうすればちゃんとした王になれるのか、それは本を読んでもわからない」とフレゼリクは一九九六年一月、コペンハーゲンの日刊紙『ベルリングスケ・ティデンデ』に語った。「それはやってみて、みずから自己をつくりだすしかない」。べつのインタビューでも彼ははっきりと、王位に即いても先人の手本のみを指向するつもりはなく、任務を独自のやり方で果たしたい、と述べている。「時代の脈動を感じるようつとめ、自分が身をもって知ることを胸に刻みこめ。そこを出発点としながら、自分のシステムをつくりだせ」。自分の背景

> フレゼリク皇太子はいわゆる「ファーストクラスの乗客」として通過しようとしなかった。彼はふつうの兵士が克服すべき辛苦を耐え抜いた。これはもちろん彼の人気を高めた。
>
> ハンス・ボンデ　歴史家

が母親とは根本的にちがうことを、フレゼリクはつねにわかっていた。マルグレーテ女王が傾倒しているホビーはもっぱら芸術活動だった。画家として、服飾デザイナーとして、あるいはフランス純文学の翻訳家として。「母はつねに知性的な君主だが、それとちがって私は肉体的な鍛錬に精励してきた」とフレゼリク。

それをデンマーク皇太子が前代未聞のやり方で示したのは、二〇〇〇年に五人の同志と四十一頭の橇《そり》犬とともに、とびきりの冒険に出かけたときだった。「シリウス」遠征。零下四十七度におよぶ酷寒のなか、チームはグリーンランドの北端をめぐる氷雪の上を、約二千八百キロにわたって踏破したのだ。一日の行程は二十五キロから三十五キロ。各隊員にはそれぞれ決まった任務があり、フレゼリクは医療面の保全を担当した。

> 「シリウス」遠征は皇太子の人生における一里塚だった。それはきわめて過酷な試練だった。高度な身体能力をそなえていても、苦しさのあまり脱落する参加者もいた。
>
> ハンス・ボンデ　歴史家

恒例の「シリウス」遠征には歴史上の由来があり、その起源は、第二次大戦中のドイツ軍によるデンマーク占領時代に行なわれた犬橇部隊のパトロールにさかのぼる。デンマークとの同君連合下にあった当時のアイスランド政府は、占領下のコペンハーゲンから発せられたドイツ軍の命令にしたがうのを拒否し、アメリカと結んだ。アイスランド東岸沿いのパトロールは、ありうべきドイツ軍の上陸を阻止するためだった。戦後もこの遠征はつづけられた。出発点はカーナークの東で、その地はアメリカが冷戦期にすぐ近くに建設したトゥーレの空軍基地で知られている。九〇年代半ばになって、デンマーク政府がすでに一九五七年に、アメリカ軍がそこに核兵器を配備することを認めていたことが明るみに出た——四十年近く隠されていた秘密。そういう歴史的な因縁がからんで、遠征隊員はつねにメッセンジャー役も担うことになるので、皇太子のような公的重要人物が参加することは、きわめて特異な事例だった。

しかしフレゼリクがこの冒険に乗りだすについては、とくに個人的な理由があった。「私は氷原のなかで孤独と向き合えると思う。それは断じて退屈ではなく、自分自身を知るよすがとなるだろう」。この願望はかなえられたようだ。遠征の全行程に同行したカメラマン、トルベン・フォルスベルイが撮った映像を通して、のちに全国民がフレゼリクの体験を共有した。数々のインタビューでも彼はこの冒険旅行の意味について、くりかえし個人的な動機を強調した。「人にはそれぞれ生涯にわたってそこに出入りする、オアシスのようなもの、島のようなものがある。人はそこにまったく特別なものが存在することを知っている。そのようなオアシスが人には絶対に必要であり、それをわれわれはバランスポイントと呼んでいる。まさにそれを、グリーンランドが私に永遠に贈ってくれた。グ

皇太子を落第させるなんて考えるオルフス大学の試験官がいたら会ってみたい。皇太子が大学に入ったら、彼は一回の試験できっと退学するだろう。

ヘンリク・クヴォルトゥルップ
ジャーナリスト

リーンランドは永遠の賜物なのだ」。

肉体の鍛錬と精神活動はフレゼリクにあっては前々から表裏一体であり、彼の物理的な限界体験にかんする発言は、つねに哲学味も帯びている。事実フレゼリクは大学を卒業した最初のデンマーク王になるだろう。かれは一九九五年にオルフス大学で政治学の学位を取得した。彼にとって大学での勉学は、もっと自立性を、もっと独自のプロフィールを獲得するための手段だった。「きちんと大学教育を修了するという決断は、もっと蓄積と基盤を獲得する道への一歩だった。それがさらに力をあたえてくれる」とフレゼリクは大学での勉学を語った。「私は人の力でなにかになりたくない。私は自分の力を自分自身で計りたい」。

ほかにも大学での勉学は彼に、あれほど渇望していた普通人の生活、同世代の若者の実際の生活を体験させてくれた――とりわけ一九九二／九三年に称号なしの「フレゼリク・ヘンリクセン」という名でアメリカのハーヴァードに一年間留学したときに。この留学から帰国して、デンマークの空港で待ちかまえるプレスを前にしたとき、喜んでいるのはそちらだけだという態度を、フレゼリクは隠さなかった。ジャーナリストにいてほしいかという質問には、あけすけに「いや、いてほしくない」と答えた。それについては、かつてマルグレーテ女王が表現したように、デンマーク王室は、プレスとその行動規範にかんするかぎり、天国と隣り合わせに住んでいて、たとえばイギリスのプレスなどにくらべると、たしかに女王の言うとおりなのだ。その理由として、王室の庶民性と公開性が挙げられるだろう。王族自身が市民と親しくオープンに暮らしているところでは、王族の私生活をあばきたいというプレスの欲求にもかぎりがある。

それでもゴシップ紙誌はつづく数年のフレゼリクの人生をときどき重苦しいものにした。たいていの若い王族と同様、やはり彼もときどき私的な脱線をやらかしたから。パーティのはしご、酔っぱらい運転、あるいは、これがいちばん多いが、彼のあだ名「ターボ王子」のもとになったスピード違反。王族の免責特権のおかげできびしい罰は免れたが、世間の批判は免れなかった。「君主制は非民主主義的な制度である」と歴史家のベニト・スコッツァなどは言う。「王族は憲法によれば刑法上の責任を問われない。すなわち、暴走運転をしても、処罰されないのである。こうして見ると、王族は法的および社会的諸条件から遠くかけ離れた存在であり、その統治下で他の五百万のデンマーク人が暮らしているのである。私はそれを断じて受けいれがたいことと見なす」。

もちろん皇太子の色恋沙汰もメディアの大いなる関心の的になった。軍事訓練と大学教育によってフレゼリクは充分に自分自身を見いだしたが、生涯の女性はまだだった。そのかわり、さまざまなブロンド女性が九〇年代に彼の身辺をいろどった。まず初めはマリー・ルイーゼ・アームンド、通称「マールー」。まずいことにその時点ではまだ夫がいた。彼女は大晦日の晩に酔っぱらった王子を、王子の車で連れ去ろうとして逮捕され、新聞の大見出しになった。

初めて真剣な恋が芽生えたのは一九九四年、フレゼリクとフォトモデルのカーチャ・ストルクホルム・ニールセンが出会ったときだった。母のマルグレーテは当初からこの結びつきに反対で、不快感を隠さなかった。通信販売のカタログのために下着姿でポーズをとるような女が皇太子妃になるなんて、マルグレーテ女王には考えられないことだった。二年後、この関係は破綻した。しかしフレゼリクは離別の直後、自分は愛の問題で指図は受けず、配偶者選びでは伝統にも母親の意見にも左右されず、愛のみで決めると断言した。しかし実際には、それは限定付きでのみ可能なのだ。王位継承者たる皇太子の結婚は、政府と国王たる母親からの公式の許可を最終的に得なければならない。そしてマルグレーテがなによりも重視しているのは、夫婦関係がいつまでもつづく見込みがあることだった。「かれらが結婚するということは、結婚生活を営み、結婚生活がつづくということです。かれらの婚姻は持続させなければなりません。他の人たちがすることを、われわれはすることができないのです。われわれの生活においてきわめて重要なのは、われわれが離れずに、いっしょにいることです。われわれには、われわれしかいないのですから」。

ポップシンガーのマリア・モンテル――フレゼリクを自分の曲に歌いこんで王室を大いに困惑させた――との関係も、女王のお気に召さず、長くはつづかなかった。もっとも、プレスと

> 私はプレスにまったく満足しています。でも私の夫と息子たちは事情がちがいました。たとえばフレゼリクは年とともに何人かのガールフレンドができて、あることないこと言いふらされました。こまごましたことまで。最初の数年、彼はそれでずいぶん悩まされました。
>
> マルグレーテ　2003年

の関係で甘やかされてきたデンマーク王室に、いくつか怒りの声をあげさせるくらいの期間はつづいた。フレゼリクが新しいガールフレンドと休暇をフランスの別荘で過ごしたとき、藪にひそんだカメラマンがふたりの写真を撮った。『セグ・オグ・ヘール』紙に載ったのは海水パンツ姿のフレゼリクとビキニのマリアの写真にすぎなかったが、一九八六年以来フレゼリクの侍従長を勤めるペル・トルニットにとっては、皇太子の私生活の侵犯として厳重に抗議すべき事柄だった。スウェーデンのゴシップ紙『アフトンブラデット』はもっとつつしみがなく、紙の王冠をイチジクの葉がわりにした全裸の皇太子が城の窓から、同じく裸のガールフレンドが待ちかまえるプールに頭からダイビングする写真を載せた。この写真は明らかにデンマークのプレスコードに抵触したが、新聞は規制されずに出まわった。王室は告発せず、不快感を表明するにとどまった。一九九九年にはモードデザイン学生ベッティナ・エードゥムとの関係が世間をにぎわせたが、マルグレーテ女王は彼女に宮廷への出入り禁止を言いわたした。ふたりは別れた。

しかしフレゼリクの失態——あるいはマスコミがでっちあげたスキャンダル——も、彼が基本的には好ましい人格的成長を遂げているという印象を損なうものではなかった。こうしてフレゼリクは王族としては初めて、一九九八年と二〇〇〇年の二度にわたり「本年のデンマーク人」に選ばれ、人気度では非常に敬愛されている母親よりも上位に立った。彼は「粘りづよく目的意識をもった全力投入によって青少年時代の問題を克服した」と、『ベルリングスケ・ティデンデ』紙はこのデンマーク人の判定の理由を論評した——皇太子の勇気、開放性、適応能力、そして批難や批判にさらされても適切な態度を崩さないことが、デンマーク人の心をつかんだ。

「彼は硬軟を合わせもっている」とハンス・ボンデは、フレゼリクがたくみに弱さを強さに転化する事実を説明する。皇太子はきびしく限界まで迫るけれども、それを越えることはない。「彼は正直であろうとし、デンマークの公衆に自分の感情を伝えようとする。それを彼は機転とユーモアをもって語るので、デンマーク人はそれを受けいれる」。

こうしてフレゼリクは自分の両親や子供時代にたいするあからさまな批判にもかかわらず、そして自分自身と自分の役割にたいするあらゆる疑念にもかかわらず、あるいは疑念をもつがゆえに、王室の人気獲得に多大に寄与している。そのさいフレゼリクの最強の切り札は、まだこの時点では出されていなかった。

世界を獲得する女

フレゼリクがデンマークで、生まれながらに課された皇太子の役割と折り合いをつけるために奮闘しているころ、メアリは地球の反対側で、職業生活の場を初めて獲得したところだった。ホバートの家族と、母のエッタと、子供時代と別れたあと、メアリはメルボルンで国際的な広告会社DDBニーダムに就職した。彼女の最初の上司トム・デリーはこの女性新入社員をよく覚えている。彼がメアリと初めて出会ったのは共通の友人のもとでだった。彼女はトム・デリーに、キャリアをスタートする最善の道について助言をもとめた。彼はこの若い女性に感銘を受け、すぐさま自社に見習い社員として採用することにした。

「それはコンビネーションだった」とデリー。「第一に、彼女には優れた教養があった。これは最も重要な前提条件のひとつである。第二に、彼女には非常にハードに働く心がまえがいつでもあった。そして第三に、彼女は人と近づきになる術を心得ていた。見たところ、いとも簡単に人びととのコミュニケーションをつくりだす。これはわれわれの業界ではきわめて重要な長所である」。彼がメアリに見てとれた唯一の短所は、自分自身にいらつくところがあることだった。「私は惚れこんだよ」とデリー。同僚たちもそうだった――メアリは気どりがなく、率直で、元上司に言わせれば「地に足が着いて」いて、年の割には落ちつきはらっていた。いまでもトム・デリーはメアリと良好な関係を保っており、彼女は彼が設立した癌研究振興のための財団法人の後援者になった。

一九九六年、メルボルンに移ってから一年半後、メアリは転職し、ＭＯＪＯパートナーズで顧客係を務め、レストラン・チェーン「ハード・ロック・カフェ」、ホテルがひとつ、銀行がひとつのＰＲプロジェクトを担当した――スタートした職業コースをまっしぐらに走る若い女性。す

> 母親は人生のある時期にはいちばん大切な人間です。
>
> メアリ　2005年

べてが望みどおりに進んだ――一九九七年十一月に予期せぬ凶報に不意打ちされるまでは。

メアリの母親は心臓にごく軽い手術を受けたのだが、それが合併症をひきおこした。エッタは十一月二十日、五十五歳になったばかりで死んだ。大学での仕事をやめて、早期年金生活に入る二週間前のことだった。彼女の死は家族全員にとって大きなショックだった。

「だれでも自分の母親のことをそう言うのかもしれませんが、彼女は世界一の母親でした」と、メアリは結婚式の直前にタスマニアに帰郷したとき、デンマークのテレビ局が撮影した映像のなかで語った。母親の喪失はそのとき二十五歳だったメアリを変え、彼女がそれを克服するまで数年を要した。すでにデンマークに移ってからも、彼女はその時期のことを語っている。「ものすごく多くのことを人は悲しみを通して学びます。故人があなたにとってどんなに大切な人であろうと、なんらかのやり方であなたはいつの日かこの大きな喪失を受けいれ、そこに有益なものを見いだせるようになります。それをやりとげたとき、あなたはほんとうに大人になるのです」。

母親の死後、メアリは全人生を、自分の職業を、自分のキャリアを、自分をしっかりつなぎとめていたもの、固く信じて疑わなかったものを考えなおし、疑問視しはじめた。六ヵ月後、彼女はＭＯＪＯを辞め、荷物をまとめて世界をめぐる旅に出た。途中で両親の故郷スコットランドに立ち寄り、当地の親戚のもとでしばらく過ごした。そこでイギリスの広告会社、エディンバラにあるラップ・コリンズ・ワールドワイドと三ヵ月契約まで結んだが、よくよく考えたすえ、いまはまだ自分の根っこから遠く離れて生きるときではないと思いいたった。世界に旅立ってからほんの一年後、メアリは、ヨーロッパとアメリカを迂回して、オーストラリアにもどり、シドニーで新たにスタートを切った。まずは国際的な広告会社ヤング&ルビカムに顧客係として就職した。元同僚たちは例外なく、彼女のことを熱心で勤勉な社員だったと述べているが、感じのいい、とくにその容貌のせいでとても好かれる同僚としても覚えていて、だれもが彼女といっしょに働くのを喜んだ。

プライベートでもシドニーはメアリにとって新たなスタートを意味した。ホバートでの学生時代から彼女はベレント・アネルス――いまでは成功したPRマネジャー――と親しい関係にあった。メアリと同じく彼はホバート出身で、彼女と同じくメルボルンで仕事に就き、ふたりはいっしょに暮らした。別れは友好的だったと、元ボーイフレンドは言い、ほかのことでもメアリについて好意と敬意をこめて語っている。私たちはたがいに切磋琢磨し合った仲で、いまでも良好なコンタクトを保っていると、メアリはテレビ・ドキュメントで述べている。

ティーンエイジャー時代の最初のボーイフレンド、グレン・マリオットと、ブレント・アネルス――フレゼリクと出会う前のメアリの恋愛経歴にかんして明るみに出たのは、このふたりとの関係がすべてだ。彼女が大都会に移ってからも、厄介な手紙、写真、ビデオの類はいっさい存在せず、引き出しをかきまわして秘事を暴露するような、嫉妬に駆られた元恋人も現われない。そういうスキャンダルはヨーロッパの皇太子に嫁ぐ平民の花嫁にとって、その出自や経歴よりもはるかに危険な障害になる。

そんな事態をマルグレーテ女王も恐れていたので、それまではフレゼリクの恋人の過去を歯に衣を着せずに批判してきた。しかしメアリは、ある伝記でそう呼ばれたように、「前歴のないメルヘンの花嫁」なので、マルグレーテ女王にとっても王位継承者の理想の花嫁だった。

ヘンリエッタの死後、ジョン・ドナルドソンは数年間を男やもめで暮らした。一九九九年にイギリスの女性推理作家スーザン・ムーディ——『ハートの女王』『沈黙の庭』『女流画家』などの作品でドイツ語圏でも知られている——が客員講師としてタスマニアの大学に来るまでは。ふたりは愛し合い、いつしかスーザンの故郷オクスフォードとジョンの居住地ホバートのあいだをたがいに行き来するようになった。ジョン・ダルグレイシュ・ドナルドソンは六十歳の誕生日、二〇〇一年九月五日に、スーザン・ムーディと彼女の故郷オクスフォードで結婚した。

ふたりは二つの世界をまたぐ夫婦生活に入った。モリス通りにあったメアリの両親の家は売られた。新しい妻とともにメアリの父親はホバートのシックな郊外サンディ・ベイに家をかまえ、こうして夫婦は半年をオクスフォード、半年をホバートで過ごすことになった。ジョンの新たな妻とドナルドソン家の子供たちとの関係は良好で、家族の会同は新たな局面を迎えて新たな場所で行なわれることになったが、むつまじいことに変わりはなかった——そのころメアリがまだ思いもよらなかったのは、自分も二つの世界をまたぐ愛を目前にしていることだった。

地球の反対側でのロマンス

皇太子としてフレゼリクはすでに数々の旅行を重ねてきたが、オーストラリアはまだ彼の地図では空白だった。それが、全人生をひっくるめて変わったのは、二〇〇〇年夏のシドニー・オリンピックがきっかけだった。一九八六/八七年にワッガ・ワッガ近くの農場で働いてオーストラリアとなじみになっていた弟のヨアキムとともに、フレゼリクはオリンピックの開会式に合わせて、九月十六日の金曜日にシドニーに到着した。女子四百メートル走の世界チャンピオン、キャシー・フリーマンが聖火に点火して、開会式はクライマックスに達した。その翌日、ふたりの皇子は時差ぼけにもめげず、トライアスロン、卓球、競泳で同国の選手を応援した。土曜の晩はパーティと外出にあてられた。欠けているのは最高の酒場やクラブを案内してくれるしかるべきガイドだけだったと、メアリの伝記作家カリン・パルスホイとギッテ・レッデルは述べている。

ガイド選びはやはりシドニーに来ていたスペイン国王の甥、ブルーノ・ゴメス・アセボがやってくれた。何年も前に彼はオーストラリア女性カーチャ・ターナウスキとロンドンで知り合った。カーチャは妹のベアトリーチェとともに、ブルーノとその友人の夜遊びのアレンジを引きうけた。ベアトリーチェはあと何人か魅力的なパーティメンバーをオーストラリア側から補強することにその晩すぐに「バン」となったわけではありません。残念、彼がオーストラリア人でなくて、と思ったくらいです。私はいつもかなり理性的で、デンマークで暮らすために地球の反対側に行くのは、まさしく非理性的に思われました。

メアリ

私は心底から感じた。自分はここで特別な人間に出会ったと。絶対に電話する価値のある女性に。少なくとも一回は……

フレゼリク

した。彼女は親友のアンドリュー・マイルズに電話してパーティに招き、あとふたりほど女の子を連れてきてくれるようたのんだ。メンバーがなるべく男女同数になるよう気を配って。

こうして二〇〇〇年九月十七日の晩、リージェント・ホテルのバーに若い貴顕の一群が参集した。スペインの王族ブルーノ、デンマークの皇太子フレゼリクとその弟ヨアキム、ノルウェーの王女マルタ・ルイーズ、ギリシアの王子ニコラウス、そしてひとりのボディガード。今夜は非公式のパーティになることは、みんなはじめからわかっていた。そのためかれらはオリンピックの貴賓用に提供された公用車をことわり、タクシーでやってきた。

九時ごろ上機嫌のグループはスリップ・インにくりこんだ。シドニーの有名なバー。ここでベアトリーチェは友人のアンドリュー・マイルズとその連れの女性と落ち合った。アンドリューと同じ家屋に住んでいるメアリ・ドナルドソン。ふたりは店内にすわって話していた。メアリはジーンズ、あざやかな緑と黄色のノースリーブのトップ、フレッシュでスポーティに見えたと、ベアトリーチェはこのシーンをパルスホイとレッデルの書いたメアリの伝記で語っている。バーで一杯やったあと、みんなテーブル席に移った。ヨアキム王子がのちにデンマークのメディアに語ったところによると、メアリはたまたまヨアキムとフレゼリクにはさまれた席になり、三人のあいだで、とりわけフレゼリクとメアリのあいだで会話が盛りあがった。

「ふたりは冗談を言い合っては笑いこけ、いちゃついていると言ってもいいほどだった」とスリップ・インのマネジャー、ジャスティン・タイナンは回想する。「ふたりのあいだになにかが進行しているのが見てとれた。まったく特別な情緒がふたりのあいだにはあった」。

はじめメアリは自分の話し相手がだれなのか知らなかった。ようやくパーティが進むにつれて、この「デンマークのフレゼリク」の裏に隠れているのは「デンマーク王国のフレゼリク皇太子殿下」にほかならないことがわかってきた。いずれにしてもフレゼリクと彼のヨーロッパの友人たちは、この晩が非公式であることを望んだ。

スリップ・イン・バーの従業員たちも、いま自分がサービスに務めているのが何者なのかちっ

若い人たちが友人と時間を過ごし、よく知り合うために時間をかけるのは、正常なことである。

ペール・トルニット
フレゼリクの侍従長、2000年

とも知らなかった。勘定のときになって初めてマネジャーのジャスティン・タイナンは、今夜の客はまったく特別な人びとであるらしいことがわかってきた。「ひとりの紳士が黒いアメリカン・エキスプレス・クレジットカードをさしだした。その日は黒のアメリカン・エキスプレス・カードで支払う客はひとりもいなかったし、ほかの日でもそんな客はめったにいなかった。というわけで私は、いま自分が相手にしているのは有名な人物、金や力のある人物にちがいないと思った。そのとき従業員たちはフレゼリクの正体にまったく気づかなかった」とジャスティン・タイナン。「われわれがだれをもてなしたのか初めてわかったのは、翌日決算書を見たときだった。あの晩は、われわれはなにも知らなかった」。

この晩のことはスリップ・イン・バーをのちのちまで潤わせた——店はメアリとフレゼリク・ファンの巡礼地となり、ふたりの結婚式にはスリップ・インで盛大なパーティが開かれ、ライブ中継で祝われた。いまでもここは意味深長なタイトル、〝Meet your Prince at the Slip〟——「あなたの王子様とスリップで出会おう」——をうたい、男女の出会いの場として流行っている。

オリンピック開会中はフレゼリク王子は数々の公務に縛られたが、私的に使える時間も多少はあった。シドニー滞在中にフレゼリクはメアリの住居を何度か訪問した。ポーター通りに一九二〇年代に建てられた小ぎれいな家に、メアリは他のふたりの借家人とともに住んでいた。そしてふたりのデートは幸運に恵まれた。オリンピック報道のためにシドニーにやってきた大勢のデンマークのレポーターの目に、フレゼリクと未知のオーストラリア女性を結びつける愛の糸は隠されたままだった。

こうしてシドニー・オリンピックは数人のデンマークのスポーツ選手に成功をもたらしただけでなく、皇太子にとっても大あたりだった。大会終了後のフレゼリクの最初のメアリ訪問を長く待つことはなかった。デンマークに帰国してからわずか二週間後、二〇〇〇年十一月に皇太子はふたたびシドニーへ旅立った。宮廷の発表によれば、休暇をとってオーストラリアをもっとよく知るために。フレゼリクはその期間をメアリのもとで過ごした。しかし計画よりも早めに帰国せざるをえなくなった。数週間前から病床にあった祖母のイングリド、九十歳になってもあいかわらずフレゼリクの人生にとってきわめて重要な人物だった老レディが、危篤状態になったのだ。皇太子は時機を失せずコペンハーゲンに到着し、愛する祖母の死に目に会えた。

その翌年中にフレゼリクは少なくとも五回はシドニーに飛んでいる。そしてそこで小さな奇跡が起こった。メアリは事情を知っている少数の友人知人に、自分の新しいボーイフレンドの身元について、完全な沈黙を守ってもらうことに成功したのだ。おかげ

フレゼリクはメアリとオーストラリアのオリンピック大会で知り合った。彼は「メアリ以外の女とは結婚しない」と宣言した。マルグレーテ女王はそういう突発的な関係に反対だった。デンマークの情報機関がメアリの人生をすみずみまで調べ、ネガティヴなことはいっさい出てこなかったので、ようやく女王は同意した。

ノルベルト・ロー　ジャーナリスト、貴族界の専門家

でフレゼリクとメアリは十五ヵ月にわたり、公衆の目にわずらわされることなくデートを重ね、いっしょに散歩し、カフェにすわり、食事に出かけることができた。故国から一万六千キロ離れた土地では、フレゼリクを知っているものに出会う危険もなかった。ふたりは宮廷も、儀礼も儀典もなく、義務も、勲章や制服もなく、なによりも嬉しいことに、プレスの不断の監視にさらされることもなく、愛に生きることができた。こうして皇太子はメアリとの関係によって、つねに渇望していたものに、ついになることができた。ごくふつうの人間に。人目を気にせずにふたりだけの時間をくりかえし持てたことは、ふたりの関係の発展にとって決定的な要素となった。

秘めごとを危険にさらすのをおそれ、ふたりは友だちづきあいには慎重だったが、それでもまもなく共通の友人ができた。デンマークのプロの女性ヨット乗り、ミカエラ・ワルドはすでにオリンピック期間中に自分のボーイフレンド、設立されたばかりの不動産会社ベル・プロパティの社長で、やはり熱狂的なヨット乗りのクリス・ミーハンをフレゼリクに紹介していた。この二組のデンマーク・オーストラリア人カップルはいっしょにセーリングに出かけ、いっしょの時間を過ごした。メアリにとってクリス・ミーハンと知り合いになることは職業上の利点にもなった。すぐさまクリスはメアリの専門的、そして人格的な資質を認め、彼女を自分のマネジメントチームに迎えいれた。はやくも二〇〇〇年末にメアリはベル・プロパティの販売部長となり、まもなく百人を越える従業員と支社を擁する企業へと発展する同社の興隆期を体験した。

しかしこの新たな仕事で最も重要だったのは、社長のクリス・ミーハンが沈黙を固く守ってく

> 私のコースを受講する人たちは、自分を変えたいのです。彼らは自己改良を望んでいます。人生にはもっと多くのものがあり、自分はもっと多くのことを達成でき、自分がもっとよく見えて、自分をもっとよく感じることができることを、彼らは知っているのです。
>
> **テレサ・ページ 「スタークエスト」のパーソナリティトレーナー**

れたことだ。メアリの同僚や知人でさえ、ときおりメアリを会社に訪ねてくる青年を、長いあいだ「デンマークのフレッド」としてしか知らなかった。

とはいえ安全上の理由から、フレゼリクの訪問は完全なお忍び行動にはならなかった。シドニーのデンマーク領事館は、皇太子がいつ、どこにメアリを訪ねるか、つねに情報を得ていた。「われわれがそのことを知らずに、皇太子がこの国に来ることはけっしてなかった。そこははっきりしていて、われわれはオーストラリアの治安当局にも通知した」とシドニー駐在のデンマーク総領事イェルゲン・モェレガールドは語る。もっともフレゼリクの身分が秘せられたことは利点にもなり、ことごとしい皇太子の身辺警護の手間をはぶいてくれた。「彼が自動車を借りたいときは、われわれが世話をし、空港では安全措置を講じる。それだけのことだった」と総領事。

フレゼリクがお忍び行動を楽しんだとすれば、メアリは自分の新しい役割をどのようにきちんとやりこなせるか、あれこれと考えたようだ。フレゼリクと知り合ってからほんの数週間後、彼女は「パーソナリティトレーナー」のテレサ・ページのコースに入門した。

これは「スタークエスト」というネーミングで設けられたコースで、のちにメアリはメディアから、はなから皇太子妃の座をねらってちゃっかり準備していたと、しばしば揶揄《やゆ》されることになる。入門者が約七百五十ユーロの受講料を支払って、六週間にわたり各四時間の授業で学ぶのは、いかに人前で自分をよりよく見せるか。静止の姿勢と魅力的な歩き方からはじまり、自信に満ちたカリスマ性の放射、公開の席でのテキストのプレゼンテーション、カメラの前での正しいポーズを経て、リラックスと自己啓発の訓練、そして強固な自覚の涵養にいたるコース。

「メアリは言いました、自分はいま二十八歳、人生を変えたいのだと。これまでの人生は過ぎ去って、私は自分を変えたいと」と、講師のテレサ・ページはメアリとの最初の対話を回想する。「彼女は知を愛して、自己を啓発したがる人で、そのために勉励し、自分の全ポテンシャルを生かしきります」。テレサ・ページのコースはメアリにとって大いに役だったようだ。メアリが受講した全コースを撮影したビデオ録画は、皇太子妃によって公表前に手早く差し押さえられた。

彼女の国への航空券が高くなればなるほど、デンマークのジャーナリストが飛んでいって、古い話をほじくりかえす可能性は少なくなります。

マルグレーテ　2000年

決断

自分とフレゼリクが愛のために世界の半分を旅しなければならないことは、メアリの目にはなんの負担でもなく、むしろそこに特別なチャンスを見た。そのわけは、ふたりはそうたびたび会うことができないからこそ、デートに代わるべつの意思疎通の手だてを見いださざるをえなかったからだ――メアリがよい意味で古風と感じた方法。「私たちのコンタクトは本格的な手紙、Eメール、電話で成り立っていました。ほとんど毎日。私たちはたくさんの写真やこまごましたもの――たとえば自分の気に入った音楽のCDなど――を送り合いました」。

しかし、いつしかデンマークのプレスも疑いを抱くようになり、皇太子が定期的に視界から消え、しばしば突然オーストラリアに飛ぶわけをさぐりはじめた。そしてついにデンマークの週刊誌『ビレッド・ブラデット』が謎解きに成功した。二〇〇一年十一月十二日、女性リポーターのアンネ・ヨハンネセンはベル・プロパティの出口で待ちかまえた。あなたはフレゼリク皇太子の新しいガールフレンドかという質問に、メアリは「ノー・コメント」と答えただけだった――だが『ビレッド・ブラデット』のリポーターにとって事実は明らかだった。三日後の最新刊で若いオーストラリア女性の写真がタイトルページに載った。そして一週間後にはドイツの王室好きな週刊誌も問いかけた。「この若い女性がデンマークのつぎの王妃になるのだろうか?」。

しかしそれまでにメアリとフレゼリクは、十五ヵ月にわたって世間にわずらわされずに愛をはぐくむ機会に恵まれ、フレゼリクには夢の女性を重大な設問へと徐々に導く時間があった。きみは故郷を、これまでの全人生を、ぼくのために捨てることができるか。いまや決断の時がきた——デンマークの公衆からの圧力がはじまっただけでなく、ふたりとしてもとっくにそれはわかっていた。一万六千キロの遠距離交際をつづけるには、ふたりの感情はあまりにも深く、関係はあまりにも真剣なものになっていた。

いまメアリはフレゼリクからあたえられた助言を真剣に受けとめた。「あえて行なえば、いっとき支えを失うが、あえて行なわなければ、自分自身を失う」——そしてメアリはあえて大きく踏みだした。二〇〇一年十二月のうちに、メアリはベル・プロパティとの労働協約とポーター通りの家の賃貸契約を解消し、故郷、友人、そしてシドニーに、自分のこれまでの全人生に別れを告げた。

デンマークにいたる最初の一歩はメアリをしばらくロンドン、そのあとパリへ導き、そこで彼女は二〇〇二年二月から七月までビジネス英語学校で教師を勤めた。いまやメアリとフレゼリクはたびたび会えるようになったけれども、メアリはパリになじめなかった。「あれは

惚れこむことと愛とは区別したほうがいい。これという女性がそこにいれば、そう感じるものだ。

フレゼリク　2002年1月

私にとって困難な時期でした。知人はほとんどできませんでした。ああいう大都会は私には合いません。そこで学んだことがあるとすれば――パリ、これは私じゃない」。

たびたびデンマークと往き来する空の旅で、デンマークの首相アンデルス・フォーグ・ラスムッセンが同じ機内に乗り合わせたこともある。フレゼリクはこの機をすかさず利用して、政府首班に熱愛する女性をざっくばらんに紹介した。「こちらは私のガールフレンド、メアリです」。

二〇〇二年の夏の休暇のあと、メアリはついにコペンハーゲンに歩を進め、九月にマイクロソフト・ビジネス・ソリューションズ社に、営業展開、コミュニケーション、マーケティング分野のプロジェクト顧問として迎えられ、そこでフレゼリクと婚約するまで働いた。それはまたメアリが新しい故郷となじみになるための期間でもあった。デンマークへの移住をメアリにとって容易にしたのは、彼女の父親がタスマニアの大学の職を辞し、オーフスの大学に客員講師の地位を得たこともあずかっていた。


多くの新聞が手を尽くして、デンマーク国内でのメアリとフレゼリクの写真を撮ろうとした。それと同じくらいかたずを呑んで待望されたのは、最初のキスシーンだった。それをメアリとフレゼリクがリポーターに贈ったのは、二〇〇三年一月、メアリの故郷ホバートでのことだった。フレゼリクはヨットレースに参加し、ふたりは港に立って、カメラマンたちに背を向けていた。突然フレゼリクがメアリに向きなおり、頬にキスした――それから彼はカメラマンに笑いかけた。「なあ、きみたちはこれを待ってたんだろ――これで満足かい？」とでも言いたげに。フレゼリクは子供のころからプレスとのつきあい方をいやいや学んできたが、いまその成果が発揮された——皇太子は意識的にメディアの鍵盤役を演じたのだ。国じゅうが熱狂し、このシグナルを理解した。今回はほんとうに真剣なものらしい。つづいて二〇〇三年五月に、最初のデンマーク国内でのメアリとフレゼリクの写真がアマリエンボー城の前で撮影された。そこではすでに報道陣がヨットレースから帰ってくるふたりを待ちかまえていた。さらに二〇〇三年八月にはマルグレーテ女王が、メアリを将来の嫁として認めていることを公然と示唆した。フランスの王室葡萄園で夫ヘンリクとともに行なう恒例のインタビューで、女王は初めてメアリを接見したことを認めた。「みなさんがご存じのように、私たちは彼女と会いました。私たちは彼女を高く評価しています」。これまで息子が親しくなった女性をだれひとりとして適切とは認めなかった母親が、承認の断を下したのだ。フレゼリクは自己に忠実でありつづけ、つねに念願してきたよう

息子がメアリに惚れこんでいることを、マルグレーテは知っている。母親にとってはそれがいちばん重要なことである。

エミリア・ヴァン・ハウエン
社会学者、王室専門家

ふたりが婚約を発表したとき、私はインターネットで調べなければならなかった。いったいデンマークって国はどこにあるのか。以前からデンマークのことをよく知っているオーストラリア人はほとんどいなかった。

ジャスティン・タイナン
シドニーのスリップ・イン・バー のマネジャー

に、自分の心にしたがい、生涯の妻を見いだした。
二〇〇三年十月八日、マルグレーテ女王は枢密会議の席上で総理大臣に、息子が平民のオーストラリア女性メアリ・エリザベス・ドナルドソンと結婚することを、無条件に承認する旨を伝えた。つづいて昼の十二時に、デンマーク国内のみならず長く待たれた瞬間がやってきた。ほやほやの婚約カップルが国会議事堂となっているクリスチャンボー城のバルコニーに現われ、熱狂する群衆の祝福を受けた。午後にはコペンハーゲンから一時間ほど離れた王室の夏の離宮、フレデンスボー城でメアリとフレゼリクの最初の共同記者会見が行なわれた。
メアリはこの日のためにトレーニングを重ね、何ヵ月も前から準備してきた。内面的にも外面的にも。体型はすでにかなり前から、フレゼリクとの関係がはじまったころよりも、ほっそりとして華奢になっていた。メディアがこの日まで知っていたのは、あまり飾り気のない、ジーンズとブラウスすがたのメアリだとしたら、いま全

教会での婚礼のさいにフレゼリクは涙を流し、その映像はデンマークのみならず、全世界を駆けめぐり、たいへんマッチョに見える王族が、たいへん情緒的な面もそなえていることを示した。

ハンス・ボンデ　歴史家

フランス語訛りなしに外国語を習得できるフランス人はあまりいない。それでもヘンリク公は平均的デンマーク人よりもはるかに多くのデンマーク語を知っている。しかしデンマーク人のなかには彼のアクセントだけで抵抗を感じるものがいる。

ボディル・シャット　王室記者

親愛なるメアリ、私はあなたをわが家族に喜んで迎え入れます。あなたの温かみとあなたの強さによって、あなたは私たちの信頼をかちとりました。そしてフレゼリクは自分の真の自我をあなたを通して初めて見いだしたのです。
マルグレーテ

国民が目にしているのはベージュ色のスーツに細い絹のベルトで優雅に装った若いレディだった。長い暗褐色の髪は完璧に整えられ、感じのよい上目づかいは神経過敏をあらわしているけれど、ジャーナリストとの受け答えは自信に満ちて、機知に富んでいた。そしてはやくも最初のスピーチ――もちろんデンマーク語――で、メアリは新たな同国人の心を一挙につかんだ。

「こんにちは。インタビューをはじめる前に、いくつか申し上げたいことがあります。私はデンマークにいて、とても幸せです。今日は非常にどきどきする日ですが、私がいささか神経質になっていることを、みなさんは温かく理解してくださるものと確信しています。新聞などを読むと、私は流暢にデンマーク語を話すと書かれています。ありがとうございます！　でも残念ながら、それはすこしちがいます。デンマーク語をきちんと話すことは、私には重要なことであり、はやく流暢に話せるようになりたいと、心から願っています。みなさんがデンマーク語で質問されるときは、ゆっくり話してくださると、たいへん助かるのですが」。

メアリとフレゼリクが集まったジャーナリストに、自分たちの気持ちをかわるがわる語ったのは、もともと不要なことだった。ふたりが心から愛し合っていることは、言葉がなくても一目瞭然だった。たびたび見交わすいとおしげな、愛情にあふれたまなざし、とりわけフレゼリクの目は未来の妻への満足そうな誇りに輝いていた。「これほどすばらしいものを、言いあらわすのはむずかしい」とフレゼリクがメアリを語れば、メアリは「フレゼリクと会った人はだれでも、彼がきわめて特別な人間であることを感じとれます」と返した。

結婚式は二〇〇四年五月十四日の金曜日と決まった。婚礼はコペンハーゲンの聖母大聖堂で行なわれることになった――ふつうデンマーク王族の婚姻の儀式は市外にある夏の離宮フレデンスボー城の礼拝堂で行なわれるのだが、千五百人の招待客を収容するにはせますぎた。メアリとフレゼリクは貴族と自分たちの友人だけでなく、デンマークの文化と経済を代表する人びとも式に招いていた。それにここなら新婚カップルが式後に大聖堂から市街を馬車で行進し、つとめて国民と親しく接しようとするフレゼリクの意向を示すこともできる。

華燭の典までの数ヵ月、フレゼリクの侍従長ペール・トルニットは広範なプログラムを推し進め、メアリを皇太子との結婚にそなえさせた。ふたりの女性教師による集中的な言語の授業とならんで、メアリはデンマークの歴史と地誌、現在の諸問題を勉強し、博物館、美術館、劇場を訪れ、デンマーク各界を代表する要人と会い、デンマーク女性には自明のことがらを、持ち前の几帳面さでつぎつぎに身につけていった――義父のヘンリク公のことを少なからず意識して。女王の夫君はそのフランス語訛りと、ときおり故国フランスに逃避したがることで、いつまでたってもデンマークの新聞にからかわれていた。

デンマーク人にとってフレゼリクとメアリの物語は、未発表のハンス・クリスチャン・アンデルセンのメルヘンみたいなものだった。そして盛大な、デンマークでは前代未聞の終日ぶっとおしのライブ放送が、コペンハーゲン港での皇太子カップルのヨットレース——オーストラリアのアメリカズ・カップ勝者ジョン・バートランドの操るメアリのボートが勝利——にはじまり、結婚式前夜の王立オペラ座での大祝祭興行と「ロックン・ローヤル」コンサートを経て、婚礼とそのあとの祝典までつづく。こうして全国民がメルヘンのお姫様と王子様のメルヘンの結婚式をたっぷり見物した。

二〇〇四年五月十四日午後四時直後、メアリが父親に腕をとられてコペンハーゲン大聖堂の祭壇に進んでいった。デンマークのデザイナー、ウッフェ・フランクによる衣装は八メートルの裾を引き、ヴェールは——この嫁を全面的に承認したとの義母の意思表示——すでにイングリド王妃が一九三五年の結婚式で、さらにマルグレーテ女王自身も一九六七年に着用したもの。花嫁衣装のメアリがフレゼリクに歩みよったとき、この鍛えぬかれたスポーツマンにしてエリート兵士の「タフガイ」が、感動のあまり全国民が見守るなかで涙を流した。デンマークとオーストラリアの小旗の海が波打つなか、式を終えたふたりはアマリエンボー城のバルコニーにあらわれ、観衆の熱い要望に応えて接吻した。

その晩は結婚の祝宴がフレデンスボー城で催された。テーブルスピーチでマルグレーテは息子

結婚式で手をつないで歩くフレゼリクとメアリ
（2004 年 5 月 14 日、コペンハーゲン）
（Photo：EPA ＝時事）

彼らのすることは、お膳立てされたことばかりだ。幼稚園を訪問したり、あれこれの施設の落成を祝ったり、テープをカットしたり、新しい橋の開通を宣したり、等々。

ペル・エギル・ヘッゲ
ジャーナリスト

私の任務は開会式や落成式だけにあるとは思いません。私はほんとうに国民の役に立つことに尽力したいのです。

メアリ

を公式に称讃した。「デンマークの皇太子としてあなたは幼少のころから世人の注目を浴びてきました。これはけっして生やさしいことではありません。しかし私たちはこの歳月、あなたが成長し、成熟し、自分の場所を――忍耐強い努力と、あなたの内にそなわる才能によって――見いだすのを見守ってきました。あなたは心の温かい人間であり、そのことはあなたと接するだれもが感得できます。あなたは信頼感を醸成し、頼りにできる人です。その多くはあなたが自力で勝ちとったものですが、あなたの両親は、パパと母は、私たちは、あなたが真の自分を見いだしたことを知っています。それが成就したのは、あなたがメアリと出会ったときです。そのとき春があなたのなかに入りこみ、あなたのまわりに花を咲かせたのです。まさにこの五月のように」。

新たな役割

「王室は企業のように運営され、ブランドのように保持されなければなりません」とは、二十一世紀の王朝のための皇太子妃メアリのモットーだ。「王室も他のあらゆる企業のように、競争にさらされた世界で戦略を立てなければなりません。私たちは人びとのあいだに国民感情を呼び覚まし、私たちが国民の諸問題に参画していることを示したいのです。だから私たちはお城にこもっているわけにはいかず、人びとのもとにおもむいて、その声に耳を傾け、ともに語らなければなりません」。

正しい方向を的確につかむ健全な感覚によって、メアリはこの三年のうちに、フレゼリクとともにデンマーク王室の評価を大いに高めた——そこにはまぎれもなく彼女の職業上の経験が働いている。フレゼリクとメアリがそなえている最大のセールスポイントは、男と女として、カップルとして、若い家族の父

銀婚式の朝、マルグレーテ女王は髪を整えずに写真を撮られた。そんなことがたとえばイギリスのエリザベス女王にもあるとは、私にはとても思えない。たぶんこれは、デンマークがこぢんまりとした国であることの表われだろう。村とは言わないまでも。しかしそれに近いところはあり、そのためマルグレーテ女王は、たとえばイギリスの女王とはちがう立ち居ふるまいができるのだ。

ステフェン・ハイベルグ　歴史家

皇太子のスポーツ好きは、いまや大きな役割を演じている。それは彼が自分を表現するやり方だ——インテリを標榜する母親とは対照的に。

ステフェン・ハイベルグ
歴史家

ふたりはスポーツにいそしむことでよき模範になっている。ふたりともスリムで、見たところなんの悪習もなさそうである。

エミリア・ヴァン・ハウエン
社会学者、王室専門家

と母として、ふたりが身をもって示す模範としての機能だ。そこにはそれぞれの世代の模範になるという、デンマーク王室の伝統が見てとれる。本物の船乗りみたいに上半身にタトゥーを彫ったので「船乗り王」と呼ばれた祖父のフレゼリク九世は、自転車でコペンハーゲン市中を気さくに散策して市民と親しく接し、妻と三人の娘とともにテレビカメラの前で午後のコーヒータイムを楽しんだりして、一九五〇年代の牧歌的な家族像を演じてみせた。

マルグレーテ女王とヘンリク公が公衆に提供したのは、むしろ知的な夫婦像だった。マルグレーテがデンマーク初の女性君主として即位したことが、一九七〇年代初頭にはじまった解放運動の時代思潮と重なって、彼女は多くのデンマーク人、とりわけ女性の目に、現代的な、自覚した、「職業に従事する」女性と映った。そして彼女は公衆の面前で最大の悪癖、喫煙にふけることもはばからなかった。

それとはまったく逆に、メアリとフレゼリクは二十一世紀初頭の、健康志向の若い世代のカップルを代表しており、さっそうと自信をもって行動し、メディアを平然と目的のために利用して、弱みを見せることもいとわない。現在の王朝が正当化されるとすれば、それはメアリとフレゼリクが一方は大衆性、他方は排他性とのあやうい綱渡りをうまくこなし、手の届きそうにない王室の魔力を維持するときであると、多くの専門家は主張する。「それが今日の王族にとって最重要課題である。王族はわれわれの時代と、われわれが営んでいる生活を同時に反映しなければならない。われわれに一体感と連帯感を抱かせ、王族の生活と行動を理解してもらうために」とデンマークの社会学者エミリア・ヴァン・ハウエンは述べる。「しかし他方では王族は超然としていなければならない。少しばかり日常性を超越し、身にそなわった特別な地位を保持し、われわれの模範とならなければならない。このバランスを維持するのはきわめてむずかしい」。とりわけ皇太子夫妻と同じ世代の若者の大部分が、確固たる共和主義者であるだけに。メアリとフレゼリクがこの現実と希望、事実と夢とのバランスをとることに成功すれば、デンマークの王朝は未来においてもまったく特別な機能を

> フレゼリク皇太子は、かつてのフレゼリクよりもずっと皇太子らしくなった。いわば彼は皇太子であることの型をつくりだしたのだ。それはみごとに成功した。とくに、イギリスのチャールズ王子と比べると。チャールズはつねに、自分に期待されているものとはべつのことをしつづけ、ようやく50歳になってから、なにが自分にとって大事なのか気づいたかのようである。
>
> エミリア・ヴァン・ハウエン　社会学者、王室専門家

フレゼリクは妻を、メアリを、見習ったほうがいいだろう。皇太子妃は世人が有意義な仕事と見なしうる、一連の任務を引きうけている。精神医療など社会福祉事業の後援者だ。フレゼリク皇太子が問題なのは、彼にとって大切なのは、自分が楽しむことではないかという疑念をしばしば抱かせることである。

ヘンリク・クヴォルトゥルップ　ジャーナリスト

果たすことができる。

「王朝はあらゆる方向を指向している社会の数少ない結集点である」とヘンリク・クヴォルトゥルップ、ラスムッセン首相の元演説草稿執筆者で、いまは政治顧問にして週刊誌『セグ・オグ・ホール』の編集長は述べる。「われわれみんなが結集できる点、共通の機関は、もともとひとつしかない。それは王室である」。

フレゼリクもすでにそのことは認識しており、国民の結集点にして国のメッセンジャーたらんとしている。青春の危機の時代、自分の未来と自分の能力との葛藤——そういうものはすべて過去のものとなり、強い自覚と、ときには自分の役割をアイロニカルにつきはなして見る目がとって代わった。「いちばん重要なのは、自分の存在に喜びを感じられることだ。率直であること。自分の知能が役立つこと。そして少しばかりの嘲笑。これもまたなかなかいいものだ。日常での多少の良識。そしてもちろん、ほんとうに大切な人間のため、ほんとうに愛する人間のために存在しなければならない。そしてさらに、もっと先へ進まなければいけない。ずっと先へ。そこでだれかのために存在する。そこでだれかの役フレゼリクには公人として難があることを、われわれは何度も何度も目にしてきた。そこで、こう言ってもよいのではないか。いったいそれはどんな役割を演じているのか？　彼は感じがよくて、愛すべき男で、善意にあふれているようだ。そこに免じて大目に見てはいけないのだろうか？　しかしますます多くのデンマーク人はこう思うようになっている。だめだ、それはどうでもよいことではない。彼はもう38歳になっている。彼はわれわれの将来の国王なのだ。一定の要求を課せられるのは、しごく当然のことである。たとえば、もうちょっとヨットレース参加を、もうちょっとスキー休暇を、もうちょっと南国旅行をひかえるとか。そのかわりに、自分の果たすべき役割のため目的意識的に勉強をつづけることに、もっと時間を割くようにと。

ヘンリク・クヴォルトゥルップ　ジャーナリスト

に立ちたい。私の場合は、国のために存在する」。

どんなに多くのデンマーク人がメアリとフレゼリクの熱狂的ファンになっても、皇太子を批難する王朝批判者の声はある。フレゼリクはときおり「存在する喜び」にいささか耽溺するきらいがあるとか、みずから設定した尺度があまり適切ではないとか。「フレゼリク皇太子の問題は、彼にとって大事なのは、自分が楽しむことではないかという疑念を、しばしば抱かせることである」と前述のクヴォルトゥルップは言う。「スポーツ、レジャー、スキー、ヨット。皇太子も三十八歳になったのだから、ものごとにもっとまじめに取り組んで、将来わが国の国王になる人物にたいして、当然ながら国民が寄せる期待に、もっと応えるようにしてもらいたい」。

> 彼女が王族の環境をわきまえない平民の娘なら、彼女は王室の脅威になっただろう。しかし彼女は王族のようにふるまい、王族らしいカリスマ性をそなえ、任務をプロフェッショナルにこなすので、彼女は王室の利益になっている。
>
> **エミリア・ヴァン・ハウエン**
> 社会学者、王室専門家

たしかに結婚後最初の一年のうちに、若いカップルにたいする批判は続出した。結婚祝いの高価な贈り物自体が、多くのデンマーク人の目には度を過ごしており、皇太子夫妻の贅沢好きを実証するものだった。ヨットが一艘、五台の自動車、調教済みの馬が一頭、その他もろもろ。あるいは、メアリが自分のかかわりたい団体の催しにばかり時間を割くことや、ファッションショーに出向きすぎることも。おまけに皇太子妃は雑誌『ヴォーグ』のオーストラリア版のためにプラダ、ルイ・ヴィトン、シャネルのデザイナー衣装を着てポーズをとったりした。数々の慈善団体の公式の後援者になっているフレゼリクが、ヨットレースと遠距離旅行関連の事業にかまけていることも、批判の的になった。さらに結婚によって王位継承者夫妻のための予算が増え、メアリとフレゼリクは年間約二百万ユーロの歳費を得て、ヨーロッパの若い王族では最高の高給取りになった。そのうえふたりの住居とフレデンスボー城内のオフィスの修理に数百万。まもなくメアリとフレゼリクが移り住むことになる、コペンハーゲン市内のアマリエンボー城の全面的な改装に、これまた約九千万ユーロを費やした。

しかしながら、この間に皇太子夫妻にたいする批判はほとんど声をひそめた――とりわけメア

私の子供たちは私の家族になり、それによって他の人びとより優位に立ちます。

メアリ　2005年

フレゼリクが王位に即くころには、すでに初老になっているだろう。これは非常によいことでもある。そのときまで彼は子供たちと親密に暮らし、家庭生活を営むことができるのだから。

ボディル・シャット　王室専門家

リのおかげで。彼女は自分の役割を見いだしたようだ。皇太子妃はモードへの偏愛をとっくに捨て去り、さまざまな慈善事業にかかわって、世界じゅうの子供の権利擁護、大人と子供の心身の健康、難民の救済に尽力している。

「メアリは王室の大成功のひとつだ」と、王室のきびしい批判者としても知られるヘンリク・クヴォルトゥルップは言う。「それはまちがいない。彼女の幸運の手は、王室批判の声を鎮静させた。メアリの出現をジャクリーヌ・ケネディになぞらえる人びとがいる。彼女はファーストレディらしさを身にそなえている」。

ファッションアイドルとしての名声を、メアリほど不動のものにした若い王族女性はほかにいない。彼女をジャッキー・ケネディやグレース・ケリーになぞらえる声もよく聞かれる。

「メアリ皇太子妃には内なる価値がそなわっていて、彼女が手にするものを、すべて高級品に変えてしまいます。それは内面からかもしだされるものです」と、国際的に活躍するデンマークのデザイナー、マルレーネ・ビルゲルは述べ、ヨーロッパの王室の若いファミリーにおける世代交代に注目し、それは王朝に新たな基

> メアリ皇太子妃はデンマークに嫁いで、またたくまにファッションアイドルになりました——デンマーク国境の外側でも。彼女はまちがいなくまったく独自のスタイルを取り入れ、デンマーク社会を豊かにしました。彼女はデンマークのモードが国際的に進出することに寄与しています。
>
> **マルレーネ・ビルゲル**
> **ファッションデザイナー**

準を設けていると言う。メアリ皇太子妃はそれを先導している。「彼女は古典的なスタイルをそなえ、しかもスポーティです。彼女はわれわれの社会全体とわれわれの様式に新鮮なそよ風を吹きこんでくれます」。

メアリの合格点にはもうひとつ、まったく特殊な理由もある。結婚後ほんの一年でフレゼリクとメアリは、皇太子夫妻に課された最も重要な義務を履行したことを実証した。二〇〇五年四月二五日、メアリの懐妊が発表された。同年十月十五日にメアリとフレゼリクの第一子、息子のクリスチャンが生まれた。誕生後の朝、デンマーク人は病院の前で大喜びする皇太子を報道で見聞きし、それがまた全土に共感を呼び起こした。いまフレゼリクは、自分にはめぐまれなかった、愛情こまやかな父親になっている。

「フレゼリクは現代の世界で男性にもとめられる二つの側面をそなえている。ハードで頑固な面と、情緒的でソフトな面と」と歴史家のハンス・ボンデは言う。フレゼリクは「非常に感情豊かな男である。今日の女性が憧れるタイプ、情緒的にも開かれた男性。彼は現代の男性の役柄のすばらしいモデルである」。

宮殿内での家庭の幸福が子供の誕生によってかくもすばやく達成されたことは、まったくべつの理由からも重要だった。というのは、結婚式の直後にフレゼリクの弟ヨアキムとその妻アレクサンドラ――やはり平民の香港出身の外国人――が、十年間の結婚生活のすえに離婚を発表したからだ。この知らせは王室にはショックだった。マルグレーテ女王にとって離婚はいまだに考えられないことだったから。しかしデンマーク宮廷はヨアキムとアレクサンドラの離婚をじつに手際よく事務的に処理し、なんのスキャンダルも聞かれなかった。メアリにとって義弟夫婦の離婚は、デンマーク人の人気取りでライバルがいなくなったことも意味していた。それまでアレクサンドラは宮廷での役割をみごとに果たし、国民から非常に愛されていたから。

フレゼリクにとっては――そう本人がくりかえし述べているが――離婚など、メアリとの、最愛の女性との、もとめつづけてきた目的との別離など、まったく考えられないことだった。こうしてふたりはおたがいに、そしてデンマーク人は皇太子夫妻に、結婚後三年たっても満足しているように見える。とくに、メアリが二〇〇七年四月二十一日に第二子を出産し、クリスチャン皇太孫に妹をプレゼントしたあとでは。

GREAT BRITAIN

王子と反逆者
イギリスのウィリアム

VJ デー記念行事のパレードを見るダイアナ、ハリー、ウィリアム、
チャールズ（1995 年 8 月 19 日、ロンドン）
（Photo：AFP ＝時事）

ウィリアム・アーサー・フィリップ・ルイス・マウントバッテン＝ウィンザーは、今世紀最後の真のメルヘン王子だ。この二十一世紀のある日、彼はイギリスの国王になるだろう。その王朝は依然として、現代のヨーロッパでは最も伝統豊かで、最も輝かしい歴史を誇っている。人を引きつける力とひかえめな態度によって「ウィルス」はイギリス人の心をしっかりとらえ、いまでは女王に次いで最も人気のある王族と見なされている。祖母のエリザベス二世がいまなお君臨しているので、彼は王位継承では第二位にとどまっているが、この好感の持てる若者のほうが、父親のチャールズよりも国王にふさわしいのではないかという議論が、たえずくりかえされている。どこかこわばった感じのする皇太子にくらべ、彼はずっとのびのびとして、いまの時代にマッチしているように見える。だが女王にもチャールズ皇太子にも、はたまた議会にも、王位継承の規定を本気でかきまわす考えはない。なにしろウィンザー家は、ウィリアムの母親、あの悲劇的な死を遂げたダイアナ妃が王室にもたらした騒然たる歳月を、やっと切りぬけたばかりなのだから。

若いプリンスはまだしばらく即位を待たなければならないので、その間に、若いレディからポップスターのように崇拝されるのを楽しむことができる。「プリンス・チャーミング」の現われるところ、いつもどこでも娘たちの歓声と嬌声が聞こえる。ハンサムで背のすらりと高い、おばさま方のアイドルの目を、すこしでも長く引きつけようとして。しかしイギリスじゅうで、ひょっとしたら世界じゅうで一番もてる独身男は、それをさりげなくやりすごす。彼の最初の決まったガールフレンドは同年齢の学友、キャスリン・「ケイト」・ミドルトンだが、彼女とは数年前に別れた。彼女の前にも二、三のガールフレンドがいて、なかには深い仲になることもあったようだが、若い王位継承者に配偶者選びや結婚というテーマと真剣に取り組む気持ちはまだなかった。

もちろん女性の注目の的になるのは彼をいい気持ちにさせる、いささかうんざりしても、と、あるウィリアムの知人は声をひそめて語る。とはいえ、やがて王位に即く人間にとって、適切な生涯の伴侶の選択は微妙な問題だ。とりわけウィリアムにとっては。イギリスの王位継承者の婚姻関係が破綻するようなことは、二度とあってはならない。父親のチャールズとダイアナの結婚生活が、全世界の耳目の前で音を立てて瓦解したようなことは。その点では大方の王室ウォッチャー――そこにはかなり多くのイギリスでも有数の識者が含まれる――が一致している。メルヘンのような結婚式の行く末が、またもや瓦礫の山で終わったら、もうウィンザー家は絶対に生き残れないだろう。すでに先ごろの事件でも、バッキンガム宮殿の上に神々の黄昏の気配が色濃く垂れこめたのだから。

いまのところウィリアムは、弟のヘンリーと同じく、王族の義務に圧倒されることから、つとめて逃れようとしている。万一やむをえない場合のみ、父親のかたわらで、ときには単身で王室を代表している。学校、病院、見本市、記念碑——落成や開会や序幕や表彰や命名の儀式が行なわれるところ、つねに王族の出座がもとめられる。その任務が多くの肩に分散すれば、王族各自の負担はずっと楽になる。たいていこの種のできごとはあまり世間に知られず、せいぜいイギリスのテレビの地方番組で報道されるくらいだ。そこではイギリス王朝のだれもが知っている華やかさはあまり見られないけれども、ウィリアムの存在そのものが華麗なイメージをまとっている。やがて王様になるお方。

「われわれは王族の仕事にともなうきらびやかなところ、魅惑的な部分に目を向けがちである」とトム・ブラドビー、政治ジャーナリストでウィリアムの友人は言う。「しかし王族がすることの多くは、かなり退屈なものである。しかしそれがイギリスにとって大いに価値があるのは、この国の多くの人びとにとって、それがきわめて重要なことだからである。将来ウィリアムがしなければならない——しかもほとんど四六時中——ことがそれである。彼はそれが気に入らないが、それが彼の人生な

ウィリアムはイギリスでいちばんもてて、いちばん魅力的で、いちばん魅惑的な若者であるべく運命づけられている——本人が好むと好まざると。彼は死ぬまで写真を撮られ、あれこれ書かれ、理想化され、批判され、分析されるであろう。

ペニー・ジュナー　チャールズ皇太子の伝記作家

のである」。

反逆王子

父はぼくに、もっと公務を引き受けるべきだと言う。でもぼくは、はやばやと公務をはじめて、そうやって死ぬまで過ごすつもりはない。それに、目下すばらしい仕事に取り組んでいて、それについては、だれにもとやかく言わせない。

ウィリアム　2004年

そんな人生の展望がウィリアムの気に入るはずがない。自分が将来のイギリス国王になることを嫌悪した時期さえあった。伝記作家ニコラス・デイヴィーズの話に信をおくなら、ウィリアムは二〇〇〇年に断固たる反逆によってイギリス王宮を震撼させた。「ぼくは王にならない。あんな仕事はまっぴらだ！」と彼は宣言して、父親のチャールズを仰天させた。将来はたんに「ウィリアム・ウェールズ」と名乗るだけでいい、「プリンス」の称号なんてくそくらえ。話はそれだけではなかった。王位継承者の地位を正式に放棄したいと、ウィリアムはきっぱりと言った。チャールズ皇太子は深く憂慮した。これはたんに反抗期のティーンエイジャーの一時的な気まぐれなのか、王位を継いでくれる息子を失ってしまうのか、さだかではなかったから。そういうことがイギリス王室に予測不可能な危機をもたらすことに、チャールズはなんの幻想も抱いていなかった。すでに一度、一人の国王が自分の望む人生を生きるために退位したことがある。エドワード八世は一九三六年に、離婚歴のある愛人、アメリカ女性のウォリス・シンプソンと結婚するため、玉座と祖国から立ち去って、重大な王政の危機を引きおこし、ウィンザー家は今日にいたるまで、この事件から完全に立ちなおってはいない。

ウィリアムが自分の意図を貫徹したら、もっとドラマティックな結果をもたらしかねず、それはひょっとしたらイギリスの世襲君主制の終焉を意味するかもしれない。ともかくウィンザー家の声望ががた落ちになることはまちがいない。王室という名の「会社」は破産の危機に見舞われるだろう。チャールズとダイアナの夫婦生活の破綻をめぐるスキャンダルは、そういうシーンを安手のメロドラマのように見せてくれた。

しかしそんなことを真剣に考慮するのは、若いウィリアムの人生にとっては二の次のことだった。彼がもとめているのは、幼いころからいやでたまらなかったフットライトの外で生活できることだった。

「ウィリアムの反逆の衝動は、つねに順応するよう強いられてきたことに由来していると思います」と、二十五年にわたり王族の日常を観察してきたジュディ・ウェードは語る。「生まれたときから、しなければならないことばかり聞かされ、選択の余地がほとんどないとなれば、知的な若者が反逆に走るのも無理はありません。ロックスターになれず、宇宙物理学者にも脳外科医にもなれず、王になるしかないと言われつづけたら、だれだって自立を考え、自分がほんとうにやりたいことに思いをはせるでしょう。出御して、赤ちゃんにキスして、記念碑を除幕して、工場を視察して、人生の残りを過ごす――オー・ノー！」。

そういうウィリアムの心情は、家族からあまり理解を得られそうになかったが、チャールズは反抗的な息子と何度も何度も議論を重ね、正道に連れもどそうとした――あまり高圧的にならずに。親しい知人にウィリアムを説得してもらったりもしたけれど、事態はかなり深刻で、結局チャールズは母のエリザベス女王に相談するしか打つ手がなくなった。女王がそんな話をおもしろがるはずはなく、ショックを受け、憤慨した。孫のふるまいは、女王の義務と伝統の観念とは根本的に相反していた。彼女はチャールズにきびしく勧告した。ウィリアムをいましめて、王位継承者の役割からけっして逃げられないことを、きちんと言い聞かせなさい、と。しかし、あいかわらずウィリアムは言うことを聞かず、女王からはプレッシャーをかけられても、チャールズが息子に強く迫るのを躊躇したのは、そんなことをしたらもっと激しい反応を引きおこしかねないことを憂慮したからだ。ウィリアムは、やはり気性の激しい母親の血を引いていたから。

「ウィリアムはダイアナの鋼鉄のような意志の強さを引き継いでいます」と、故皇太子妃と親しかったジュディ・ウェードは語る。「彼女はつねに自分の意志を貫こうとして、人びとをたくみに動かし、あるいは魔法にかけました。ウィリアムは完璧にその血を引いています。彼は自分の望むものを手に入れます」。そして彼は、自分の望まないことをするのを拒否した。こうしてチャールズは、いつの日か息子が自分の避けがたい運命にしたがうようになってくれるのを、じっと待つしかなかった。ウィリアムは王になるために生まれたのだ。

もしウィリアムが王朝に背を向けることになったら、破滅的な事態になるだろう。王朝の未来はウィリアムにかかっているのだ。

イングリッド・スウォード
ウィリアムとハリーの伝記作家

王になるために生まれる

ウィリアム王子は一九八二年六月二十一日、快晴の夏の日に、ロンドンのパディントン市区にある聖メアリ病院で誕生した。十六時間にわたりダイアナは陣痛の床にあり、チャールズがずっとそばに付き添った。それは苦痛に満ちた難産で、王室の産婦人科医ジョージ・ピンカーは帝王切開を考慮したこともある。そこまでいかずになんとか出産すると、新生児室の看護婦は赤ちゃんの手首に小さな腕輪を巻きつけた。そこには「ベビー・ウェールズ」と記されていた。まもなくダイアナは初めての子供を腕に抱いた。

淡いブロンドの産毛が小さな頭をおおい、それを若い母親は両手でそっとつつんだ。赤ちゃんは健康で、ダイアナは王室から課された使命を果たした。王位継承者を産み、ウィンザー王家とその玉座に登る権利をのちの世代に保証する使命を。

チャールズが出産の二時間後に病院から出てきたとき、リポーターたちが門前で待ちかまえていた。「赤ちゃんはあなたに似ていますか、サー?」と質問されて、皇太子は当意即妙に答えた。「いや、ありがたいことに」。息子は明るいブロンドの髪で、目は青いと、父親は記者たちに伝えた。

当の赤ちゃんが披露されたのは、三十六時間後にダイアナがウィンザー家の最年少者と、見るからに誇らしげなチャールズ皇太子とともに、病院の前に現われたときだった。カメラのシャッター音がいつまでも止まなかった。この音はこれからウィリアムに終生つきまとい、母親にとっては命取りになる結果をまねくことになるだろう。

新生児「ベビー・ウェールズ」をなんという名で呼べばいいのか、王国内のだれひとり知らない状態が七日間つづいた。ダイアナは今風の名前――セバスチャンとかオリヴァーとか――を付けたがり、チャールズは伝統にこだわった。彼の腹案はアルバートという名で、これはヴィクトリア女王の夫、ザクセン・コーブルク・ゴータ家のアルバートにちなんでいる。結局「ウィリアム」という名に落ち着いた。

すでにこの時点で、小さなプリンスはイギリス王室の堅固な伝統と縁を切っていた。王位継承の候補者としては初めて、ウィリアムはバッキンガム宮殿の分厚い壁の奥でなく、公共の病院で生まれた。母親のダイアナが希望を押し通し、新生児の世話が行きとどき、分娩のさ

> 私は超音波写真を見ていたので、男の子だということはわかっていました。だから私には意外なことではありませんでした。
>
> ダイアナ　1995年

いにトラブルがあってもあらゆる医療措置をうけられる総合病院を選んだのだ。彼女の王室の慣習破りはこれが最後ではないだろう。

見たところ皇太子夫妻の家庭は円満で、夢の結婚式のメルヘンが完璧につづいているようだった。しかし実際の結婚生活は夢とはかけはなれたものだった。皇太子のスケジュール表は王室の公務で埋めつくされ、ダイアナの欲求をかえりみるいとまもなかった。妊娠後の三ヵ月、皇太子妃は激しい吐き気に悩まされ、ひとりぽっちで見すてられたような気がした。一九八二年の一月、チャールズと激しく言い争ったあと、ダイアナはサンドリンガムの別荘で階段から転落した。助けをもとめる絶望的な訴え、それとも決意しての自殺の試みか。きわめて幸運なことに、胎児の身に支障はなかった。

残念ながら、ぼくは生まれたときから、ほかとはちがう人間なのだ。でもそれはぼくの手柄じゃない。

ウィリアム　2003年

いま、ウィリアムを腕にして、ひそかにダイアナは新たな希望を抱いた。これでやっと幸せな家庭生活を送れるだろう。決然として彼女は夫の好意をもとめて闘い、息子の教育についてもきっぱりと意思を主張した。当初から皇太子妃は、子供の養育を他人の手にゆだねるつもりはないと明言していた。夫の反対を押し切ってダイアナが雇った乳母の仕事は、実母のかたわらで第二バイオリンを弾くことにかぎられるだろう。命名では伝統が勝ったけれど、子育てではダイアナは自分の考えを貫こうとした。母親の権利と義務が養育係によって侵害されるようなことは許さ

まだ20歳のダイアナは宮廷生活にたいする準備がまったくできていませんでした。私たちの「ギリシア小屋」で彼女は最初の日々のことを話しました――夫への愛について、世紀の結婚式で疲れはてたこと、バルモラル城での不慣れな地位について。彼女はいきなり「妃殿下」になり、衆目を一身に浴びたのです。「そして私は」とダイアナ。「自分がなにを言えばいいのかわからなかった」

ローザ・モンクトン　ダイアナの友人

ない。子守の手助けは受けいれるとしても。なんといっても彼女は王位継承者の妻であり、夫の公務に同伴しなければならないから。それでも彼女は母親の役割が養育係によって侵害されないよう、細心の注意をはらった。幼いチャールズの養育においては初めから伝統と義務感が最高位を占めていたとすれば、幼いウィリアムはあらゆることから護られていると感じ、心のクッションをはぐくんで、それが彼をつつみ、来たるべき歳月において未知の衝撃から彼を護るようにしなければならない。

自分たちの子供はノーマルで幸福な幼少期を過ごすべきだという点では、チャールズとダイアナは一致していた。ウィリアムには、情緒的に冷えきった雰囲気のなかで育った父親の、悪夢のような体験をさせたくない。チャールズの母、エリザベス女王は、つねに君主の義務を優先し、それは皇太子の心に深い傷痕を残した。チャールズが乳幼児だったころも、母親に会えるのは日に二回だけ、それも三十分にかぎられていた。あとの時間は養育係の手にゆだねられ、それが五歳になるまでつづいた。女王が英連邦を歴訪するたびに、幼いチャールズは何ヵ月エリザベス女王の意向により、チャールズは彼女自身が体験したのと同じやり方で、未来の君主たるべく教育されることになった。とくに1936年のエドワード8世の退位をめぐる騒動のあと、突然エリザベスは、自分には人生において果たすべき重要な機能があることを、学ばなければならなくなった。彼女はチャールズにもそのことを認識させようとした。

ニコラス・デイヴィーズ　王室通

間も母親の顔を見られなかった。やっと女王が帰国しても、長男との再会シーンはそっけないものだった。握手だけ――キスもなく、ハグもなし。

皇太子妃は夫の不幸な子供時代を知っており、ウィリアムにはそんな体験をなんとしてもさせたくなかった。「ダイアナには息子の成育について非常に明確なビジョンがあった」と伝記作家イングリド・スウォードは語る。「彼女は旧来の養育法が自分の夫にもたらしたものを熟知していた。自分の子供たちにはべつの世界のことも伝わるようにしておきたかった。子供たちはできるだけふつうに成長し、彼女がそう強調したように、だれもが高級車や田舎の別荘を持っているわけではないことを、知っていなければいけない」。

とくにダイアナは夫とともに公務を遂行中、幼い息子の世話を養育係のバーバラ・バーネスに全面的にゆだねるのを拒否した。これにバッキンガム宮殿の伝統勢力は非常に懐疑的だった。女王も当初はダイアナの近代的な教育観に納得しなかった。

最初の深刻な意見の衝突があったのは一九八三年の春、ウィリアムの誕生まもなく、皇太子夫妻の六週間にわたるオーストラリアとニュージーランド訪問が計画されたときだった。ダイアナは絶対にベビーから離れるつもりはなかった。ついに女王は嫁の言い分を受けいれ、幼いウィリアムが両親の長い旅行に同行することに同意した。ダイアナにとっていちばん大切なのは子供のことで、儀典がどうであろうとかまわなかった。オーストラリア人は生まれたばかりの王族を「ビリー・ザ・キッド」と呼んで大歓迎し、ニュージーランドでは報道陣のフラッシュによる火の洗礼が待ち受けていた。ウィリアムの最初の公式撮影デビュー――オークランドの官邸の庭に絨毯が敷かれた。報道陣のカメラの前でチャールズとダイアナは赤ちゃんを下におろした。ロンパース姿のウィリアムは元気にはいはいして大喝采を博した。まだちゃんと立てないうちに、この子は最初の「おしのび歩き」をやってのけたと、両親はウィリアム王子と臣民との出会いに目を細めた。ダイアナは息子の才能にうっとりして、「いまここではだれが小さなスーパースターかしら」と赤ちゃんの耳にささやいた。

ウィリアムにとっての弟

ウィリアムが生後二十ヵ月になったとき、弟のヘンリー（通称ハリー）が同じ聖メアリ病院で生まれた。ふたたびダイアナとウィリアムは誕生直後、ベビーとともに病院の門前で幸福な家族を演じたが、この時点ではふたりの結婚生活はとっくに危機点に達していた。のちにダイアナが率直に語ったインタビューによると、チャールズはハリーの赤毛のことをけなしたという。夫は女の子を期待していて、生まれた子供が男と知ると、失望をまったく隠さなかった、そのとき私は凍りついた、とダイアナは回想する。それが結婚生活の終わりの始まりだった。つとめて体裁をとりつくろってはいたけれど。

そのころウィリアムが最初の反逆的傾向を示しはじめた。公式の場での不作法なふるまいが目立つようになり、祖母が、イギリス女王がたしなめても、言うことをきかなかった。業を煮やした女王は息子のチャールズに矛先を向け、ウィリアムの態度を矯正するよう説いた。こんな調子であの子を甘やかしていたら、王室全体の深刻な問題になりかねない、と。ダイアナも、愛する息子の悪童ぶりを認めざるをえなかった。しかし解決法について両親の意見は一致しなかった。チャールズは王族の伝統にのっとって、ウィリアムの教育を宮廷の家庭教師にゆだね、正道に導くことを望んだが、ふたたびダイアナは自分の意思を貫いた。

やがて子供たちに必要となる経験は、臣民の日常生活のなかで積むしかないことを、ダイアナはよくわかっていた。「王族が宮殿の壁の奥の、隔離され孤立した世界で生きていける時代は過ぎたことを、彼女は確信していました」とダイアナの私設秘書パトリック・ジェフソンは語る。「ウィリアムとハリーは同時に二つの異なる世界でうまくやっていかなければならないことを、彼女は知っていました。王族の特権的な世界でも、同時にまた社会的な境界を越えた、ふつうの人びとの日常の世界でも」。

こうして未来のイギリス国王は城外の幼稚園に入ることになった！　一九八五年九月のある晴れた日、ウィリアムは報道陣の見守るなか、ノッティング・ヒルにあるミセス・マイナーの幼稚園に入園した。しかしわんぱく小僧は新しい遊び友だちとなかなか仲よくなれなかった。「ぼくが王様になったら、騎士をここによこして、おまえたちを殺してやる」と王子は脅した。

一九八六年、叔父のアンドルー王子とセーラ・ファーガソンとの結婚式で、ウィリアムの不作法はテレビカメラで白日の下にさらされた。皇孫殿下は花嫁の介添えの少女にべえっと舌を突きだしたのだ。儀礼や義務感が身に染みついているチャールズは、そんな息子の不作法に仰天した。

しかし感じやすい長男の反抗的な態度は、今日の視点から見れば、とりわけ両親の破綻した結婚生活に起因しているだろう。ダイアナの摂食障害はまだそれほど目立たなかったが、チャールズはひそかに昔からの愛人カミラ・パーカー・ボウルズとの関係を再開していた。皇太子はケンジントン宮殿から事実上転居して、私物をハイグローヴの別邸に運ばせ、そこで大部分の時間を過ごした。

ウィリアムとハリーが父親に会えるのは週末だけで、それもハイグローヴに父を訪ねたときだけだった。世間の前ではまだ表面をとりつくろっていたけれど、夫婦間の雰囲気は冷ややかになるばかりだった。

そんな時期に、護衛官ケン・ウォーフが皇太子妃とその子供たちの生活に入ってきた。スコットランドヤードの特別部隊で訓練された彼は、ふたりの王子の護衛を担当することになった。いまでも彼は最初の出会いを生き生きと覚えている。「私が初めてダイアナに会ったとき、ウィリアムは四歳だった。ノーフォークにある別荘、サンドリンガムでのことだった。皇太子妃が私を請じ入れ、右を見ると、ウィリアムがピアノを弾いていた。弟のハリーは白百合を生けた大きなガラスの花瓶をぐらぐら揺らしていた。なにもかも王族の家庭にしてはかなり奇妙な感じがした。しかしそれがごくふつうのことだとわかったのは、ダイアナが子供たちを見ながらこう説明したからだ。『ケン、たいへんよ、うちのふたりの息子に気を配るのは。ふたりともほんとうに神経にさわるやつだから』。するとウィリアムがふりむいて言った。『ちがう、ぼくたちはそんなんじゃない!』。ハリーも兄の肩を持った。なるほどこれはふつうの家庭だ、と私は思った。たとえここに住んでいるのが将来のイギリス国王だとしても。たちまちわれわれは意気投合した」。

母親が自分の子供をむりやりに愛するからといって、非難するのはむずかしい。ウィリアムとハリーは、ダイアナに残されているもののすべてなのだから。彼女は夫の愛を得られず、非常に不安定で不幸な妻であり、すべての愛を子供に注いだ――私はそれをむりやりの愛だとは思わないけれど、たしかに息苦しいものだった。彼女はそんなふうに息子たちを抱きしめ、息子たちは身動きできなくなるので、ときどき母親の抱擁から逃げだした。

イングリド・スウォード　ウィリアムとハリーの伝記作家

そのときからケン・ウォーフはかたときも被保護者のそばを離れなかった。引きつづく歳月、彼は前代未聞の夫婦ドラマの証人となり、のちにダイアナのボディガードになった彼は、しばしば彼女から秘密を打ち明けられた。彼はまた、幼少のウィリアム王子が両親の争いの渦中で、いかに心のバランスをとろうとしたか、それを目の当たりにすることになる。

しかしとりあえずは人生の日々の挑戦を衆人環視のなかで処理することが必要だった。一九九〇年九月、ウィリアムはラドグローヴの寄宿学校に入れられた——もちろんこのたびも無数のカメラマンが校門の前にひしめいた。すでにメディアの乱痴気騒ぎに慣れていたダイアナは、息子に登場への心がまえを言い聞かせた。ケン・ウォーフは彼女がこう言ったのを聞いている。「ほら、ウィリアム、あそこにカメラマンがいっぱいいるでしょ。あの連中にいやな写真を撮られるはめになるようなことを、しちゃだめよ!」。だがウィリアムは長いレンズをかまえて待ち伏せるしつこい銀蝿にたいする嫌悪感を、幼いころから隠すことができなかった。「ぼく、カメマン、きらいだ」と、彼は子供の文法で言い返した。とはいえ皇孫殿下はフラッシュの嵐のなかの最初の登校日を、小さなプロとして難なく処理した。

> チャールズは不在の父という意味で悪い父親でした。彼の存在は子供のためではなかったのです。
>
> ジュディ・ウェード
> ジャーナリスト

もっともダイアナは涙にかきくれた。これからは愛しい子供と離れて暮らさなければならないのだから。すべての男性王族は就学年齢になると、寄宿学校の壁の奥に入るのがイギリス王室の習いになっている。これは感情豊かな母親にとって困難な関門であり、不安定な人生で最後のよりどころを失うような気がした。ウィンザー家での夫婦間戦争が激しくなるにつれて、ますます絶望的に、不幸な皇太子妃は子供にすがろうとした。そして母子が同じ屋根の下で暮らさなくなってからも、両親の葛藤はウィリアムにますます重くのしかかってくるようだった。同級生の証言によれば、しょっちゅうウィリアムは両手をズボンのポケットに突っこんでうろうろ歩きまわっていたという。背を曲げて、世界の重荷をすべて担っているかのように。

ウィリアムのきかん気な態度はすっかり影をひそめ、それにかわって繊細で気をつかう面が表われた。そのころ彼は母親を守らなければならないという気持ちでいっぱいだったと、伝記作家イングリド・スウォードは語る。「彼は母親が泣いているのを見て、母親の苦悩を感じとった。ときにはハンカチを母親のために浴室のドアの下から差しこんだりした。母親が悲嘆に暮れていればチョコレートを差しだした。母親を元気づけようと、母親のお気に入りのレストランに席を予約したこともある」。それはまるで、まだ十歳のウィリアムが、ダイアナが信頼できる世界で唯一の人間であるかのようだった。ダイアナはウィリアムを

> ウィリアムはとてもわんぱくな男の子だったが、たいていの男の子はわんぱくなものだ。彼はとても奔放で、いろんなものを壊した。たとえば父親のしゃれた手作りの靴を、トイレに流そうとしたり。
>
> イングリド・スウォード
> ウィリアムとハリーの伝記作家

> 人びとはウィリアムを優先した。彼はたいへんな悪童なのに、大人にたいしてとてもお行儀がよかった。ダイアナは彼を「小さな紳士」と呼んでいた。のちに、女王が孫たちと歓談するときは、いつもダイアナはこう言った。「いらっしゃい、ウィリアム、私のところにすわりなさい」
>
> **イングリド・スウォード　ウィリアムとハリーの伝記作家**

「私の生涯の男性」と呼んだと、ニコラス・デイヴィーズはウィリアムの伝記『王になる男』に書いている。

ときおりダイアナは長男に文字通りすがりつき、しがみつくこともあった。その時期、一九九二年、ウィンザー家の結婚生活の恐るべき、そして汚らわしい実態の詳細が鳴り物入りで白日の下にさらけだされた。ダイアナが全面的に関与したアンドルー・モートンの本が、皇太子とカミラ・パーカー・ボウルズが関係を再開した事実を暴露したのだ。ダイアナと近衛将校ジェームズ・ヒューイットとの情事の噂もしつこく流布された。その直後にダイアナがもうひとりの愛人ジェームズ・ギルビーと交わした電話の録音テープが公開され、そこで彼女は王室をこきおろしていた。ダイアナは自分が利用され、侮蔑されたと感じ、孤独感にさいなまれた。そしていまや世間は、チャールズとダイアナとの夢のような結婚が、ぞっとするような悪夢に変じているのを知った。夫婦はもう口をきくことはなく、ハイグローヴでもとっくにべつべつに暮らしていた。チャールズがひとりで食堂で食事をしているとき、ダイアナと子供たちはべつの部屋でテレビを見ていた。虚飾のヴェールがすっかり剥がされたあと、女王は息子と嫁に正式に別れるよう勧告した。

　ウィリアムの苦悩は、両親が離婚した子供の苦悩の域を超えていた。なにしろ父母の相互の不貞が、微に入り細をうがって世界中のメディアで流布されたのだから。

「いまにして思えば、ウィリアムはじつにみごとに切りぬけました」と伝記作家ジュディ・ウェードは評価する。「想像してごらんなさい、あのときウィリアムがどんなにひどい状況にあったか。フットライトを浴びて、世間の注目の的になり、これからどうするのかと憶測される。両親のあいだの戦争は非常に陰険で、非常に醜悪でした。そしてもちろんウィリアムはその一部始終を目の当たりにしました。母親は子供たちを連れて、父親が知らぬ間に家を出てしまったのです。これは子供たちに夫婦間にあったことを説明するには、うまいやり方ではありません」。

　一九九二年十二月九日、ジョン・メジャー首相は下院において、皇太子夫妻が別居したことを発表した。その

　両親の別居、諍い、それにつづく離婚は、世間に知れわたっているので、ウィリアムにとっては非常に恥ずかしいことだった。この恥辱感はある意味でつねに彼につきまとうことだろう。

イングリド・スウォード
ウィリアムとハリーの伝記作家

　家長としての女王は同時に最高の裁定者でもある。しかし彼女が裁定するのは、もはや絶対に他の方策がない場合だけである。なんとかなりそうだと思えるかぎり、彼女は裁定を回避する。

セント・ジョン・オヴ・フォーズリー卿
ウィンザー家の友人

チャールズははやくから「いやなやつ」と見られ、新聞でもしばしばそんなふうに描かれる。彼は一方は冷たい家族、他方は世間の敵意のはざまで、不幸な位置に立たされている。

メアリ・リドゥル
王室記者

ダイアナはメデイアのプロだった。書かれたことが気に入れば、その旨をわれわれに知らせた。気に入らなければ、その旨をわれわれにもっとはやく知らせた。

ロス・ベンソン
『デイリー・エキスプレス』のコラムニスト

前日、ダイアナはラドグローヴの寄宿学校におもむき、両親の夫婦生活が最終的に破綻したことを、涙ながらに長男に告げた。ウィリアムは、目撃者の証言によれば、この知らせを落ち着いて受けいれた。父母の争いをいやというほど目にしてきたあとでは、むしろほっとしたのかもしれない。「これからはふたりとも幸せになってほしい」と、十歳の息子は取り乱す母親をなぐさめたという。

いまや夫婦関係ははっきりと解消されたにしても、息子たちの人生においてどちらが大きな役割を果たすかという、両親のあいだの競争はつづいた。各地の旅行、スキー休暇、テーマパークへの遠足――ウィリアムとハリーにとっては外出のスケジュールが倍加した。あるときは父親と、あるときは母親と。そしてメディア慣れしたダイアナは、どちらかといえばそっけないチャールズにくらべ、マスコミのかっこうの対象になった。

新聞は喜んで決まり文句を踏襲し、ダイアナは感受性豊かで愛に満ちた母親で、息子たちに気楽でノーマルな人生バルモラルはつねにウィリアムとハリーの避難場所でした。そこはプライバシーがしっかり護られているので、ふたりは自由を満喫し、自分自身であることができました。

ジュディ・ウェード　ジャーナリスト

を享受させようとしていると書きたてた。それとは逆に、父親と過ごす休暇はむしろ形式的で堅苦しく見えた。しかし子供たちは父親を母親と同じように愛していたと、イングリド・スウォードは語る。「子供たちは週末にハイグローヴへやってくるたびに、すぐさま庭に駆けこんでパパを呼んだ。子供たちはチャールズを敬愛していた！　しかしダイアナにとっては父親が悪く見られるほうが好都合だった。そうすれば母親の株が上がるから。おそらくダイアナは子供を武器に使ったのだろう。涙と諍《いさか》いの果てに、それがチャールズの痛いところを突くことを、ダイアナは知っていたから」。

ウィリアムは長ずるにつれて、父親と田舎で過ごすことを、ますます重んじるようになった。ハイグローヴでも、スコットランド高地でも、ウィリアムはチャールズと狩りをするのを楽しみ、どんどん射撃の腕を上げた――母親にとってはなはだ遺憾なことに。世人の近寄りがたいスコットランドのバルモラル城は、ウィリアムとハリーにとって一種の避難場所になった。ここならパパラッチが待ち伏せすることもなく、のびのびと大自然のなかで行動することができた。

その間にウィリアムはウィンザーに近いテムズ河畔にあるエリート寄宿学校、イートン校に入っていた。一九九五年に彼はここに入学した。またもや数百のカメラのシャッター音にかこまれて。いまいちど両親はたがいの嫌悪の情を棚上げして、ふたりそろって登場し、長男が左手で万年筆をとり、在籍簿に記帳するのを見守った。

めずらしいことにチャールズとダイアナは、イートン校の卓越した教育システム、家族的な雰囲気、学友同士の連帯を評価して、息子を伝統豊かな寄宿学校に入れることでは意見が一致した。

ウィリアムの日常の教育は寮長のアンドルー・ゲイリー博士と、寮母のエリザベス・ヒースコート女史の手にゆだねられた。彼女はイートン在学中の若いプリンスの人生において、最も重要な人物になるだろう。五十人の生徒が彼女の監督下にあり、彼女は生徒たちのさまざまな悩みごとの相談相手になった。ウィリアムもこの混乱した時期に彼女の支えを必要とした。たぶん他の生徒よりも余計に。千二百五十人の生徒のなかで王子の存在は例外現象ではなかった。彼は他の全生徒と同じくファーストネームで呼ばれ、特別待遇は受けなかった。四六時中ボディガードが付いていることをのぞけば。ウィリアムが校舎を出て、ウィンザーの村で買い物をしたりお茶を飲んだりするときは、つねに武装した護衛官につきまとわれた。しかしみんなそんな光景にはすぐ慣れて、まもなく王子は新しい学校で、こういうエリート校ではごくふつうの生活を、他の生徒と肩をならべて営むようになった。教科には英語、ラテン語、フランス語、自然科学の諸科目、芸術、音楽、デザインがあった。家族のごたごたにもめげず、ウィリアムは優秀な成績を修め、あらゆるスポーツが楽しみと気晴らしになった。

孫が優秀な生徒だと聞いて、女王はとても喜んだ。ウィリアムは多くの先祖よりもずっと天分ウィリアムがイートン時代を楽しんだのは、安心できるからだった。彼は校内に庇護され、それを享受した。自分に向かってくるものを警戒する必要はなく、自分を追いかける人びとに注意する必要もなかった。あそこで彼を護ったのは、護衛官ではなく、学校だった。

ユージン・キャンベル　カメラマン

がある。将来の国王は大学に進むことになりそうだ。イートン校はウィリアムにとって天の恵みだった。両親の醜い争いと、それに付随する世間的な屈辱から護ってくれる場所。しかし一九九五年十一月、皇太子妃がメディアの大火事を引きおこし、王室全体を大混乱におとしいれた。イギリスのテレビ局ＢＢＣとのインタビューで、ダイアナはジェームズ・ヒューイットとの関係を公然と認め、カミラ・パーカー・ボウルズのせいで自分たちの夫婦関係は破綻したと語ったのだ。

あまつさえダイアナは、チャールズ皇太子がよき国王になれるかどうか疑わしいと公言した。「ダイアナはいつも、つぎの国王になるのはウィリアムで、その父親ではないと確信していた」とケン・ウォーフは皇太子妃との会話から証言する。「王朝は新しくならなければいけない、というのが彼女の意見だった。ダイアナが信じたのは、他のヨーロッパの王室が実践しているような開かれた体制だった。イギリスで行なわれているような虚飾をやめて、王朝はもっと時代に順応すべきだと。そしてもちろんカミラ・パーカー・ボウルズとの腐れ縁のせいで、彼女はチャールズの適性を疑った。父親よりも先にウィリアムが国王になる日がくると、ダイアナは固く信じていた」。復讐の衝動からにせよ、ほんとうに王朝の将来を憂慮しているからにせよ、ダイアナの夫にたいする懐疑は、ウィリアムを父親との競争者の立場に追いやることになった。そしてダイアナにひそかに賛同するロイヤルファンも少なからず存在した。

しかし女王は堪忍袋の緒を切った。いまや彼女はウィンザー家の威信の失墜を恐れるだけでなく、イギリス王朝の存立の危機をも見てとった。彼女はチャールズとダイアナに離婚するよう命じた。十五年間の婚姻関係がついに終わった。ウィリアムは両親の関係崩壊の渦中で育ち、その終幕は悪夢のようだったにもかかわらず、彼は母と父のためによりよき未来を望んだ。たぶん彼はふたりが友人同士になることを期待したのだろう。離婚した叔父のアンドルーとセーラが子供たちのために仲よくやっているように。

最後に家族全員が集まったのは、ウィリアムが一九九七年三月にウィンザー城の聖ジョージ礼拝堂で堅信

皇太子としてチャールズはまだ自由を享受しているけれど、国王になったらそれを失うでしょう。私は彼の性格をとてもよく知っているので、トップの職務が彼を限界に追いこむのはわかっています。そもそも彼がその職務に適応できるかどうか疑問です！

ダイアナ　1995年

きわめて平静に、きわめて効率よく、ダイアナは王室をやっつけた。とても真剣に、落ち着きはらって、彼女はすわっていた——いつでも両手に火炎放射器を構えることができるかのように。

サイモン・ホガート
『ガーディアン』のコラムニスト

ウィリアムが堅信の秘蹟を受ける日、ダイアナは家族の祝賀会に恐れをなして、こう言いました。「やだ、あそこに行って、女王や家族全員と顔を合わせなきゃならないなんて」。彼女はそれをとてもいやがっていました。

ジュディ・ウェード　ジャーナリスト

の秘蹟を受けたときだった。ハリー王子が両親の離婚によって受けた苦しみは、兄よりもずっと強かった。「彼は末っ子で、母親と非常に親密だった」とイングリッド・スウォードは語る。「ハリーはとても母親になついていた。表面はしっかりしているように見えるけれど、じつはとても苦しんでいたのだと思う。それはのちにあらわになった」。

私は離婚を望まなかったと、ダイアナは数年後に述べている。最後まで私はべつの方策があると信じていた。婚姻関係はそのままにして、チャールズとは別れて暮らすことを望んだ。「妃殿下」の称号は捨てざるをえないし、今後は王族でもなくなる。一時期私は子供たちも失うのではないかと恐れた。でも交渉のすえ、共同の養育権をかちとることができた、と。

つづく歳月、ウィリアムは魅力的なティーンエイジャーに成長し、きれいな娘にふりむく年ごろになった。母親のファッション雑誌をめくって、いちばん美しいモデルを写生したりした。まだ十四歳のときに、スマートなプリンス自身が『タイム』誌のカバーを飾ったこともある。そのキャッチ・コピーはこうだった。「この少年が王朝を救う?」。これから自分の道をさぐろうとする未成年者にとって、大きすぎる課題。しかしチャールズとダイアナの夫婦間戦争が引きおこした大混乱のあと、ウィンザー家には将来の希望が必要だった。『タイム』の社説はこう述べた。「皇太子夫妻が王朝に恐るべき損害をあたえたとすれば、同時に王朝はウィリアムによって救済をもたらした。賢くて愛すべきプリンスは、公衆のファンタジーを呼び起こしている。離婚が王室ドラマの一幕を終えたあと、つぎの幕がフレッシュで魅力的な新しいスターによってはじまっている」。これはなかなかの炯眼だった。ほんの数年後にハンサムなプリンスは、ポップスターのようにもてはやされることになるのだから。しかしまだ当面は美人で写真映りのよいママがカメラマンの人気の的だった。

一九九七年六月にウィリアムとハリーはダイアナとともに、サン・トロペにあるモハメド・アル・ファイド――ロンドンの高級百貨店ハロッズのオーナー――のヴィラで休暇を過ごした。これが母子三人で過ごす最後の休暇になった。そのあと兄弟はバルモラルにおもむき、スコットランド高地で父親といっしょに過ごし、ダイアナは地中海のアル・ファイドのヨットにもどった。そこに彼女の新たな愛人、ハロッズのオーナ

「妃殿下」の称号を剥奪されるのは、彼女にはつらいことだった。あるときウィリアム王子がやってきて、彼女の手をとって、こう言った。「マミー、泣かないで、ぼくがいつか王様になったら、称号を取りもどしてあげるから」

ポール・バレル　ダイアナの執事

それはつかのまの夏の情事以上のものではなかった。事故が起こる直前には、すでにダイアナはいささかうんざりしていた。彼女が望みもしないのに、ドディは彼女を贈り物責めにした。

アンドルー・モートン
ダイアナの伝記作家

ダイアナはドディを好もしく思い、讃美されるのを楽しんだのはたしかだが、それ以上ではなかった。彼女ははっきりと言った。「ポール、彼に求婚されたらどうしよう？　私は再婚なんてまっぴらごめんだわ」

ポール・バレル
ダイアナの執事

ーの息子ドディが待ち受けていた。彼はダイアナに首ったけだった。海で夏の日々を過ごしたあと、ふたりはパリのホテル・リッツのレストランでお別れの食事を摂ることにした。ダイアナはそのときすでにドディと縁を切るつもりだったと、のちに友人たちは述べている。とくにウィリアムが母親を諫めたという。彼は億万長者の息子を母親のパートナーとしてふさわしくないと思っていた。ダイアナ妃と長男との諍いの噂が広まった。そして一九九七年八月三十一日の晩は元皇太子妃の最後のパーティになった。ダイアナにとってそれは短い波瀾の生涯の幕切れとなる。そのあと彼女はパリのトンネルで交通事故で死んだ。享年三十六歳。

母の死

ウィリアムにとってそれは子供時代の終わりを意味

した。ダイアナの突然の凄惨な死は、これまでの自分自身の人生にも疑問を投げかけた。母を失ったことがもたらす苦痛によって、つづく歳月のなかでウィリアムは、とくに王室における皇太子妃の役割と、パパラッチのヒステリックな追跡が、母を悲劇的な死に追いやったと強く確信するようになった。ドラマティックな自動車事故の状況報告が、それを裏打ちしているようだった。

不幸があった夜、ウィリアムと弟のハリーはバルモラルの城館のベッドで眠っていた。ウィンザー家の他のどこの別荘よりもふたりが愛した桃源郷。かれらはここでのびのびと自由な時間を過ごし、父と祖父とともに狩りに出かけ、晩はバーベキューを楽しんだ。

この夜が自分たちの人生を変えることも知らずに、ふたりの王子がぐっすり眠っているうちに、王族の夜の安息は突如破られた。パリのイギリス大使館からの電話が凶報を伝えてきた。

まず女王が起こされ、ダイアナが自動車事故で重傷を負い、入院していると知らされた。その直後にはみんな寝床からとびだした。エリザベス女王、フィリップ公、チャールズ皇太子。子供たちは、その点で大人たちの意見はすぐさま一致したが、このまま寝かしておくことにした。子供たちが事実と対決するのは翌朝でも遅すぎることはない。まだ希望もあった。ダイアナにかんするパリからの第一報は、負傷したと述べるだけだったから。いっぽう同行のドディ・アル・ファイドと運転していたアンリ・ポールの死亡はすでに確認されていた。夜中の三時にチャールズはダイアナの死を知らされた。彼は電話の前にすわりっぱなしでパリからの情報を待っていた。

いま彼のなすべきことは、母親の死をふたりの息子に伝えることだった。十二歳になったばかりのハリーがこの恐ろしい悲劇をどう受けとめるか、心配でならなかった。その朝、チャールズ、女王、フィリップ公は王子たちと二十分ほど散歩した。結局みんなが一致したのは、いつものように礼拝に行くことだった。バルモラルの門前にはすでにジャーナリスト、カメラマン、テレビチームが陣取っていたが、王族たちはまったく無表情で、いっさい悲しみを見せずに教会に向かった。ウィリアムもハリーも涙を流さず、しっかりした態度を保ったけれど、閉ざされたドアの奥では感情をあらわにした。たえずハリーは同じ問いをくりかえした。だれにも答えられない問いを。「なぜ？　なぜママは死ななきゃいけなかったの？」。

ダイアナ死後の最初の一週間、ウィリアムとハリーは憑かれたようにテレビの特別番組のニュースに見入り、悲劇的な事故の詳細を知ろうとした。とくにウィリアムは、母親はパパラッチの犠牲になったと確信するようになった。あの夜、ホテル・リッツから出た母の車を猛スピードのオートバイで追いまわした連中の犠牲に。連中がいなければ母の乗ったリムジンは、厄介なカメラマンを振り切るためにスピードを出しすぎることはなかっただろう。そうすれば、あんな取りかえしのつかない事故は起こらなかったと、ウィリアムは固く信じた。母がつきまとうプレスの

母親と言い争いをしたあとで、母親に死なれるというのは、悲痛なことです。仲直りをする機会がもうないので、悲しみはいっそうひどくなります。

ジュディ・ウェード
ジャーナリスト

猟犬どもに悩まされたことを、彼は身をもって知っていた。ダイアナがケンジントン宮を出たとたん、群れをなして追いまわし、一挙一動に目を光らせ、皇太子妃の体すれすれに押し寄せることさえしばしばあった。ダイアナが涙を流してこのような追跡劇からもどってくるのを、ウィリアムが目にしたことも稀ではない。いまやウィリアムは確信した。連中が母を死に追いやったのだと。彼のパパラッチにたいする嫌悪感と侮蔑感はこの上なくふくらんだ。「母親の死は彼の人生に真っ黒な一章を画した」とウィリアムの友人トム・ブラドビーは語る。「彼は現代のプレスを憎み、ハリーもそうだったと思う。ふたりには憎しみを向ける敵が必要で、それがプレスだった。ダイアナの死に衝撃を受け、母の人生最後の瞬間を知ったとき、ふたりは激昂した……母が目にしたものは、カメラのレンズばかりだった。カシャ、カシャ、カシャ、救助を必要としている瞬間に」。

ショックと悲しみが世界をつかんだ。「ハートのプリンセス」の悲劇的な最期は、いつもは王族の運命にほとんど関心のない人びとの心をも深く揺り動かした。老いも若きも、黒人も白人も、ゴミ運搬人もメディアのスターも——世界で一番多く写真を撮られた女性の死を、共通の標点が失われたかのように悲し

> ハリーはウィリアムよりもずっと母親に甘えていました。ウィリアムはとても内向的で、感情を押し隠します。ハリーはとても外向的で、よく泣いたりわめいたりします——とりわけ母親が死んだときは。
>
> ジュディ・ウェード
> ジャーナリスト

女王は臣民とごくふつうの人間同士のレベルで交わるのが苦手だった。彼女はロンドンにもどることも、最小限のジェスチャー、たとえばバッキンガム宮殿に半旗を掲げることもできなかった。そのため彼女は王朝をどん底に導いた。

ピアーズ・ブレンドン　女王の伝記作家

んだ。そしてだれも理解できなかったのは、ウィンザー家もともに悲しんでいる気配が見えないことだった。王室は機能を停止したかのようで、女王はバルモラルにひきこもった。たぶんこれは孫のためでもあっただろう。かれらが失ったのは国際的な偶像でなく、実の母親なのだ。「直《じか》に悲しみを表わすにはショックが強すぎることは、よくあることです」と伝記作家イングリド・スウォードは説明する。「きわめて身近な人が死ぬと、強烈なショック状態になって、すべてが機械的に処理されるのです。ウィリアムとハリーはスコットランド高地の丘陵を駆けまわり、動くものをなんでも銃で撃ちました」。

イギリス人は宮殿の門前に花を献げて悲しみを表現した。日に日に花の海は膨張して、まもなく女王にたいする沈黙の告発の様相を呈してきた。なぜ女王はバルモラルにとどまっているのか、なぜ女王から弔慰の言葉がないのか？　少なくとも王族たちはケンジントン宮殿の前まではやってきた。女王、フィリップ公、チャールズ、ウィリアム、ハリーは。ダイアナの末っ子は父親の手をとって山なす花束を見てまわり、心のこもった短い弔辞を読み、沿道の人びとからの弔慰の呼び声を聞いた。このシーンをテレビで見た世界じゅうの人びとは、これから母親のいない人生を送らなければならない子供たちの健気な態度に感嘆を禁じえなかった。ジュディ・ウェードは回想する。「出かけていって群衆の声を聞くことは、子供たちにとってきわめてショッキングなことでした。花束と添えられた弔辞を目にするだけで、ダイアナの姻戚でなくても涙を誘いました。子供たちにとってそれは非常に辛いことでした。ハリーが何度も落涙寸前になるのを、私は見ました」。

埋葬の日は異常だった。ロンドンの様相が一変し、寂寞として、大群衆がひしめいているのに、静まりかえっていた。

パトリック・ジェフソン
ダイアナの元私設秘書

ようやく一週間後にウィンザー家はロンドンへもどり、バッキンガム宮殿にダイアナを悼んで史上初めて半旗が掲げられ、葬儀の準備がはじまった。埋葬の朝、ケン・ウォーフはウェストミンスター寺院の前に出動した。「私は教会内の治安を担当した。公衆のこれほど深い悲しみの発露を、私はいまだかつて体験したことがなく、

子供たちがちゃんと母親の柩のあとにつづくことができたのは、まだショック状態にあったからだ。そうでなければ、ああはできなかっただろう。それはいわば機械的な動きだった。内にこもっていられるかぎり、ウィリアム王子は上を見なかった。彼は自分自身のトンネルのなかを歩いていて、そうすることで状況と折り合いを付けたのだ。

イングリド・スウォード　ウィリアムとハリーの伝記作家

このときのことを私はけっして忘れないだろう。そして私は、ウィリアムとハリーのまなざしを、かれらの孤独を、けっして忘れないだろう。母親の柩《ひつぎ》のあとについて、約四キロにわたって市中を行進したときの。かれらはそれを敬意をこめて行ない、そのとき個人的な悲しみを世界じゅうの人びとと分かち合った」。はじめウィリアムは、母親の柩のあとを延々と歩くのを拒否した。祖父のフィリップ公が側についていてあげると約束して、ようやくウィリアムは承知した。雑誌『ヘロー』のコラムのためにしばしばダイアナと話を交わしたジュディ・ウェードも、皇太子妃の埋葬に随行した。

「柩がケンジントン宮殿から運びだされ、ウェストミンスター寺院への長い行進がはじまったとき、全国民が息を止めました。はっと息を呑む音が聞こえるかのようでした。この日の哀悼者のだれもが知っていたのは、ウィリアムとハリーのこうむった底知れぬ喪失感でした。柩の上の、ダイアナが好きだった白百合と薔薇の花束のあいだに、『マミー』と書かれたカードがはさまれていました。この小さな、震える手で書いた筆跡を見て、たまらない気持ちになりました」。死んだ母親への王子たちの最後のあいさつ。

今日まで、ウィリアム王子は母の死について公けに語ったことはない。彼はこのときから文字通り沈潜した。公けの場ではつねに頭《こうべ》を垂れ、それはひどく内気だからというよりは、嫌悪するプレスへの変わらぬ不信感の表われだった。カメラにたいする拒否反応が激しくなった。ダイアナのふたりの息子を母親が体験したようなパパラッチの追跡から護るため、宮廷はイギリスの報道機関に協定を申し入れ、ふたりの在学中はプレスの攻勢からある程度保護されることになった。プレスにたいする苦情を処理する委員会の元議長ウェイカム卿は、異なる関心事を調停した。「王子たちは自由に捕獲できる鳥獣ではないということを、そのとき私は明確にした。だがもちろんプレスには報道するという適法な関心がある。われわれが顧慮しなければならないのは、ウィリアムはいかなる人間か、ということだった。未来のイギリス国王。しかし迷惑行為や人間狩りは容認できない」。こうしてイギリスの大きな印刷メディア各社との協定が結ばれ、ウィリアムとハリーの学校内での私的領域が侵されることはなくなった。いっぽう公式にお膳立てされた写真を撮る機会は残された。たとえばスキー休暇や式典のさいに。

武装したボディガードに護られているとはいえ、こうしてウィリアムはイートン校時代を比較的自由に過ごすことができた。「ぼくは注目されるのが好きじゃない。それはじつに不愉快なので、イートンでそっとしておいてもらえたことは、ぼくにはとくにありがたかった。おかげで勉強に集中することができたし、カメラに追われずに友だちとつきあうこともできた」と、のちにウィリアムは述べている。

ウィリアムの十六歳の誕生日にあたり、プレスとのインタビューが公表された。質疑応答は文書で行なわれた。そこで彼は自分に関心のあること、好きな余暇の過ごし方について簡単に答えている。読書が先頭に上がっているが、アクション映画も好きで、同世代の少年と同じくコンピューターゲームにも興じている。そのころの彼の夢は、アフリカへサファリに出かけることだった。

これは数年後に実現することになる。彼がとくに重視したのは、自分の着るものを自分で選べることだった。個性的でありたいけれど、目立ってはいけない。有名な写真がある。王子はイートン校の生徒にはふつうの色のくすんだジャケットを着ているが、その下にユニオンジャック模様のベストを着込んでいる。かすかに階級を感じさせるひかえめな表現――できるだけノーマルに、しかしなにか特別なものを。

「ウィルスマニア」

しだいにウィリアムはとびきりハンサムで堂々とした青年に成長していった。水泳、ラグビー、とりわけポロに熱中し、それが母の死後の苦しい時期を乗り切る一助になった。

だが長ずるにつれてウィリアムは驚くほどダイアナに似てきた。とくに笑顔は母親を写し取ったかのようだった。ジュディ・ウェードは王族の数々の旅行に同行し、若いプリンスに寄せられる熱狂の証人になる機会がしばしばあった。「群がる女性は口々に『まあ、彼、ダイアナとそっくりじゃない?』と叫ぶのです。これは彼にとっていやなことにちがいない、と私は思いました。彼には独自の人格があるのだから。彼はダイアナのコピーではないし、彼女の代用品でもありません。ダイアナは比類のない存在であり、いつまでも母親と比べられるのは、ウィリアムには気の毒なことです」。

皇太子妃は王室のスターだった。彼女が死んで静かにはなったけれど、いささか退屈にもなった。ロイヤルライフに見立てたメロドラマは主役を失った。これからはだれに同情し、だれが赤絨毯の上の華麗な容姿に感嘆させてくれるのか？　ダイアナの欠けた穴が埋まるのを、世間は待っている。ウィリアムがそういう人物になれそうだ。

ウィリアムがどれほど魅力を発散できるか、それをみごとに示したのがダイアナ死後の最初の大舞台、一九九八年のカナダ訪問だった。父親と弟のハリーとともに、彼はヴァンクーヴァーで慣例の「群衆浴」を浴びることになる。そこで起こったことに、みんなびっくり仰天した。王子たちも、ジャーナリストも、そしてたぶん、突発した熱狂の嵐に巻きこまれた人びとも。「メルヘンの王子」が現われると、群がる少女たちの大騒動が勃発した。ヒステリックな喚声が沸きあがった。「ウィリアム、ウィリアム、ウィリアム！」の合唱が広場に鳴り響き、まるでポップスターが登場したかのようだった。とめどもない涙と無数の喉から洩れるすすり泣き、それは未来の国王にとっても激しすぎた。イギリスの王位継承者がこれほど感情の激発を誘ったことは、いまだかつてなかった。

ウィリアムは赤くなった。だが驚くほどすばやく彼はこの騒ぎを受けいれ、十代ファンの熱狂の猛火になじんだ。はじめは父親に励まされ、待ちかまえる群衆に姿を見せるため、しぶしぶウォーターフロント・センター・ホテルのドアから外に出た。しかしいつのまにやらウィリアムは、差しだされる手を握り、笑顔で歓呼にこたえ、数人の少女と言葉を交わし、寄せられた心づかいに丁重に感謝していた。ひとりの若い女性が胸に抱きしめているテディベアは、ハート型の赤い厚紙を頸にさげていて、そこに「アイ・ラヴ・ユー」と書いてあった。みんなウィリアムに夢中になり、ここに「ウィルスマニア」が誕生した。そして幼年期以来初めて、王子はカメラの存在を忘れ、自由にのびのびと行動し、脚光を浴びるのを楽しんでいるようにさえ見えた。王室ウォッチャーは予感した。イギリスの王朝に新たなスターが誕生し、それが国民の共感を獲得して、古くさい慣例に新風を吹きこむのではないか。死のすこし前にダイアナは雑誌『ニューヨーカー』とのインタビューでこんな予言的なことを述べた。「いまの私はすべての希望をウィリアムにかけています。私が心がけているのは、彼がメディアのもたらす危険を理解して、適切に処理できるようになることです。ほかの家族はもう手遅れです。でもウィリアムにはなにかがあると、私は信じています」。

生前のダイアナはメディアにたいしてふたつの相反する態度をとっていた。一方では過剰な取材に苦情を言いながら、他方では自分の私生活のあれこれをみずから洩らした。マスコミとの調整にあたったウェイカム卿は皇太子妃の態度があやふやで、どっちつかずだったのを体験している。母の死後、プレスへの嫌悪を深めたウィリアムは、いまや独自の路線を見いださなければならなくなった。将来の国王として、国の第四の権力との協調なくしてはやっていけない。プレスとの関係が悪かったり、あるいは関係を絶ったりすれば、王朝はおしまいだろう。なにしろ臣民は報道を通してのみ、王室の生活にかかわることができるのだから。さしあたり若いプリンスにとって、このこみいった関係はあまりにも複雑で、荷が重いものに思われた。

自由への憧憬

帰国したウィリアムは、ふたたび世間にめったに顔を見せなくなった。自分の人格をめぐる騒ぎはたしかに気になるけれど、十代の少年にとってはひどくわずらわしいことでもあった。依然として彼にとっては個人の自由ほど大切なものはなく、それを彼はとりわけ自然のなかで満喫した。狩猟と魚釣りは、はやくから彼の大好きな遊びになっていた。ウィリアムが十八歳になったとき、父親から独自の銃をプレゼントされた。「ウィリアムが大好きな冬のスポーツは射撃です。彼はそれをサンドリンガムで現地の警官から習いました」とジュディ・ウェードは語る。「彼は狩りが好きで、親しい友だちのように狩りとともに育ち、週末は多くの時間を狩りをして過ごします」。

ウィリアムが初めて鹿を仕留めたとき、チャールズ皇太子は息子が死んだ獣の上にうずくまっているのを目にした。誇らしげに目をきらきらさせ、額に鹿の血を塗りつけて。ウィリアムが猛々しいアクションに魅了されるのを、母のダイアナはいつも悲しんだ。ダイアナは乗馬も駆り立て狩猟も好きでなく、愛する息子が自分には耐えられないホビーにふけるのを見てぞっとした。

しばしば彼女は自分の考えを述べてウィリアムを説得しようとした。動物を撃ち殺すことは野蛮な暴力行為で、嫌悪すべきことであり、楽しむためだけで生きものを殺すのは許されないということを、息子に理解させようとした。だが、王族の余暇の慣例のようになっている狩猟からふたりの息子を引き離すことはできなかった。動物愛護はウィンザー家においてはさまざまな面を持っている、とジュディ・ウェードは言う。「そこに矛盾はありません。サンドリンガムやバルモラルのような広大な地所では、動物のあいだで淘汰がなされているはずで、老いて衰弱した鹿をシーズンごとに仕留めるのは、みじめな野垂れ死にから救ってやる行為なのだ、というわけです。ウィリアムは動物愛護に非常に関心があるのですが、それはもっぱらアフリカの絶滅危惧種と強く関連しています」。

林間の狩猟よりは緊張感が薄いけれど、王族がイギリスの上流階級の人びととともに好んで行なうレジャーに、若いプリンスも参加した。乗馬しての狐狩り。これは長々と待たされる遊びで、いざ本番になるまで、じっと馬の背にすわっていなければならない。激情的な若いプリンスにとってはいささかパンチに欠けるものだった。彼が好んだのはギャロップで疾走することで、よく

その点ではウィリアムとハリーはまさしくウィンザー家の人間だ。男の子は男の子らしく。ふたりは狩りが好きだ。これはダイアナにも変えることはできなかっただろう。彼女はいつもふたりの息子を「ウェールズの殺し屋さん」と呼んでいた。

アンドルー・モートン
ダイアナの伝記作家

弟のハリーに、ハイグローヴの地所で競馬をいどんだ。友人のトム・ブラドビーはウィリアムの性格を、頭が切れて、決然として、ときおり頑固になると述べているが、功名心が強い面も見いだしている。「彼はなんでも勝ちたがる。残念ながらポロではしょっちゅう勝てるわけではないが。彼とハリーはこの競技が好きで、三大お気に入りスポーツのひとつになっている。狩猟、乗馬、ポロ。ハリーとウィリアムはよく敵同士になって出場し、激しくぶつかり合う。ポロの腕はハリーのほうが上手《うわて》で、それが兄を怒らせ、そのためふたりはしょっちゅう罵り合っている」。

ウィリアムは左利きです。ポロは右利きの競技なので、ウィリアムには不利です。彼はポロを弟ほどうまくやれません。ハリーはどんなスポーツでもずっと上手《うわて》です。

ジュディ・ウェード　ジャーナリスト

イートンでの庇護された学校時代は終わりに近づき、ウィリアムが十八歳になったとき、宮廷はひさかたぶりに王位継承ナンバー・ツーの現況を公開することにした。イギリスの放送局ＩＴＮのベテラン・カメラマン、ユージン・キャンベルは思いがけない電話を受けた。「電話が鳴ったとき、私は戦場に出動する前に受ける応急処置講座のさいちゅうだった。相手は宮廷だった。宮内官は私に、ウィリアム王子を取材することに関心はあるかとたずねた。王子はもうすぐ十八歳の誕生日を迎える。彼はイートンに在学中だが、宮廷としては、彼とプレスとの関係をなんとかしなければならないことはわかっている。ついてはカメラマンやテレビチームが大挙して学校に押しかける前に先手を打ちたい。そこで宮廷はひとつの取材チームとひとりのカメラマンを選び、現場で王子との関係を築いてもらい、よい写真を撮ってもらうことにした、と」。

最初の出会いは冷ややかなものだった。学校の制服を着たウィリアムは用心深かった。敵対的ではないけれど、けっして打ち解けずに取材チームに対した。「ウィリアムが非常に深くて強い反感をメディアに、とくにパパラッチにたいして抱いているのはたしかだった」とユージン・キャンベルは語る。「われわれの任務の一部は、カメラレンズのむこうのだれもがパパラッチではなく、われわれはごく正常な人間であり、被写体の命をねらっているのではないことを、彼に納得させることだった」。すぐに不信感は消え去り、ウィリアムは協力的になった。こうして王子の学校生活の私的な面が撮影された。図書館で勉強しているところ、級友と調理しているところ、近くの村で買い物をしているところ、等々。ふつうの学校のふつうの生徒、ありのままのウィリアムが映しだされた。ユージン・キャンベルはウィリアム王子のことを、スター気どりがなく、非常に魅力的で、茶目っ気とユーモアがあり、思考の回転が速い、知的な若者と評している。

イートン校にいると心地よく、庇護されている感じがすると、ウィリアムはキャンベルに打ち明けた。「彼はふつうであることに憧れていた。彼がもとめたのは、たんに自分自身であること、なんの特別扱いも受けないことだった。彼はそこではけっして〈殿下〉でも〈ウィリアム王子〉でもなく、たんに〈ウィリアム〉だった。親しい友人は彼を〈ウィルス〉と呼んだ」。イートンはすでに若年にして多くの悲劇を体験した王子にとって、安全な港になった。ここで彼は安心感を抱き、リラックスして、自己開発に集中することができた。イートン校の仲間意識の濃い雰囲気が、傑出した地位と特異な家庭事情にもかかわらず、ウィリアムが無事にティーンエイジャーから成年に達した理由のひとつであることはたしかだ。

ジャングルでの猶予期間

私の考えでは、ウィリアムとハリーはイートンを通して信頼というものを獲得した。これはほかでは体験できないことだろう。

イングリド・スウォード
ウィリアムとハリーの伝記作家

イートン校を二〇〇〇年に好成績で卒業したあと、ウィリアムはいわゆる「ギャップ・イヤー」に入った。イギリスでは高校を卒業すると、ひとまず十二ヵ月の作戦タイムをとってから、大学での本格的な学究生活に進むという伝統がある。このギャップ・イヤーはのんびりした休暇ではなく、自分の社会的視野をひろげるための期間なのだ。ウィリアムはなにか意義のあることをするつもりだったが、とりあえず旅に出ることにした。まずイギリスの旧植民地だった中米のベリーズに飛んだ。そこで近衛のレンジャー兵とともにジャングルを跋渉《ばっしょう》し、自然が提供するもので生きていくすべを学んだ。つぎの滞在地はインド洋のモーリシャスに近いロドリゲス島だった。そこで一ヵ月間、珊瑚礁を保護するための地理学協会のプロジェクトに参加した。

しかしつぎの、長期の滞在地がまだ決まっていなかった。ハイグローブで写真撮影をしたときに、十八歳になったウィリアムは自分の計画を洩らしたことがある。今回は南米に行くことになるだろう。目的地はチリ、そこで救援組織「ローリー・インターナショナル」のプロジェクトに参加したい。おどろくリポーターにウィリアムは、滞在費は自分が持つつもりだと公言した。そのあと彼は水球の試合に何度か出場し、スポンサーから金を集めた――自分自身の旅行費をまかない、さらに、それほど裕福な環境にない一人の若者に外国体験の機会を提供するのに充分な金を。「なにか建設的なことを今年から始めたい」とウィリアムは言明した。「チリの僻地《へきち》の人びとを援助し、諸外国からやってくるたくさんの人たちと出会うのは、正しい道だと思う」。パタゴニアに立ち寄ることも王子の意欲を誘った。チリでの生活環境は、それまでウィリアムがなじんできた安楽な境遇とはかけはなれたものになるはずだ。

さまざまな国の、さまざまな階層の百十人の若者が、カレタ・トルテルという小村で働いた。家や道路を改修し、子供たちに仕事と勉学の機会をあたえる。若いボランティアたちは掘っ立て小屋で寝起きし、食事は自分の手で調理し、部屋も簡易便所も自分で掃除した。「生活環境はぼくがなじんでいるものと全然ちがう」とウィリアムはおどけて言った。「秘密が保てないんだ。ここではなにもかもみんなで分かち合う。はじめはそれがとてもむずかしかった、なにしろぼくは非常に引っこみ思案な人間だからね。でもぼくはそれと折り合いをつけることを学んだよ」。

チリの僻村での仕事はきびしく、骨の折れるものだったが、ウィリアムはけっして上機嫌を崩さなかった。彼の身体はさまざまなスポーツで磨きあげられ、彼が英語を教えている子供たちは、みんな若い先生を慕った。

故国の宮廷では、これは将来の王位継承者の近況を報道する好機だという声が高まった。ふたたびユージン・キャンベルが宮廷に依頼され、カメラをかついでチリにおもむき、そこでウィリアムの社会参加のようすを撮影することになった。「宮廷は、ウィリアムのチリ時代の記録を作成すべきだと、はっきり認識していた。だがリポーターを満載した飛行機がチリに飛び、小さな村に押しかけて、カメラマンの大群がうろつきまわったりしたら、なにもかもめちゃくちゃになってしまうだろう。そこで私がカメラマンひとりと宮廷職員ひとりのみを同伴してチリに行き、しばらくウィリアムといっしょに過ごし、〈ローリー作戦〉を報道することになった」。

ユージン・キャンベルは王子と再会した。イートン校での仕事でウィリアムとは顔なじみだったが、この若者が短期間

ウィリアムはふたつの理由でチリを選んだ。第一に、とても暑い国に行ってみたいから。第二に、遠く離れた国に行ってみたいから。彼はいっしょにいるとリラックスして、気ままになれる一群の人びとから、遠く離れてみたかったのだ。

ユージン・キャンベル
カメラマン

ぼくは世界を見て、貧しい人びとを助けたい！

ウィリアム

ここでは例外はなく、貴族の特権もない。

カティー・ホームズ
「ローリー・インターナショナル」のスポークスマン

ふつうならけっして出会うことのない一連の人たちと、ぼくはいっしょに暮らした。かれらとつきあうのは楽しかったし、とても勉強になった。

ウィリアム

のうちにすっかり変わったことに驚いた。王子は大きく、たくましくなっていて、いまでは大人と言ってもよかった。明らかに彼は自分自身とグループに責任を負うことを学んだようで、短期間のうちに全員の信頼を獲得していた。すでにイートンでもそうだったように、ウィリアムは撮影に協力を惜しまず、すべてのふるまいがごく自然だった。彼自身が提案して、便所掃除のシーンまで撮らせ、しかもおどろいたことに、王子はこの汚れ仕事をとても楽しんでいるように見えた。ユージン・キャンベルは仕事一徹のカメラマンで、けっして王室ファンではないが、それでも最後にはウィリアムの魅力から逃れられなくなった。「私は彼が好きだし、彼を尊敬している。彼の素性ではなく、彼の人格のゆえに。ウィリアムのすばらしいところは、自分が立ち入る場所で、そこにいる人びとのグループに適応しようとすることだ。彼はグループの一部になろうとする。これは王室のシステムとは正反対のふるまいだ」。ウィリアムのチリ時代のフィルムと写真はまちがいなく効果があった。映像のなかの王子は現地に溶けこみ、非常に活発で、好感が持て、知的で、たちまちウィリアムはいちばん人気のある王族になった。

それでもなお彼にとっていちばん大事なのは、国王としての将来の任務よりも、個人としての自由だった。彼は友人たちに、自分の地位にともなう政治的な問題にかかわるのは、いまだに大の苦手だと打ち明けている。ギャップ・イヤーの最後の数ヵ月を、彼はアフリカで過ごした。動物の種の保護のほうがイギリス王政の存続よりも、彼にとっては緊急の問題であるようだった。トム・ブラドビーはこの数年のウィリアムとハリーを観察し、ふたりに同じ自由への渇望を見いだしている。「ウィリアムとハリーはこの数年、ほかのみんなと同様にあつかわれることにこだわった。だからウィリアムはアフリカに行ったのだ。アフリカの大部分の人びとには、だれが将来のイギリス国王であろうと、どうでもよい。そんなことはかれらにはなんの意味もない。そこがウィリアムの気に入り、ハリーも同じ思いで、やはりアフリカにおもむいた。ウィリアムはイギリスの中産階級の主流を遊泳し、そこでよき友人をつくり、それが彼を支えることにもなった」。

ウィリアムのチリ時代は安易なものではなかったと、私は思う。かれらは非常に簡素な環境のなかで生活した。丸太小屋で暮らし、床の上で寝袋にくるまって眠った。食事は自分たちで調理し、それも非常に質素だった。そして村ではハードに働いた――それはきびしい肉体労働だった。ウィリアムはその中心にいて、ときには作業を指導することもあった。

ユージン・キャンベル　カメラマン

この時期にウィリアムのなかで、王室のシステムから脱け出すという考えが熟したらしい。しかしまだ長い学生時代が前にひかえていて、それが彼にあと数年、王族の義務からの猶予期間をあたえるだろう。

学生王子

王子の成長ぶりを追いかけるゴシップ新聞の読者の大部分は、セント・アンドルーズなんて大学は聞いたことがなかっただろう。オクスフォードやケンブリッジなど、イギリスの伝統的な大学こそ、王族の学生にふさわしい。だがウィリアムはまたまた世間をびっくりさせた。彼は勉学の地として、ゴルフファンには全英オープンの開催地として知られる、スコットランド海岸の小都市を選んだのだ。彼はそこで美術史を学ぶつもりだった。

一四一三年に創立されたセント・アンドルーズは、スコットランド最古の大学だ。小さな海岸町のまんなかにある瀟洒な学舎は、町にふさわしくこぢんまりしている。三筋の大通り、司教座教会の廃墟、鐘楼、半島の末端は海、それがここで見るべきもののほとんどすべてだ。それでも中世の雰囲気と古い大学は、この町を人気のある勉学の地にしている。

ここならイートン時代に享受した自立した生活をつづけられることを、ウィリアム王子は期待した。「イギリスの大学に行きたくなかったのは、そこはずっと暮らしてきたところだからで、ぼくはよその土地で自分を試したかった」とウィリアムは語っている。いつものように、彼にとって大切なのは名声や栄誉、あるいはアカデミックな功績ではなかった。彼が望んだのは、交友範囲をひろげ、新しい世界を知り、できるだけ自立した人生を送ることだった。たとえ護衛がつねに側にひかえていても、のどかなセント・アンドルーズなら学友や住民と心おきなくつきあえる。アンドルー・ネイルは王子がスコットランドの大学を選んだときの学長だった。これには政治的な背景が一役買っているかもしれないと、彼は推測している。「ウィリアムがセント・アンドルーズに着目した理由は、スコットランドがイギリス連合王国内で独自の議会を有していることと関連していると思う。ウィンザー家はイギリス全土の王室として認められることを非常に重視している。王位継承者がスコットランドの大学に進むというのは、スコットランドにたいする外交的ジェスチャーであり、それにはセント・アンドルーズが適切だったのだと、私は思う。ここはエリート大学で、オクスフォードやケンブリッジと同じく古い伝統を誇っている。多くのイギリスの若者がここにやってきて、ウィリアムにとっても異境の地ではなかった」。

二〇〇一年九月二十三日、一台の緑のヴォクスホールがセント・アンドルーズに乗りつけた。運転席にチャールズ皇太子。長男の新しい居住地にみずから付き添ってきたのだ。その前にふたりはクイーン・マム、ウィリアムの祖母と、スコットランドの御用邸バークホールで昼食をともにした。「どこかで楽しいパーティがあったら、私を招んで!」と女王は孫と別れるときに言った。セント・アンドルーズ到着はちっとも威風堂々たるものではなかった。はじめチャールズ皇太子はキャンパスの入り口をまちがえ、おかげで約千五百人の野次馬は王室の車をたっぷり見物できた。すこし遅れてふたりは構内に入り、ウィリアムはどこかためらいがちに、おずおずと車から降りた。王子の登場は、どこかの新入生がイギリスのどこかからやってきたかのように、ごくさりげないものだった。ウィリアムは明るい青のジーンズに紺のプルオーバー姿で、それが彼の心中を語っているようだった。「ぼくはごくふつうの学生だ」と。セレモニーはなく、王室儀礼もなく――ちょっと構内を一巡したあと、イギリスの王位継承者は入学した。これからは彼はたんに「ウィリアム・ウェールズ」と呼ばれることになる。

ぼくはごくふつうの学生でいたい。たんに大学に入るだけ。結婚するようなことじゃない。ときにはそんな感じがするにしても。

ウィリアム

「プライベートな環境を重視するなら、セント・アンドルーズは適切な場所だ」と元学長のアンドルー・ネイルは言う。「約六千人がここに暮らしていて、よそ者はひと目でわかる。キャンパスは半島の末端にあって、出入りする道はひとつしかない。ウィリアムの護衛官たちは大喜びだった。大きな大学、たとえばマンチェスターやグラスゴー、あるいはニューカッスルなどにくらべ、ここの警護はずっと簡単だから。オクスフォードやケンブリッジでも、ここよりは大きな町だ。王室の護衛官にとってセント・アンドルーズは夢の赴任地だった」。ウィリアムはここでウィリアムの大学における経験は、彼の父親の経験とはまったくちがっていた。それは21世紀にふさわしく、いささかも仰々しいところはなかった。チャールズがケンブリッジに入ったときは、トリニティ・カレッジの学部長、ラブ・バトラーが待ち受けていた。うちの大学ではだれもウィリアムを待ち受けていなかった。

アンドルー・ネイル　セント・アンドルーズ大学学長

のびのびと、儀礼に縛られずに行動できた。ときおりジャーナリストが立ち寄ることもあったが、報道のネタはたいしてなかった。ウィリアムが環境に慣れるまでしばらくかかったけれど、いつしか学友のなかにすっかり溶けこみ、学友と同じように町を散歩した。スーパーマーケットで買い物をすれば、ポリ袋を提げて町なかを歩く姿も再三見うけられた——将来のイギリス国王はなんの屈託もない生活を享受した。

なにもかもうまくいっているようだった。ふだんはあれほど恐れられているイギリスのゴシップ紙誌も協定に沿って手をひかえ、学生王子をそっとしておいた。ところが、やがてスキャンダルが勃発した。「われわれはメディアを掌握していると思っていた」とアンドルー・ネイルは語る。「われわれはだれひとりとして、ウィリアムの叔父と争うことになるとは思ってもいなかった」。女王の末の息子エドワード王子は、そのころあるテレビ会社のオーナーだった。「ウィリアムの私生活にたいする唯一の重大な侵害は、彼のしわざだった」とアンドルー・ネイルはこの信じがたいできごとを語る。「ウィリアムの叔父の会社のチームが一週間ここをうろついて、セント・アンドルーズでの王子の生活にかんするドキュメントを撮影しようとした。ウィリアムにかんする情報を引きだすもくろみで、かれらは学生たちを食事に招いたりした。私がそれを知ったのは、この件でＢＢＣからコメントをもとめられたときだった。私は理解できなかった。ウィリアムの私生活に闖入した唯一の人物が、こともあろうに彼の叔父――王族の一員だとは！」。

はじめアンドルー・ネイルは悪い冗談だと思った。しかしこのあるまじきできごとは事実だと証明された。まもなくチャールズ皇太子も世間の波風から護られたセント・アンドルーズで生じたことを知り、われを忘れるほど激怒した。大学は厳戒態勢にはいった。いまや、ひとつのテレビクルーが禁制を犯したことで、他のジャーナリストもバッタの群れのように、牧歌的な小都市に襲いかかるおそれがあった。スキャンダルは完璧だった。イギリスのプレスの最強硬派でさえ、若い王子の動静を報道するという、うま味のあるビジネスを断念しているというのに、よりにもよって王族の一員がウィリアムを追いかけ、王位継承者の私事で金を稼ごうとするなんて。即座にチャールズは手を打って、キャンパスでの息子と学友たちの静謐と安全が危険にさらされるのを阻止した。この不名誉なエピソードはすぐさま終息し、この種の不快事はウィリアムの学生時代には二度と起こらなかった。

> いつかだれかが協定を破るだろうとは予測していたが、それが叔父の会社だったとは、信じがたい話である。
>
> アンドルー・ネイル
> **セント・アンドルーズ大学学長**

たしかにチャールズ皇太子とエドワード王子の間はかなり険悪になった。チャールズは弟のテレビチームが惹起した事態に、われわれと同じように愕然とした。

アンドルー・ネイル
セント・アンドルーズ大学学長

冬の憂鬱症

イギリスの王位継承者が在学しているおかげで、セント・アンドルーズは創立以来かつてない人気のある大学になった。すでに以前から多くの学生がアメリカから、やっかいな言葉の問題のない留学先としてこの地にやってきた。たいていは若い男性で、アンドルー・ネイルはかれらを「ゴルフ・コネクション」と呼んでいる。しかし王子が入学してからは小さな「奇蹟」が起こった。アメリカからの留学生の数が約三十五パーセントも上昇し、そのすべてが若い女性だった。アンドルー・ネイル学長は、自分の大学への新たに増大した女性の興味を見逃さなかった。「もちろんこれにはウィリアムがかかわっていた。しかしそうではあっても、女性たちは非常に慎ましくふるまった。グルーピーは存在せず、王子を崇拝し、彼に会いたくてがむしゃらに押しかける女子学生もいなかった。彼女らはきわめて知的かつ冷静で、そんなことをするタイプではなかった。しかし急に多くのアメリカ女性をここに迎えたことで変わったこともある。それは本学の国際的な声望をいちじるしく高めた」。このような醒めた評価は学長の立場のしからしめるところだろう。しかし、とくに女子学生の関心が強まったことの背景には、昔ながらの乙女の夢も推測できる。若くハンサムな王子様に愛されて、ともに王国でハッピーエンド。死んだダイアナの悲しい運命にもかかわらず、プリンセス・オヴ・ウェールズ（イギリス皇太子妃）の称号は依然として魅力を失っていないようだ。ウィリアムはヨーロッパでいちばん、あるいは世界でいちばんもてる独身男になった。

セント・アンドルーズが内気な王子に提供するあらゆる利点にもかかわらず、ウィリアムは新しい環境になかなかなじめないようだった。最初の学期の十月が過ぎ、最初の十一月が霧と雨とともに到来した。寒くて薄暗く、刺すような風が北海から吹きつけた。イギリス南部からやってきた若い学生たちにとって、これはがんばりとおせるかどうかの最初の試練を意味した。この時期に多くの学生が深刻なホームシックにかかるのが通例になっていて、ウィリアムも例外ではなかった。当時の学長アンドルー・ネイルは、新入生を見舞う冬の憂鬱症を熟知していた。なかには辛抱できず、来たばかりのセント・アンドルーズから出ていく学生もいる。「ウィリアムも十一月の暗い時期に苦しんだ学生のひとりだった。彼は誤りを犯したと感じていると、私は思った。家郷を遠く離れ、孤独感を抱き、家族を懐かしむ。大学は彼を失う危殆《きたい》に瀕した」。噂がひろまった。王位継承者は美術史の授業にうんざりして、退学を考えているらしい。将来の国王としての自分の役割も、王室のフットライトの外で生きることに強く憧れる青年にプレッシャーをかけた。

故郷のロンドンでは、祖母の即位五十周年を記念する巡幸の準備が進んでいて、もちろん宮内官たちはこの祝祭行事に王朝の希望の星も参加するものと見込んでいた。ダイアナ亡きあとのウィンザー家にとって、この即位記念行事はきわめて重要な人気回復の手段だった。世論調査機関MORIの秘密にされた調査結果によれば、王室を重んじる国民は半分以下で、王室がきちんと任務を果たしていると思う回答者は四分の一に満たず、出費に値すると答えたのは一割しかいなかった。いまや女王の側近たちは、ウィリアムが人びとを魅了する能力を発揮して、この破滅的な趨勢を逆転してくれることを期待した。彼が女王のかたわらにいれば、王朝は国民の、とりわけ若い人びとの共感をとりもどせるのではないか。しかし王子はそんなことのために利用されるつもりはまったくなかった。それでなくても学業のことですっかり落ちこんでいたウィリアムは、将来の自分の役割にも強い疑念を抱いた。

まずウィリアムは、父親のチャールズ皇太子に心中を打ち明けた。ドラマティックな話し合いで息子は父に、自分は即位記念行事に引きだされる気はないと告げた。全国をめぐって、いつか自分が王朝の運命を新たな高みに引き上げると人びとに信じこませる役回りを、ウィリアムは拒否したのだ。チャールズ皇太子は、息子が深刻な精神上の危機にあることを認めざるをえなかった。ウィリアム・ウェールズは受け継いだ遺産に片をつけようとしている。称号も、王位継承権も、特権も、すべてが彼には担いがたい重荷でしかないようだ。すでに少年時代からウィリアムは、母のダイアナが宮廷儀礼と縁を切り、独自の人生を生きることにした時点に達していたかのようだった。宮廷の厳格な規定に屈することができず、ダイアナは王朝を二十世紀最悪の危機におとしいれた。そしていま彼女の息子がその総仕上げをしようとしている。チャールズは愕然とした。長男が王室の舞台から退場したらどんなことになるか、皇太子にはわかりすぎるほどわかっていた。重大な王政の危機が迫っていた。こうなったら女王に孫の逸脱行為を報告するしかない。宮廷内の消息通は、チャールズと母エリザベスとの声高な論争の経過をこう述べている。ウィリアムをもっときびしく制御しなければいけない、と女王は主張した。父の死によって若くして君主の義務を負わなければならなかった彼女にとって、孫の反逆は許しがたい冒瀆行為だった。だがチャールズは女王の圧力に抵抗した。彼は息子のことをよく知っていて、ダイアナの激情的な気性がウィリアムのなかにも潜んでいるのを感じとっていたようだ。強制すれば最悪の事態を惹き起こしかねない。たしかにチャールズは息子と何度も話し合い、国王になる運命は生まれながらのものであり、逃れる道はないのだと説得しようとした。だが一方でチャールズはウィリアムの負

これは逆説的に思われるかもしれない。しかし王室がしばしば夫婦間の不和や離婚をめぐるスキャンダルに見舞われるという事実に、世人はそれほど忌避感を覚えない。その反対である。突然王族が他の多くのイギリスの家族と似たような光景を見せてくれる――諍いがあり、ちょっといかれていて、ときどき運命が呪わしくなる。これが王朝を弱めるよりは、むしろ強固にしている。

デニス・ジャッド　ウィンザー家の伝記作家

担を軽減するため、即位記念行事に息子を過度に引き回すことを拒否すると言明した。そのかわりチャールズはセント・アンドルーズで勉学に集中しなければいけない。こうしてウィリアム・ウェールズはいまいちど厄介ごとをまぬがれた。大学を卒業するまで、彼は「ふつうの」生活を享受することができそうだった。

ケイトという名の娘

つづく数年のうちに、ウィリアムは内気なティーンエイジャーから、自信をそなえた青年に成長した。信頼できる友人もたくさんできた。学友の多くは上流階級の出身で、かれらのあいだには不文律があった。将来の国王とどのように接すべきか、ここではだれもが心得ている。「ウィリアムは非常に強い性格をしている」とイングリド・スウォードは述べる。「彼は自分自身の主人であり、父親よりも自分の意志にしたがう。彼にはユーモアの天分があり、それが彼を助けて、あらゆる困難な状況を乗り越えている。たぶんそれは母親の遺伝で、天恵と言えるだろう。彼はものごとの愉快な面を見ることができ、どんなにひどい事態になっても、そのことで泣きわめくのでなく、笑うことができる。自分と親しい人びとを彼は守ろうとする。彼はとても誠実で、楽しむことが大好きだ」。

魅力的で、教養があり、富裕な王位継承者は、まもなくパーティの人気者になった。大勢のかわいい娘たちが気を引こうとしたが、ウィリアムは慎重だった。はじめは若者らしいどんちゃん騒ぎを楽しむだけで、そんなとき彼が好んだのはかわいいブロンド娘だった。

パメラ・アンダーソン、クラウディア・シッファー、エマ・バントンの「スパイス・ガールズ」に彼は夢中になった。のちには同世代のガールフレンドもできたけれど、真剣な関係にはならなかった。彼が特定の女性に熱中するのをためらったのは、不幸な愛の危険性を知りつくしていたからかもしれない。将来の皇太子として彼に期待されていたのは、宮廷のこみいった生活に順応する覚悟があり、その能力もある女性を見つけることだった。母のダイアナの例から、名声とメディアの興味が、あまり強固でない性格をどれほど傷つけるか、それをウィリアムは身をもって知っていた。

私は成人してからのウィリアムの変化に注目してきました。20歳になったころから彼は自分の運命にだんだん慣れてきて、いまではじつにみごとに運命と折り合いを付けているようです。

ジュディ・ウェード
ジャーナリスト

ウィリアムが舞台裏でひっそりと人生を送ることに専念しているうちに、弟のハリーはしばしば新聞の大見出しを飾るようになった。たいていは自慢できるような内容でなく。「ある日われわれは、ハリーが大酒を飲むことをさぐりだしました」とジャーナリストのジュディ・ウェードは回想する。「母親がするように、それをやめさせる大人が彼には欠けていました。ダイアナが生きていれば、ナチスの制服を着てパーティに出るなんてことを、ハリーはけっして考えなかったでしょう」。

イギリスのゴシップ紙誌にとって、ハーケンクロイツの腕章を付けた若い王子の写真は、まさしく棚からぼた餅だった。それはある仮装パーティで、パーティ客のひとりがひそかに撮ったものだった。ハリーのスキャンダル記録のなかでもこれは突出していた。すでにハリーの麻薬疑惑で王室はしばしば釈明を迫られていたが、このたびの公然たる政治的な悪趣味は、憤激の嵐を巻きおこした。

イギリスの多くのティーンエイジャーの行動にくらべれば、ハリー王子のふるまいはけっして例外ではなく、むしろふつうだった。もう何年も前からいわゆる「ビーンズ・ドリンキング」が新聞種になっていた。若者たちが定期的に集まって、ぶっ倒れるまで酒を飲んで時間をつぶす。ティーンエイジャーは同世代同士の強い刺激にさらされている。ことが麻薬の摂取や「クール」なスタイルにかかわると。このマス現象からは上流階級の子弟も逃れられない。「その点ではウィリアムもハリーと似たようなものでした」とジュディ・ウェードは言う。「でも彼はイギリスのプレスから守られていました。問題は、ふたりを正しい方向に導く者がいないことでした。女王は介入しよう

ぼくに惚れる女は気の毒だと思う。

ウィリアム

とせず、チャールズは寛容すぎる父親でした。彼は非常に繊細な人で、みじめな子供時代を過ごしました。自分の子供とは仲よく情こまやかにつきあおうと、彼は懸命につとめたのです」。とはいえハリーが麻薬をやっていることが知れわたると、チャールズは介入する決心を固めた。皇太子の次男坊は麻薬中毒者のための施設に送られた。このショック療法は一定の効果があった。それでも享楽的な暴れん坊というハリーのイメージは払拭されず、いっぽう兄のウィリアムがネガティヴな大見出しを誘発することはいっさいなかった。ウィリアムの友人トム・ブラドビーは、ウィンザー家のふたりの若者が公衆の目に映る異なる役柄を、こう説明する。「ウィリアムは絶対的な善ではなく、ハリーは絶対的な悪ではない。しかし世間はそのようにシンプルに見ている。ハリーには軽率なところがあり、実際に何度かばかげたことをやらかして、囂々《ごうごう》たる非難を浴びた。ナチスの制服姿でうろつくなんて、たしかに愚かなことで、彼のような地位にあ

ハリーはちょっと時限爆弾みたいな感じがする。しかし芯は優しい若者なのだ。自分がへまをするたびに、彼はとても悲しがる。

ペニー・ジュナー
チャールズ皇太子の伝記作家

そこにはある種の困難があった。ともかくウィリアムとぼくは脚光を浴びている。ぼくたちはほかのみんなと同じように、ごくふつうの人生を送ろうとしている。しかしそれはぼくたちにはそう簡単なことじゃない――残念ながら。

ハリー　2004年

る者は、もっと賢明であるべきだろう。しかしハリーはおもしろがることが好きで、ウィリアムもそうだ。ただウィリアムのほうはずっと慎重で、けっしてネガティヴな特ダネの的になる危険は犯さない。それに反してハリーはいまや悪童の烙印を押されている。かたや黒、かたや白、このほうがよく売れる」。反逆的なふたりの王子はいまや生意気盛りの真っ最中だった。

しかし二〇〇四年の春、ウィリアムの人生にいささか特異なことが起こったらしい徴候が現われた。スイスのクロスターズでスキー休暇中の彼はきわめて上機嫌で、すっかりくつろいでいた。ふだんは大嫌いなジャーナリストからの質問にも、これまでになく自信をもって答え、冗談さえ口にした。スキー場の管理人に彼はこう呼びかけた。「イアン、あんたがいつもと同じスキー服を着てるのを見て嬉しいよ。ちっとも変わってない。なかなかの倹約家だ。ぼくは気に入ったよ!」。ハリーは来ていないのかという質問には、こう答えた。「もちろんあいつもここに来たかっただろうね。ぼくは喜んでるよ、あいつがここにいなくて。あいつはぼくよりちょっとハンサムだからな」。数日あと、ゴシップ新聞『サン』が一面トップに大活字で世間をびっくりさせた。「Wills gets a girl!」。そして王子が若い女性といっしょにスキーをしている写真。宮廷は大いに憤慨したが、クロスターズでお膳立てされたチャールズとウィリアムの写真撮影だけでは、メディアの猟犬を満足させられなかったのだ。このたびはなにか起こり

ハリーは典型的なキャラクターだ。ア・バッド・ボーイ。

ダリン・ライオンズ

パパラッチの代理店「ビッグ・ピクチャーズ」社長

そうだった。そして実際にマスコミは愛のカップルの手がかりをつかんでいた。

「Who's that girl?」とイギリスのゴシップ新聞は問いかけたが、答えはスキャンダル好きには物足りないものだった。キャスリーン・エリザベス・ミドルトン、通称「ケイト」は、そのころはまだ白紙に近い状態だった。ウィリアムよりすこし年上の、一九八二年一月九日生まれ。両親は堅実で感じのよい人たちという評判で、長女の人生行路を温かく見守っている。ミドルトン家は中産階級の出で、ケイトが大学に入るまでは、やがて彼女が最上流階級で傑出した役割を演じることを示唆するものは、なにもなかった。もともと母親は旅客機のスチュワーデス、父親は航空会社の職員だったが、ふたりで子供パーティ用品の通販会社を立ち上げた。これで家計はかなり裕福になったが、ミドルトン家は地道な暮らしを変えなかった――娘がスコットランドのセント・アンドルーズ在学中にウィリアム王子と親しくなってからも。

はじめはたんに気の合う友だち同士だったようだ。しかしふたりが共同住居に引っ越した――これまたイギリスの王位継承者としては史上初めて――ころには、ふたりのあいだは真剣なものになっていたにちがいない。セント・アンドルーズ入学初年のウィリアムが環境になじめず、退学を考えたとき、落ちこんだ若者に活を入れたのがケイトだった。王室通の著作家ロバート・ジョブソンは、平民のケイト・ミドルトンとの関係はウィリアムにとって僥倖《ぎょうこう》だったと見ている。「ウィリアムを奮起させたのはケイトだった。彼女はウィリアムに、専攻を代えてみるよう説得した。このときに関係が開花したのだと、私は思う」。じっくり考えたすえ、ウィリアムはセント・アンドルーズにとどまることにして、ケイトの助言にしたがった。彼は専攻を美術史から地理学に代え、危機は収まった。

ウィリアムとケイトの間は友情から深く真剣な関係に発展したが、当初はそのことにだれも気づかなかった。ある公開のファッションショーが初めて、ふたりは真剣な恋愛関係にあるのではないかという推測に火を付けた。ケイト・ミドルトンは慈善のためのファッションショーに息を奪うような衣装で登場した。すけすけのレースのミニ、バンドゥートップ、必要最低限を覆ったぴちぴちのパンティ。ステージのかぶりつきにウィリアム王子がいて、頬をすこし赤らめてガールフレンドの動きを目で追った。このときウィリアムは二百ポンドの入場料を払ったという。「よほど自信がなければ、こんなふうにキャットウォークを歩けるものではない」とロバート・ジョブソンはそのときのケイトの登場を評している。「ウィリアム王子は自分を幸せ者だと思ってよい。これほど知的で、美しくて、快活で、堅実な恋人を持てたのだから。彼女は非常に有能で、つねにきれいで、きわめて口が堅い。総じて言えば、彼女は自分の価値を心得ている人間に属している。彼女は『私といっしょに外出できることを、王子は幸せだと思っていい』と公言したこともある。ほかの男

> クロスターズのスキー滑降路でウィリアムの写真を撮ったとき、彼がどこか変わっていることに、私はすぐ気がついた。いまわれわれは、そのわけも知っている。彼は恋をしている。
>
> **アーサー・エドワーズ**
> **王室のカメラマン、2004年**

知られていることから推すと、チャールズ皇太子と女王の間には情緒的な結びつきも、親しみもない。全体をフロイト風に見れば、妻のカミラは、チャールズがけっして持てなかった母親を体現している。決まり文句にあるように、中年男が若くてきれいな女秘書の尻を追いまわす……。

メアリ・リドル　王室記者

に彼女をひっさらわれないように、ウィリアムは彼女とはやく結婚することを、よくよく考えた方がいい」。

公共の学校に通い、スポーツが好きで、フィレンツェでイタリア語を学んだケイトという娘が、イギリスの公衆の目に、将来の国王のための完璧な妻と映るようになった。婚約は間近だという噂が頻々と流れるようになったが、いつまで経ってもカップルがカメラの前に立つことはなかった。メディアのプレッシャーはますます強くなった。二十四歳になったウィリアムは兵役のため、恋人のための時間をめったに持てなくなった。ケイトはなおざりにされていると感じた。別離は論理的な帰結だった。

ウィリアムの父親、チャールズ皇太子のほうが先に婚礼の祭壇の前に立った。三十年を超える関係のすえ、そしてイギリス国民にカミラ・パーカー・ボウルズをイギリスの王位継承者のかたわらにすわる女性として魅力あるものに見せるための、あの手この手を尽くしたイメージキャンペーンのすえに、チャールズと長年の愛人は結婚した。

女王も息子の再婚に同意せざるをえなかった。いずれチャールズが王位を継ぐのなら、自分をよく知っている妻のほうが気楽だろう。ウィリアムとハリーはとっくに父親の新しい妻を受けいれていた。

父はきわめて困難な時期を切りぬけたと、ウィリアムはあるインタビューで語っており、そこで彼は自分自身の決断にかんする希望をあらためて強調した。「ぼくは大学時代に自由と自立をたっぷり享受した」と王子は言い、まちがった進路を強制されるつもりはないと断言した。これは王宮の壁の奥で自分の未来をお膳立てするものたちへの、隠されたメッセージのように聞こえた。自分を一定の方向に押しやろうとする動きがあると、ウィリアムははっきり認めた。でもぼくは、その気になれば断固として抵抗してやる。

祖母を、女王を讃えることも、ウィリアムは忘れなかった。祖母は「ブリリアントで、偉大な模範」だ。母の死後、祖父母はとても優しくしてくれた、

女王はぼくにとっては女王でなく、ぼくの祖母なのだ。彼女はぼくの偉大な模範だ。彼女は感銘を覚えるやり方で王朝を象徴している。彼女は非常に困難な状況を自在に処理し、すべてを掌握している。

ウィリアム

すばらしい女性だよ。彼女は父をとてもとても幸せにしてくれた。そのことでぼくたちは感謝している。父が別人になったとは言わないけれど、いまの父は前よりずっとリラックスしている。カミラがいてくれて、ぼくたちは喜んでいる。

ハリー　2005年

と王子は言った。祖父母と、父と、弟と、ぼくはとてもよく理解し合っている。かれらはウィリアムの最も身近にいる人たちで、王族であることが意味するものを知っている数少ない人間なのだ。あいかわらずウィリアムは、王の子供としての運命に不満だった。「ウィリアムはリアリストであり、自分の仕事のいやな面をよく知っている」と友人のトム・ブラドビーも証言する。「それがどんなに不快なことと結びついているか、彼は知っている。世界でいちばんもてる独身男であることも助けにならない。そういうことがどんな苦痛と結びついているか知っていれば」。

君主であるという技能は、訓練の問題です。きちんと訓練を受ければ、たいていのことはできます。

エリザベス

帝王教育

二〇〇五年にウィリアムは、セント・アンドルーズでの勉学を好成績で修了した。王位継承者ナンバー・ツーがこれからなにに取り組むか、それがふたたび問題になった。父親のチャールズ皇太子の例にならい、即位の日を延々と待つこともできる。自分には「ふつう」の職業選択がないので、ウィリアムは弟のハリーのように、伝統豊かなサンドハーストの陸軍士官学校に入ることにした。ここで人生に意義のあるポジションに就けるかもしれないと、ウィリアムは期待した。

そしていまいちど、士官学校の安全な壁の奥にうまく身を隠した。たとえ軍事訓練のかたわら、王室を代表する任務をしばしば引き受けることになったとしても。トム・ブラドビーなどの友人たちは、ウィリアムが反逆の王子から将来の皇太子へと変わっていった過程をつぶさに見ている。「はじめは負の面しか彼は見なかった。パパラッチを。彼は母親の身に起こったこと、王族であることの恐るべき諸相を見ていて、彼としては『オー・マイ・ゴット、自分もそうなりたいのか?』と考えるしかなかった。彼はこのプロセスを通り抜け、いまやトンネルの出口で光を見いだしたと私は確信している」。年とともにウィリアムは祖母を、女王を高く評価するようになった。「彼女は有名であり、そのことを彼女は過去五十年にわたって毎日感じてきた」とトム・ブラドビーは語る。「ウィンストン・チャーチルは彼女が王位に即いて最初の総理大臣であった。彼女がイギリス王位にあるだけでも、並はずれた人生

女王は80歳になっても健康状態は良好であり、そのことは女王が彼女の母親（エリザベス王妃。2002年に102歳で逝去）と同じ長寿に恵まれる可能性を示唆している。その年齢で女王が亡くなったとき、ウィリアムは40歳代になっている。それまでに彼が幸せに結婚し、自分の子供たちと幸せな家庭生活を送ることを、われわれは期待している。時が過ぎ、近い将来にウィリアムが結婚したら、その家族の有り様は世間の強い注目を集めることだろう。つまるところそれがウィンザー家の未来なのだ――そして、それが輝く未来になりそうな徴候はたくさんある。

パトリック・ジェプトン　ダイアナの元私設秘書

> ぼくはホームレスを助けたい。母は長いあいだぼくをそのテーマに導いてくれた。それがぼくの目を開かせた。母がそうしてくれたことを、ぼくはとても喜んでいる。
>
> ウィリアム

をつくりだす。しかるべき年齢になれば、自分が歴史の一部であることを理解して、そこに刺激的なものを見るようになる。いまやウィリアムはその時点に達したのだ」。

国王ウィリアムへの国民の期待は高まっている。彼が父チャールズの跡を継いで王位に即けば、保守的なイギリスの王朝は近代化されるはずだと国民は見ている。ジュディ・ウェードは、ウィリアムの未来は母親の遺志の継続だと言う。「われわれはみんな、ダイアナが彼に望んだような国王に、彼がなることを期待しています。彼はこの間に、若いホームレスを援助するセンター・ポイントの事業を引き受けました。ウィリアムが他のヨーロッパの王室から学ぶべきものは多い。各国の王室は自国の現状に適応すべく、あれこれと考慮を重ねています。王の子供たちが臣民と同じような生活を営むことも大切でしょう。そのことをウィリアムはよくわかっていて、彼が中産階級——貴族でなく——のすてきなお嬢さんと結婚すれば、王室をもっと国民に近づけることができるでしょう」。

将来の臣民にうつむいて接していた内気なプリンスの時期は過ぎ去った。サンドハーストでの基礎兵役を終えて、ウィリアムは誇らかに閲兵式に登場した。ようやく孫が将来の運命を受けいれたことを知って、女王は大いに喜んだ。「いつか彼はイギリス軍の総司令官になる」とトム・

ブラドビーは言う。「これはイギリス以外ではあまり理解されないかもしれない。しかし軍を率いることは君主の任務であり、それはかなり重要な役割なのだ。イラク派兵のような不人気な戦争でも、兵士が安全な塹壕を出て戦闘におもむき、それをするのは女王と国のためだというのは、非常に重要なことである。兵士はたまたまそのとき政権を握っている政府のために戦うのではない。イギリスの軍隊ではそのことが大きな役割を演じており、現役の兵士のだれもが、君主が軍の頂点にいるという事実がいかに重要か、あなたに確認させてくれるだろう。ウィリアムにとって、自分自身は兵役に就かずにこの役割を果たすというのは、むずかしいことだろう」。もっとも、戦場に、たとえばイラクにウィリアムが派遣されることはないだろう。王位継承者の出陣は、それにともなうリスクが大きすぎる。誘拐される危険から戦死まで。死んだ場合は第三位の王位継承権者、ハリーが未来の国王になるだろう。

「弟君《ぎみ》」の威勢のいい発言にもかかわらず、結局イギリス軍総司令部はハリーをイラクに派遣しないことにした。ウィリアムの王族としてのつぎの課題は、二十一世紀の皇太子妃の役割をくじけずに果たすことのできる、適切な女性を選ぶことだろう。その若いカップルが心しなければならないのは、ウィンザー家が生き延びて、新たな王の子供たちが生まれることだ。

> 結局ぼくがすることは、家ですわりこんでいるだけだ。戦友が外で国のために戦っているときに。
>
> ハリー

婚約会見に臨むふたり。ブルーサファイヤの婚約指輪は、父チャールズから故ダイアナへ婚約時に贈られたもの
(2010 年 11 月 16 日、ロンドン、セントジェームズ宮殿)
(Photo：AFP ＝時事)

訳者あとがき

近ごろ政治の世界で「世襲」の問題がやかましくなっています。先の総選挙で大敗した自民党国会議員の三分の一は世襲議員だといわれますが、そんな政党でも世襲は好ましくないという議論が起こりました。企業の世界ではかなり前から創業者一族がトップに立つのはよくないという風潮があります。それでも政界でも財界でも世襲はなかなかなくならない。いったん手にした権力や富を自分の子や孫に継がせたいという心情は、ひょっとしたら自分の遺伝子を残したいという生物の本能に起因しているのかもしれません。

動物の世界では雄たちが自分の遺伝子を残すため、雌をめぐって熾烈な闘いをくりひろげ、勝ち残った雄が雌を独占してハーレムをつくったりします。しかしあれは世襲といえるでしょうか。なにしろ衰えたボスは若くて元気な雄にやっつけられ、雌と群の支配を新たなボスに譲り渡すという、いわば「政権交代」が世代ごとに行なわれているのですから。

似たようなことは人間の世界でもあったらしい。イギリスの人類学者ジェイムズ・フレイザーの『金枝篇』には、古代あるいは「未開」の社会で広く行なわれていた衰えた王の殺害と、それを実行した者が新たな王になる風習が、ことこまかに描かれています。たぶん初期の「王」の座には、世襲ができるほど富と権力が集中していなかったのでしょう。

中国に「禅譲」という思想があります。帝王がその位を世襲せず、徳のある者に譲ること。伝説上の最初の帝王である堯は舜に、舜は禹に帝位を譲り、儒教ではこの堯舜の時代を理想の世としています。たぶんこれは、王殺しによって支配者が交代する風習があった遠いむかしの記憶が変形し、粉飾され、美化されたのではないでしょうか。

ところが禹は帝位を禅譲せず、夏《か》という世襲王朝を創始します。おそらく跡目をねらう競争者を抑えつけ、世襲によって遺伝子保存本能を満たすに足るだけの富と権力が蓄積されたのでしょう。この夏が中国最古の王朝とされていますが、十七代目で殷に滅ぼされました。これを「放伐」といいます。その後の中国の王朝交代はほとんど放伐ですが、徳のある者が徳のない君主を討伐して放逐し、みずから帝王になるのは、天命が革《あらた》まることとされ、忠孝を尊ぶ儒教もこの「革命」を是認しています。

中国最後の王朝である清も革命によって滅びました（一九一二年）が、あとに続く王朝はもははやなく、共和制の時代になります。中国のみならず、近代における革命はみんなそうで、そこが儒教的な易姓革命と市民革命との大きなちがいです。十八世紀末のフランス革命以来、市民革命の波はヨーロッパの歴史的な趨勢となり、それがやっと落ち着いたとき、王朝が生き残ったのは本書に取り上げられた国々くらいのもので、その王権も市民の手ですっかり骨抜きにされました。

つまり、王権が死滅することによって王制が生き残るという奇妙なパラドックスが、近代ヨーロッパのいくつかの国に現出したわけです。いまや王朝がすることといえば、ときには逸脱行為があるにせよ、おおむね人畜無害な儀礼上の「公務」に限定され、君主が政治的に口出しすることは、憲法によって固く禁じられています。

問い——では、なんのために王朝は存続しているのか。答え——王朝は存続するために存続している。

その実態をドキュメントとして描いたのが、本書『王家を継ぐものたち—現代王室サバイバル物語』とその前編に当たる『世界王室物語—素顔のロイヤル・ファミリー』（悠書館刊）です。近代民主主義国家のただなかで世襲の君主やその後継者を勤めるというのは、けっして端《はた》で見るほど気楽な仕事ではないでしょう。とくに若い王子・王女にとって、生まれたときから未来が決まっていて、自分の進路を自由に選択できず、箸の上げ下ろしまで規定される生き方は、うざったいことこの上なく、逃げだしたくなる気持ちもわかります。

本書に描かれているのは、この若い王位後継者たちが、市民ならだれでも営んでいる「ふつう」の人生と、伝統に縛られた特殊な人生との、ぎりぎりの狭間《はざま》でもがき、苦闘する姿です。そして王朝を王朝たらしめている神聖な伝統を破ろうとする王子・王女の奮闘が、国民の、とりわけ若い世代の共感を呼び、二十一世紀に入った王朝の存続を支えるという、これまた奇妙なパラドックスが生じています。わけありのシングル・マザーとの愛を貫いたノルウェー皇太子の孤軍奮闘など、あの北方の王国とは無縁の私でも、思わず拍手したくなりました。ちなみにスウェーデンの後継王女ヴィクトリアとダニエルは昨年（二〇〇九年。本書原本の刊行は二〇〇七年）の二月二十四日に正式に婚約を発表しました。結婚式は今年の初夏に挙げる予定だそうです。

本書の編著者ギド・クノップについては前著『世界王室物語』でくわしく述べたので、ここでは触れません。本書もクノップの多くの著書と同じく、ZDF（ドイツ第二放送）の現代史シリーズ番組で放映されたテレビ・ドキュメントを本にまとめたものです。なお原題の『王の子供たち　Die Königskinder』というのは、メルヘン・オペラ『ヘンゼルとグレーテル』で知られるドイツの作曲家エンゲルベルト・フンパーディンクの作品『王の子供たち』（邦題は『王子と王女』）から採ったのだと思います。

二〇一〇年六月

平井吉夫

追記

スウェーデンのヴィクトリア王女は、二〇一〇年六月十九日に、ダニエル・ウェストリングと結婚した。

イギリスのウィリアム皇太子は別れた恋人ケイト・ミドルトンと縒《よ》りを戻し、二〇一〇年十一月十六日に、ふたりの婚約が発表された。挙式は二〇一一年四月二十九日の予定。

ギド・クノップ
(Guido Knopp)

1948年生まれ。歴史学教授資格取得後、ジャーナリストに転じ、『フランクフルター・アルゲマイネ新聞』『ヴェルト紙』日曜版の編集記者。1984年からZDF（ドイツ第2テレビ）の現代史部門のプロデューサー。制作した歴史番組は高い視聴率をあげ、ヤーコブ・カイザー賞、ヨーロッパ・テレビ賞、金獅子賞など、数々の賞を獲得。著作も多く、『戦後50年　決定的瞬間の真実』『ヒトラーの親衛隊』『戦場のクリスマス』『ヒトラーの共犯者』などが日本語に翻訳されている。

平井吉夫
（ひらい・よしお）

1939年生まれ。著述家・翻訳家。早稲田大学卒業。編集者として出版社勤務の後、チェコ、オーストリアに留学。1976年に帰国後フリーの著述家、翻訳家（ドイツ語）として活躍。著書に『任侠史伝――中国戦国時代の生と死』『スターリン・ジョーク』（ともに河出書房新社）、訳書に『石と笛』（3部作）『図説超古代の謎』（ともに河出書房新社）、『メルヘン・ムーン』（評論社）、『ノーチラス号の冒険』全12巻（創元社）、『わが道はチベットに通ず』（風雲舎）など多数。

王家を継ぐものたち

――現代王室サバイバル物語――

2011年2月22日 初版発行

編著者　ギド・クノップ
訳　者　平井吉夫《ひらいよしお》
装　幀　山下リール［LILLE,Inc.］＋戸田智雄
発行者　長岡正博
発行所　悠書館
〒113-0033　東京都文京区本郷2-35-21-302
TEL 03-3812-6504　FAX 03-3812-7504
URL　http://www.yushokan.co.jp/

印刷・製本：シナノ印刷（株）

ISBN978-4-903487-42-7
定価はカバーに表示してあります。